高校国語教師個体史

野宗 睦夫

渓水社

個体史序に替えて

　野地先生、やっと私の個体史が出来ました。出来たら一番に先生にお見せしたいと思っていたのに、先生はすでにこの世の人でありません。悲しいです。
　思えば、今から70年前、1948年の12月に、原爆から焼け残った倉庫を改造した教室で、卒業論文の準備として、先生からカード法について教えて頂かなければ、その後の国語教師としての私はなかったと思います。カードに記録することが、それからの私の生活を大きく支えてくれました。
　あのときの、自分でも不思議なぐらいのよろこびを感じたのは、今から思えば、自分の将来を決めるぐらいの大きな出来事を教えてもらった予感だったのでしょうか。
　それから後のことも、陰に陽に先生の力に縋りながら過ぎた年月でした。カードを取り始めた頃の、何かの裏紙を用いながらカードを取っているのを今も目にすることが出来るのは、驚きに絶えません。
　先生から受けた教えを必ずしも忠実に、守りはしなかった私です。いくつかの人生の岐路に出くわした時に、先生に背くようなことをした私ですが、先生から見て随分と腹立たしいこともあったと思います。この事も私の持って生まれた業とでも言うべきものだったのです。お詫びします。
　何かの時には、電話であれこれ相談するのに、私の人生の大きな変革の時に限って、勝手に決めてしまったように思います。でも、これも今となっては私の持っている宿業とでもいうものかもしれません。ただ私としては、今日まで、ともかくも元気で生きさせてもらったことは大変ありがたく思うことです、不肖の弟子ではあっても、ともかくも、先生から教えてもらったカードによる学習記録は先生と私とをつなぐ明確な絆であろうと思っています。
　なお、渓水社の木村さんには、先生の時と同じように心を配って頂きましたことをお伝えします。

目　次

一　広島県尾道東高等学校（1950年4月-1961年3月）

1　20歳の新成人新米教師（昭和25年度：1950年4月-1951年3月）
　……………………………………………………………………… 5
2　迷いつつも（昭和26年度：1951年4月-1952年3月）……… 14
3　生徒は卒業した（昭和27年度：1952年4月-1953年3月）………… 20
4　学習指導の記録を（昭和28年度：1953年4月-1954年3月）……… 25
5　実践者としての自覚が（昭和29年度：1954年4月-1955年3月）
　……………………………………………………………………… 32
6　学習指導記録三年目（昭和30年度：1955年4月-1956年3月）…… 39
7　実践者としての歩みが（昭和31年度：1956年4月-1957年3月）
　……………………………………………………………………… 44
8　三つの実践報告（昭和32年度：1957年4月-1958年3月）………… 54
9　新たな踏みだし（昭和33年度：1958年4月-1959年3月）………… 60
10　オルゴールが（昭和34年度：1959年4月-1960年3月）………… 65
11　さらば青春（昭和35年度：1960年4月-1961年3月）…………… 72

二　広島県立三原高等学校（1961年4月-1975年3月）

12　所変われば（昭和36年度：1961年4月-1962年3月）…………… 81
13　初心に帰る思い（昭和37年度：1962年4月-1963年3月）……… 85
14　親分の強き気力（昭和38年度：1963年4月-1964年3月）……… 90
15　実践報告集の出版（昭和39年度：1964年4月-1965年3月）…… 96

- 16　忙殺の瀬戸を渡る（昭和40年度：1965年4月－1966年3月）……… 101
- 17　うねる沖つ波が（昭和41年度：1966年4月－1967年3月）………… 106
- 18　波にゆさぶられ（昭和42年度：1967年4月－1968年3月）………… 112
- 19　変革の渦中で（昭和43年度：1968年4月－1969年3月）…………… 119
- 20　もう一度青春が（昭和44年度：1969年4月－1970年3月）………… 125
- 21　変幻する春（昭和45年度：1970年4月－1971年3月）……………… 133
- 22　悲しみのかげ（昭和46年度：1971年4月－1972年3月）…………… 141
- 23　しばしもやまずに（昭和47年度：1972年4月－1973年3月）……… 148
- 24　本邦初公演「野宗睦夫伝」（昭和48年度：1973年4月－1974年3月）
　　　　　　　　　　　　　　　　　　　　　　　　　　　………… 155
- 25　去り行く者の（昭和49年度：1974年4月－1975年3月）…………… 162

三　広島県立福山誠之館高等学校

- 26　母校とはいうけれど（昭和50年度：1975年4月－1976年3月）…… 173
- 27　伝統くずしの槌音が（昭和51年度：1976年4月－1977年3月）…… 182
- 28　至福の帽子（昭和52年度：1977年4月－1978年3月）……………… 190
- 29　誠之館分会冬景色（昭和53年度：1978年4月－1979年3月）……… 199
- 30　嵐は過ぎたが（昭和54年度：1979年4月－1980年3月）…………… 211
- 31　菊に包まれ（昭和55年度：1980年4月－1981年3月）……………… 218
- 32　思いもしないことが（昭和56年度：1981年4月－1982年3月）…… 230
- 33　縁の下の舞（昭和57年度：1982年4月－1983年3月）……………… 239
- 34　裏切り（昭和58年度：1983年4月－1984年3月）…………………… 250
- 35　われこそ実験者（昭和59年度：1984年4月－1985年3月）………… 257

高校国語教師個体史

一　広島県尾道東高等学校

（1950年4月 – 1961年3月）

1　20歳の新成人新米教師
（昭和25年度：1950年4月－1951年3月）

　1950（昭和25）年4月1日から広島県尾道東高等学校教諭となった。この当時は「広島県立」でなくて、「立」は付かなかった。「立」が付いたのはそれから十年以上経ってからである。4月8日に就任式があった。この日の日記に、「実社会の第一歩に踏み出したことは踏み出したが、今のところ別段これという感激もおこらぬ。忙しさにかまけて、感激も起こる余地もないのかも知れない。」と書いている。

　この年に就任した教員7名の中、新卒が6名であった。新卒は男子が3名、女子が3名であった。新任式の挨拶は一人ひとりがした。私は、「ご飯じゃくしでは耳かきが出来ない。耳かきではご飯がつげない。ばかも使いようといいます。せいぜい私を利用してください。」と言ってのけた。別の或る新任者は、「君たちを壇上から見ると、頬ずりしたいようです。」と言った。これを聞いていた古い先生たちは、新任早々こんなことをいう私たち新任を「アプレゲール」だと、思ったに違いない。太平洋戦争に敗れて数年後の社会状況の中で、戦後派、フランス語でアプレ・ゲール）と呼ばれた若者の集団があった。これを略して「あぷれ」と侮蔑の驚きを込めて呼んだ。まさしく今まで見ることもなかった若い先生のことばだった。また、事実として「アプレ」先生はそれから後、次々と問題を起こした。時の学校長、木村時太郎校長は若い「アプレ」一同を校長室に集めて、行動を慎むように説諭ということもあった。この時に、ある女教師は編み物をしながら話を聞いていて、側の男の教師が声を荒げて彼女をたしなめる事もあった。

　私が勤めることとなった尾道東高校の大平洋戦争敗戦後の流れを概観してみることにする。

　1946（昭和21）年4月、敗戦後初の入試をして合格した1年生が「広島

県立尾道高等女学校」(尾道県女)に入学した。

　1947(昭和22)年3月、4年生の中、入学時の学制である修業年数4年で卒業を希望する生徒は第36回生として卒業した。戦後の変更で5年卒業を希望する生徒は5年生に進級した。4月、学制改革で六三制となり新制中学校が生まれ、「県女」に1年生の入学者はいなくなった。

　1948(昭和23)年3月、「尾道県女」5年生は37回生として卒業した。4月に新制高校が設置され、5年生卒業のうち、希望する生徒は。「広島県尾道東高等学校」3年生となる。昭和21年4月入学の生徒は、「併設中学」3年となる。下級生はいない。

　1949(昭和24)年4月広島県では占領軍軍政部の命令で、高校三原則の理念に基づく男女共学、小学区制、綜合制の高校が設置された。旧来の中等学校が統廃合されたものが多い中で、前身が尾道県女である尾道東高校は残った。ただし、教師も生徒も四散し、女子高校だった尾道東高校にも、男子が来るようになった。

　この統廃合をめぐり、尾道県女は廃止となるとの事だったが、誇り高き卒業生は箪笥の奥にある振り袖を出して若い同窓生を連れて呉軍政部に乗り込んだ、これが効をそうして尾道市は全部が残った。同窓生たちはわたしたちの運動で残ったと喜んだ。実は生徒数の見込みを水増ししたせいであったとのことである。

　ともかくも、新「尾道東高校」は再出発し、先生も生徒も寄せ集めで、伝統やしきたりもないままに、何とか、歩み出した。昭和21年に尾道県女に入学した学区内に住む生徒は、東高校1年生として約三分の一ぐらいは残った。相変わらず最下級の高校一年生であった。翌年1950(昭和25)年4月、新制中学校の卒業生が、入学試験をうけて、入学した。そして私もこの中学校が生まれて三年間を過ごした最初の入学生と一緒に赴任したことになる。私は国語科の1年生の授業ばかり週20時間担当し、さらに1年生のホームルーム担任となったのである。

　こうしてみると、私が赴任した学校は伝統とか気風とかを持たず、混沌としたままに新任として毎日の学校生活をしなければならなかったのであ

る。明確な国語科教育に対する理念も持たず、頼るべき先達の先輩教師のないまま、毎日の営みをしたわけである。授業が始まった。面食らったのは従来の学級がホームルームと名前は横文字になったが、授業の方は従来のように何年何組の学級でその組の生徒と授業をするのではなかったことであった。私はこの年度は1年生の国語甲という必修3単位を4組・12時間、国語乙という選択2単位を3組・6時間、同じく選択の漢文2単位2時間、で合計20時間を受け持った。

　これらの授業編成は、AコースからFコースに組まれて設けられ、各コースには生徒全員が受ける科目が設置され、受ける教室も指定されている。月曜日はAコースが1時間目であり、以下、順次展開し、6時間目がFコースとなる。火曜日となると、Fコースが一時間目となり、Aコースは2時間目である。こうして、金曜日まで30時間が廻る。生徒は授業が終わる度、次の時間の教室に移動する。同じホームルームの生徒と顔を合わせるのは朝の短いホームルームか昼の休憩ということになる。生徒はこれを「弁当ルーム」といった。授業する方も何年何組の誰だれというよりも、何コースの誰の方がよくわかるのである。ホームルーム担任の側からいえば、生徒の出席欠席が正確にはつかめない。遅刻や早退、さらに欠課となるとどうしようもない。

　こんな具合だから、学級のまとまりだとか、担任と生徒とのつながりなど出来にくかった。事実、私にとって、生まれて初めての学級担任だから強い印象がありそうなものなのに、この年に誰が私の担任した組にいたかをほとんど覚えていない。その代わり、1年生全員を少なくとも一週間に3時間は教室で見ていたので、卒業後も担任の有無を超えて親しい思いがある。

　それから、私がこの尾道東高校に新卒で来て、他の新卒者と違った点があったことがある。というのは、私の母が、つい前年まで、東高校の隣にある久保小学校に勤めていたので、東高校の在校生にも、保護者にも「教えてもらった」というのが多く、私を「野宗先生の息子さん」ということで親しげにものを言うのがかなりあったことである。これは思いがけない

ことであり、何かにつけ都合が良いこともあった。

　この年度、国語科には私を除くと、3名の男子の先生がいた。その人たちの年齢は、48歳・42歳・37歳であった。この中、37歳の人は書道と兼任である。これらの3人の戦前から教職にある人と違い、私は、戦時中・戦後のどさくさに紛れての、短縮卒業のあふりで20歳であった。成人式なる新しい祝日が制定された中で、成人を迎えたばかりの若い先生だった。私は国語科の中での最年少だったのだが、実はこれが今後十年続くこととなる。

　新卒で国語の教師として赴任した私が、この時持っていた教育に対する意識は、次の三点であった。
　1　何か新しいことをしたい気持ちはあったが、具体的には何かはつかめていなかった。
　2　学生時代の延長として、映画や演劇に対する関心は強かった。
　3　知的な好奇心は強く、文化・芸術全般に関心を寄せていた。
　この三つの点から、私の置かれた状況を捉えて見ることにする。

1　授業に対する模索

　私は教師養成を目的とする高等師範学校の卒業だったが、卒業後直ちに国語教師として教室に立つことはあまり強く考えていなかった。旧制の大学に進むことを考えていた。母一人子一人の家庭であることを考える時、この上まだ進学するなど考えるべきでない。幸か不幸か、希望する大学には落ちた。急に就職希望をしたにも関わらず、運良く家から通える尾道東高校に勤めることができた。教員養成の学校を卒業したのであるから、知らずしらずに教育に対する知識や思いは他の専門学校・大学の卒業者よりも多く持っているはずである。例えば大村はま先生についても、高等師範の4年の時、野地先生の講義の中で話されたのを覚えている。私どもの一年上の戸高さんが東京に出て、中学に勤めていたが、「捨て身の授業をしている女の先生がある。」と野地先生に報告したことを、野地先生は言われた。私はそのことをなぜか覚えていて、それから後、たぶん教師になっ

てから、それが大村はま先生だったっことを知った。また、母が小学校に勤めていた関係で、「コース・オブ・スタディ」の本も我が家にあり、名前は知っていた。こうしてみると、「何か新しい」云々は、観念的なものでしかでなく、実際は毎日、どうやって教室で時間をつぶすかが大変なことだったのである。こうした中で、私はこの年の10月に、卒業後初めて、野地先生の所に行っている。原爆投下後、元の練兵場が市営住宅になり、同じような家が並ぶ基町住宅を訪ねて、私がとりとめもなく話す事を先生は聞いてくださった。このことが実は私の国語科教育に対する目覚めのきっかけになろうとは思いもかけなかった。その後、折に触れておうかがいしたのである。

　この年度に私が担当した「国語甲」については、私がそれから十数年を経て、出版した「高校国語教育―実践報告」の中で、「指導計画の反省」の一部に載せている。この年度の教科書は「現代国語」上・下（市ケ谷出版）であるが、その教科書もいつの間にか手元になくなった、指導の詳細は全く記憶にもなく、記録のかけらも残っていない。なお、「現代国語」というと、この後、十数年後に学習指導要領の改定で、国語科の科目が「現代国語」と「古典」になった時の「現代国語」を想起するが、私の使った教科書は「現代的な新しい」国語の教科書の意味のようである。

　国語乙（選択）漢文（選択）に関しては、資料らしものは何も残っていないが、乙の方は、2学期半ばまで「徒然草」を読み、2学期後半からは明治以後の近代詩を読んだ。いずれもどうしたらおもしろく学習できるかに悩んでのことである。その悩みの果てから、三木清の「人生論ノート」といくつかの文章と、「徒然草」と比べて読むなどのことをしている。近代詩の場合は、明治期のものは古語なので古典の学習と大差はないとの意識であった。漢文は私自身が中学時代から先生とのたちが合わず、苦手意識がある中で指導であった。教科書に準ずるものを読み進めた記憶がある。ただ漢文の選択者は男子ばかりで、それぞれ個性的な生徒であった。

　観念的なとらえ方しか出来ていなかった国語科の教科指導であったにしろ、授業を毎日しなければならなくなると、否応なしに実践者の自分を考

えざるを得なくなる。毎日どうやって時間を過ごすかの中で、ともかく１学期が過ぎようとしていた。７月５日の日記には、国語甲を受講した生徒に、私の学習指導に対する学習者の感想を書かせたのを読んで、私がまとめたものを記している。それによると、要約して次の四点になる。

（１）指導者が早口であり、声が通らない。
（２）指導者の一人舞台であったこと。
（３）授業の始めに教科書を離れて小説を読んだのはよかったこと。
（４）学習の内容の解明が不十分であったこと。

　まず、（１）の点は、私の言語生活の欠点を指摘したものである。自分で積極的に改めることをしていなかったことで、改めて取り組む必要があると気づいた。つぎの（２）は学習計画のまずさであり、教材の消化に精一杯で、これを学習者にどのように下ろして活動させるかは二の次になっていたといえる。

　（３）は時間をどうやって消化するかに苦労し、苦肉の策として、やったことである。ところがこれが意外にも好評で、いわば「怪我の功名」とでもいうものだったといえる。取り上げた小説は、川端康成『伊豆の踊り子』、芥川龍之介『地獄変』、太宰治『ロマネスク』などであった。耳から文学を読むということが学習者に受け入れられたのは、発見だった。殊に今も印象に残っているのは、『地獄変』を読み終わると、ある教室では、人生のために芸術か、芸術のための芸術かを巡って、教室が賑やかになったことである。そんなこともあり、この耳から聞く文学は、その後、在職中には時折することがあった。

　最後の（４）については、現代文は読めばわかるに少し色をつけた程度にしか現代文の学習指導を考えていなかった私の学習指導をついた指摘である。

　こうした学習者の指摘により、私の持っていた教育に対する意識としてあった、第一の点、「何か新しい授業」云々は、「具体的につかもうとする」段階にさしかかってたといえる。

2 映画・演劇への関心

　授業の具体的展開の始まりとして、第二の点にあげた「学生時代の延長」云々における「映画や演劇に対する関心」は、私自身がガリ版で書いて作った、教科書以外の教材である戯曲などである。教科書外の教材を、一般には後には投げ入れとか自主教材とか呼ばれたようだが、この頃は私にはそんな呼び名もなく、ガリ版教材である。これらは、戯曲の真船豊『寒鴨』、ラジオドラマの脚本の西沢揚太郎『陳述』といったものである。前者は高等師範時代に裏方でかかわり、後者は、放送されたものの選集の中でおもしろいと思った作品である。私にとっては比較的よく知っている領域といえる。しかし、よく知っているといっても映画演劇に本気で志すとかいったものではなく、教科書に戯曲類がないから、これでもとりあげれば、学習者を他の領域の教材より活動させることが出来るかもしれないといった程度のとらえ方だったと思う。

3 知的関心の広がり

　本来ならば、日本古典に対してある程度の知識をつけて、国語教室に望むはずの国語教師養成の学校で学びながら、私は古典に対してはろくに知識も持っていなかった。私が第三の教育に対する意識としてあげた「知的関心」云々は、外国文学や西欧の芸術に向けられていた。さらに他の学友たちが卒業論文を専門的な古典研究に向けている者もある中で、私は、「昭和文学史」という間口の広い主題を選び、提出した。このことは、しかし、教室に出てみると、必ずしも負の方向性を持っていたのではなかった。敗戦前の学校を出て、古典を中心に教えてきた先生たちには、戦後の高等学校の教科書の現代文は扱いにくいものだったようである。それに比べると、外国の小説も載っている国語の教科書は、私にとっては親しみの持てるものだったといえる。

　以上のように考察して来ると、新米教師の私に何かを求めて、うごめくものはあったといえる。しかしいずれにしても、私は方向性の定まらない国語教師であった。あれやこれや興味を示し、どこに進むかわからないよ

うであった。
　演劇に関しても、多少学生時代に手を染めた程度ではあっても、学校でクラブ活動の顧問を受けるとすれば、演劇部を選ばねばならず、着任早々、5月の文化祭では、演劇部は劇を上演しなければならない。この時に、2年3年の部員は、チェーホフ「桜の園」を上演するとかで着々と準備がなされていた。私の担当は新一年生で菊池寛「父帰る」をやることに決まっていた。私はこれを少しばかり時代を現代に引き寄せて、演出した。結果は地方新聞の劇評でさんざんけなされた。しかし、いまさら演劇部の顧問を辞めるわけにはいかず、何年間かは学校演劇とつきあいをした。この時期に近辺のいくつかの高校では、指導の教師で演劇に打ち込む人もいたが、私はのめり込むこともしなかった。それに費やす時間が大変だったからである。
　もっとも、夏に、当時の尾道放送局で放送劇団員を募集していて、これに応募して、不採用になったこともある。生徒から指摘されたような私の言語生活の欠陥である。早口や声が通らない欠点があれば当然のことである。
　方向性の定まらない好奇心については、どうやら私が太平洋戦争が始まった翌年の1942（昭和17）年4月に旧制中学に入学し、勤労作業や、学徒動員で過ごし、敗戦を迎え、中学4年の後半だけ学んで受験し、幸か不幸か高等師範に合格した。知的な関心を閉ざされたことの反動から生まれたものではないかとも思っている。それと、住んでいた尾道は戦災に遭わなかったので、敗戦後は、著名な人々がよく来て、演奏や講演や公演をしていた。そうしたことが私の心を揺さぶったのかもしれない。東高校の昭和初期に作られた大きなシャンデリアが下がった講堂や、ピアノの名器といわれたベヒシュタインのあることが加わって、演奏会がしばしばあった。

　そうした状況の中で、少しずつ私の中で変革をもたらすものが生まれつつあった。
　8月20日の朝日新聞に、「読みそこない―文学教育について―」と題す

る桑原武夫教授の論説が掲載され、私はこれを切り取り、日記に貼り付けている。スタンダールの「赤と黒」に対する京都大学の学生が日本の伝統的な自然観で、主人公ジュリアンソレルの心情をとらえたことから文学教育のあり方を論じたものである。私は日本の文学よりも西欧文学を多く読んでいたし、国語教師になっても、欲しい本、読みたい本は主として西欧文学であったぐらいだから、注目したのであろう。

　さらに、2学期には、次のようなことを日記に書きつけている。

　　国語の「選択」には実際困る。徒然草と文法。僕の困っていることは国語教育の根本問題かもしれぬ。（9月6日・日記）

　いったい何のために古典を読むのか、その上古典文法を事細かく取り上げるのはなぜか、などが私の思いにあったであろう。思考が国語教育の根本にまで触れているのは、我ながら不思議である。この問題解決として、2学期半ばからは徒然草をやめて、明治以降の近代詩を読んだ。学習者にとっては、明治の近代詩も古典と同じであろうと考えたからでもある。
　こうしてみると、混沌とした迷いの中で毎日を過ごしているように思える私の中で、国語科教育に対する思考が渦巻き始めているのではなかったかと思うのである。読書についていえば、この9月頃に買いたい本としては、『風と共に去りぬ』『クレーブの奥方』『ツアラトストラかく語りき』などを書きつけている。そして、「小林秀雄全集」もあげている。語学の方はラジオ講座フランス語を毎日聞くことにしていた。
　1951（昭和26）年になった。1月1日の思いとして、「静かに流れてみたい。」と日記に書きつけている。3月になると、日記はあまりつけなくなった。初めての学年度末でその慌ただしさに書く気もしなかったのだろう。
　2月16日と17日には福山東高校（現・福山誠之館高校）で破損図書の修理講習会があり、私は図書館の係だったので、参加した。新制高校となって、女子の姿の見える母校はあまり懐かしくも思わなかった。むしろ今となって自分が学んだ頃の苦い思い出ばかりがある。しかし、講習会そのも

のは、「大変有益だった。」(2月18日・日記)と書いている。私が持っている本も補修をした。当時は紙の質も悪く、装丁も粗末であったので、こういう講習会が開催されたと思われる。この補修をしたものの一つに、三木清『人生論ノート』がある。今も本箱にあり、時々教材研究に使っていた。

　国語教師としてよりも、もっと幅広い知識への欲求を制御しきれないまま国語教師の一年目は過ぎた。高校入試の学力検査の問題は当時は各学校で作成下のだから、当然私も参画したはずであるが、これは全く記憶にない。

2　迷いつつも
(昭和26年度：1951年4月－1952年3月)

　教員生活2年目になった。昨年4月私を含めて6名の新卒新任が着任したが、本年度になって、その中の4名が退任した。それぞれ事情はあるにしても、アプレ先生は変わり身も早い。社会科の人は、東京に出て行った。商業科の一人は故郷の岡山県に帰った。英語科の戦後の英語教育を受けた女性は、職場で結婚相手を見つけ退職した。もう一人の女性はどうやら、家庭科の中でいびり出されたらしい。無理もない、戦後のできたての尾道女子専門学校家政科で学んだ若い人が、戦前何十年か和裁や洋裁を教えた「ばあちゃん」先生に気に入るものでもなかろう。よくべそをかいていたから、仕方があるまい。それぞれの後任が着任したが、「アプレ」先生に懲りたので後任は慎重に選んだかと思われるような人たちであった。社会科は新卒ではあるが、「アプレ」とはほど遠い、堅物の青年であり、生徒はすぐさま当時の人気漫画「でんすけ」の主人公そっくりなので、「でんちゃん」とつけた。英語の後任は、四十才を超えた京大出身の人で、社会科も免許を持つ人である。商業科は、学校の下に家があり、早稲田を卒業して早々の人である。家庭科は、東京のさる名の通った私立女子大の新卒で、父は尾道では名士に属する転勤族である。男性ならつい保護したくな

るようなかわいらしい人であった。まずはめでたしである。

　居残りの私は、本年度は2年生のホームルーム担任となり、持ち上がりである。生徒の方は顔ぶれが変わっても、1年生の時に国語甲で全員担当していたから、だいたいは知っていた。担当教科は。必修の国語甲が3単位の4組、12時間、これは2年生全員である。選択の国語乙2年生・2単位は2組4時間を担当した。そして、国語乙の2単位が1年3組6時間とあり、計22時間となった。この当時、一人の教員の持ち時間は20時間が普通であった。5日制なので、22時間というと、週5日の中で、2日5時間の日があることになる。時間割の係から「頼む」といわれて、やむなく引き受けた。なお、この年度の校務分掌はカリキュラム委員（教育課程や時間割の担当）であった。

　この当時の私には、「これから僕は二年目を迎えようとしている。この一年は僕にとって寂しくてならない一年だった。この寂しさは今後もつきまとうに違いない。宿命的な寂しさかもしれない。」（1951年4月1日・日記）と言っている。今にして思えば、文学青年ぶったとらえ方だったのかもれないし、何かを求めようとして、見つからないいらだちだったのかも知れないと思う。

　そうした中で、本年の初め頃から、事もあろうに、全く音楽の基礎もない私は、ピアノを習い始めた。しかも、先生として、その頃、東高校の音楽の担当だった高山教子先生に頼んで、厚かましくも初歩の教本「バイエル」から始めたのである。頼む方も頼む方だし、引き受ける方も引き受ける方だとの感もした。その上ピアノは家にないので、学校の音楽教室にあるピアノを空いた時間に、使った。高山先生は間もまく広島大学教育学部音楽科の教授となられたのであるが私はやめなかった。ものを習うのは、初期こそすぐれた師匠につけといわれるが、私のは今にして思えばあきれるような習い事との出会いである。しばらくは、寂しさをピアノが取り除く役割をした。しかし、この音楽における師との出会いも、高等師範学校における野地先生との出会い、さらに後の大村はま先生。増淵恒吉先生との出会いなどと同じ恵まれたことだったと思うのである。

肝心の教科指導の方は、あまり力を入れることがなかったといえる。日記に書き付けているのは、集団生活での息苦しさといったものとか、自分の神経の細さに対する嫌悪感とかいったものである。教科指導に対する思いは述べていない。この年度に扱った教材は、後に私が刊行した、『高校国語教育―実践報告』の「指導計画の反省」に載せられてはいるが、一つひとつの細かい指導については全く残っていない。ただ、私の性格から、教材研究はかなり早めにして、残りの時間を読書などに当てていた。国語甲に関していえば、上・下とある教科書のそれぞれ八教材の中、どちらとも一つだけ扱わず、後は順番に取り上げている。どうやら特に注意して学習指導に力を注いだこともなさそうである。私の記憶にあるのは、教材研究を大学ノートにしたようだということぐらいである。

　国語甲に対して、国語乙の2年生の方は古典のテキストを使ったのであろうが、何を使ったのかは不明である。1年生の国語乙は「徒然草」を学習したのだが、こちらの方は、昨年度扱って、途中で投げ出して、明治以後の近代詩を取り上げるなどのことをしたので、本年は何とか少しはしっかりしたものを計画したいと思っていた。それに、学校長から論文にまとめるように励まされたこともあり、何とかしようと思っていた。この学習指導はについては、『高校国語教育―実践報告―』の「徒然草（その一）」(注1)にある。木村校長の励ましは、私にとって、国語科教育の出発点ともなるべきものをさせてもらったこととなった。

　それから、その時には格別のことだとも思わずにしたことであるが、1年生の国語乙の指導計画を立てる際、内容の似た「徒然草」の段をカードに記入して、カードを並べて考えていることである。卒業論文によってカードの便利さを知っていたのだから、この作業は当時の私にとっては、格別の工夫でもなかったと思われる。しかし、昨年度はカードを用いるなどはあまり思いもしなかったことなので、知らずしらずのうちに、目覚め

注1　1＝私の実践報告などの番号である。以下題名＝古典の学習指導―高等学校第一学年国語乙「徒然草」学習指導の実践報告・発行年月日＝1954年12月発行・所収の書名＝尾道東高等学校研究紀要・その後の所収＝高校国語教育―実践報告―となる。

のようなものは起こっていたのだろうか。

「サマータイムは疲れる」（5月14日）とあるが、1948（昭和23）年から実施されたこの制度も、日本では不評であった。睡眠不足になりがちだった。翌年1952（昭和27）年には廃止された。持ち越された。

あまりすっきりしない心はありながらも、1学期は過ぎていった。この間、昨年私が担任した生徒で、昨年度から学校に来ることの意味を見いだせず、ものを作る仕事をしたいという男子生徒があって、なだめなだめ学校に来させていたのだが、1学期末にとうとう学校に来なくなった。本人は退学すると言うのを、ともかく休学と言うことで、籍は学校に置いた。親が大工なものだからその手伝いをしたりして、時々私の家に来て、ぽつりぽつりとあれこれ話しては帰って行く。私としてはどうしようもなく、説教がましいことは言わず、話を聞くことにしていた。そして、もう一人、本年度の担任だったある男子が、8月22日に家出をすると言って私の所に寄った。事情をきけば、家庭が複雑で、縁故関係が島故に複雑に絡み、どうしようもない血縁のしがらみがあるようである。これも私にはどうしようもなかった。どちらの生徒も、ホームルーム担任の無力さを知らせたことであった。休学した方は、翌年は復学し、1年遅れではあったが、ある国立のデザイン関係の学科に進み、電車の車両の設計関係の製作所に入った。もう一人の方は退学してしまった。

夏休みとなったが、この時代の夏休みは、あまり束縛されることもなく、過ぎていたといえる。そうした中で、私の読書生活では、印象に残るマルタン・デュ・ガール『チボー家の人々』を読み終えている。「エピローグを残して10巻読み終えた。多くを言いたくない。ため息が出た小説だ。」（8月18日・日記）とある。私にとっては、読書というととかく感想を求める傾向に対して、感想にならない感動の深さを持った重量感を知った小説との出会いといえる。なお、この頃読みたい本としてあげているものに、サマセット・モーム『月と六ペンス』、ディケンズ『デヴィード・カッパフィールド』、フォークナー『野生の情熱』、メルヴィル『白鯨』などを8月12日の日記に書き付けている。相変わらずの外国の小説ばかりであ

る。こうした傾きがある知的生活の中で、「何時までも遊んでばかりはおられぬ。ぼつぼつ勉強しよう。二年も前から頭に持っている一つの物語をかいてみよう。」（9月29日・日記）ともいっている。どんなものだったかは覚えていない。勉強といっても肝心の国語科教師の勉強ではなく、小説を書きたく思っているようである。方向性を持たない興味はあてどもなく広がる。興味の広がりのもう一つに、、私にとっては、今後ずっと私の生活の底流を支配する、旅のへあこがれが加わった。

　この頃、日本教職員組合（日教組）で「教師の倫理綱領」が草案として出て、各職場で討議されていた、その綱領の一つに「教師は労働者である。」があった。これに対して、「こう言ってしまえばいとも簡単だが、でもやはり割り切れぬ。」（9月18日・日記）といっている。権利闘争が言われ、ストライキの是非が職場会議で言われるようになる。この年11月には栃木日光でで、日本教職員員組合第一回教育研究大会（日教祖教研）が開かれたらしい。おそらく組合情報では流れていたのであろうが、新米教師までは浸透していなかったのであろう。労働者とか、ストライキとかは、当時の私にとって、卒業論文で取り上げた昭和初期の話であり、まさか自分と関わることとは思わなかった。戦後1947（昭和22年）2月1日のゼネストなども、学生の身には他人ごとでしかなかった。日教組教研との私の直接の関わりは、1954（昭和29）年に始まった。私は1954年に国語部会で実践報告をしているのである。

　この年の秋、広島県で国民体育大会が行われた。原爆を受けた中からその復興を見てほしいとの思いもあってのことであろう。この国民体育大会のため、学校が休みになった。私は何の役員でもなく、時間が空いた。そこで、考えたのが、東京に行くことだった。母に無理を言って金を出してもらい、10月26日から11月1日までこれと言う当てもなく、東京に行った。別段何かを求めた訳ではない。あちらこちらを歩いたり、催し物を見たり、知り合いを訪ねたりしただけである。自分の一月分の給料を使いながら約一週間過ごした。ムダともいえることが、大きな心の養いになることを知った。

こうしている中に1951年は終わった。新しい1952（昭和27）年が始まった。この年の年賀状は100通を越えていた。年頭の日記には、「格別これという希望も起こらぬ。どんなことにも希望を見出そうと努力すること。ただそれだけである。」（1月1日・日記）とある。国語教師としての希望は言わず、「今年も相変わらず、ピアノとフランス語はつずけて行きたい。」と言っている。この時期私の表記が「つずけて」となっているのは、仮名遣いがまだ私の中で定着していないのである。

　1月7日になると、「明日からまた学校が始まる。仕事に負けずにがんばろう。忙しい忙しいと仕事に負けぬこと。」とその日の日記に書いている。そしてそれに続いて、「時間の無駄使いが多い様だ。もう少し有効に使うことを考えなければいけまい。」とも言っている。

　この頃、「壬申の乱について知りたい。おもしろそうだ。額田王、中大兄皇子、市人皇女、大友皇子、藤原鎌足、これだけの道具立てがそろっている。一つこれをフィクショナルな小説にでっち上げてみるかな。」（1月15・日記）とややふざけた調子だが、こう言っている。考えてみると、私は回り道のような形をとりながら、古代文学に関心を向けだしたのであろう。他の好奇心に比べると、まともな方向ではあろうとも思われる。もっとも、他の日にはドラマを書きたいとか、春頃大和方面を旅をしてみたいとか書き付けているので、目標が定まっているものではない。トルストイ『芸術とはどういうものか』を読んで、「自分の信念を持ってはっきりと価値の基準を確立し、近代の芸術をこっぴどくやっつけているところが面白い。」（1月23日・日記）と書き付けている。

　3月12日に、「大学にもう行きたくなくなった。」と、日記に書いている。そして「今の僕には研究することが無いのだ。今の僕はとにかく何やかや勉強したいのだ。一つだけこつこつやる気がしない。」と日記に書いている。私の本質を踏まえたとらえ方かもしれない。

　この年度末の3月29日には修学旅行で南紀州・奈良に行った。この当時は、まだ旅行業者などはなくて、教員が旅行社の添乗員の役割をした。若いせいで私が中心となり、手配をした。大阪の天王寺駅からは、南紀新宮

駅まで夜行列車であった。細かい日程は残っていないが、新宮から潮岬に戻り、さらに白浜に戻って泊まった。次の日は奈良まで行って泊まり、法隆寺などを見て、尾道に4月1日帰着した。引率のしんどさよりも、私にとっては、太平洋にじかに接している潮岬の景観の大きさと、法隆寺の百済漢音の美しさに圧倒された旅だった。潮岬も百済漢音も「もう一度行きたい。」と思ったが、潮岬の方はそれきりになった。

3 生徒は卒業した
（昭和27年度：1952年4月－1953年3月）

　修学旅行から帰って見れば、すでに新学年度となっていた。旅行の疲れも何のその、新しい年度の始まりに身を投じなければならない。新米だなんだという暇もなく、いや応もなく私は3年生のホームルーム担任となり、担当教科も国語甲・3単位・4組・12時間、国語乙3年・2単位・3組6時間、計18時間の担当となった。昨年度の22時間に比べると、ずいぶん気分が楽であった。ただし、3年生の担任の方は、荷が重い感じがある。今から思えば、新卒でホームルームを持ち上がり、教科も国語甲も国語乙を持ち上がりという、貴重な3年間なのだが、腰の座らない私にとっては、何の資料も記録も残していないところの無駄遣いともいえる3年が経ったといえる。悔やんでみてもどうしようもないことである。この時期に、「ともかくも僕は勉強しなくてはならない。何日ブランクの日が続いたことだろう。」（4月9日・日記）とは言っているが、具体的に何をどうするかは不明である。

　3年生の担任となった。普通科119名（男子64、女子55）・家庭科女子48名、計167名いた。普通科家庭科混合で、4組編成であった。私は3年1組の担任であった。男子18名、女子24名、計42名である。これらの生徒の進路指導がある。、過去の生徒の実績はあまり通用しない。なぜかといえば、新制中学から新制高校4回生として入学した生徒であり、彼らの進路

がどう展開するかはわからないことが多かった。私に関していえば、大学受験に対しては全く未知に等しい。私のように戦後のどさくさに紛れて、敗戦後わずか半年で上級学校に運良く合格できた者に、新制大学となったばかりの受験の様相は無知に近い。生徒と同じ段階で情報を蓄え、指導をしなければならない。新制大学はいくつかの大学が寄り集まって総合大学になったものが多い。元の何々大学、あるいは何々専門学校といっても、それがどこまで役立つかは疑問である。当時受験雑誌の大手筋である「蛍雪時代」などを読んで情報を仕入れるしかない。その上、国立大学に関していえば、当時「進学適性検査」なるものがあり、これの対策も施さなければならなかった。この適性検査なるもの対策といっても参考書があるわけでなく、素人が作ることが出来そうにもなく、仕方がないから、その筋の業者の作った問題をやるしかなく、私が勝手に何回もやらせた。この練習効果のせいか、本番の検査では、「蛍雪時代」に学校平均の点数がのせられ、なんと広島県では尾道東高校が2番目になった。学校長は鼻高々であった。就職に関していえば、これも無知に近かった。朝鮮戦争後の好景気で求人は多かった。

　国語の授業についていえば、国語甲は、使用した教科書が手元に残されている。それを今見ると、私は教材研究をB6版のカード、しかも何かで使ったB4版の用紙を、さらに4枚に切りB6版として縦長に用いた。紙の乏しい時代であるから、或る時はPTAの役員会の案内であったり、市販の問題の裏であったりするが、ともかくB6版がほとんどで、これを教科書に貼り付けて、教室に出たようである。参考にした書物から写して教科書に貼り付けたり、貼り付けないでそのまま教科書に挟まれたりしている。そして、ノートでなく、貼り付けたものが、どうやら後のカードによる教材研究の原型であるともいえる。一方では教科書のあちこちに傍線を引いては、書き込みもしている。

　例えば、「現代国語」三上（成城国文学会・市ヶ谷出版）の「二　花の色」の歌を

　　　　想像した歌であるがうわついた感じがせぬ歌　　　　　　　　　　　　反実仮想
　　1　世の中にたえて桜のなかりせば春のこころはのどけからまし
　　　　　　　　　　　　　　　　　　　　　　　　　　　在原業平朝臣
　　　　　　　　　　　　　　　　　　　　　　　　　　　桜に対する作者の心は

のように書き込んでいる。
　貼りつけたものも、貼り付けないものも、参考にした書物の引用は出典をページも記入している。これは卒業論文で身につけたことのなのであろう。しかし、貼り付けないものにも日付はない。もちろん分類項目もない。この段階でのカードは、単なる一過性のカードであり、蓄積の意図はないといえる。
　教科書を見ると、いくつかの教材については、指導過程、もしくは指導目標に関するものが書き付けてある。「導入」なる用語も用いている。徐々に学習指導計画が意識されてはいるのであろう。ただ、長い年月を経た今となっては、どの教材も学習指導過程の詳細は不明である。
　国語乙の3年生については、何かの教科書に代わるものを使ったのであろうが、何も残っていない。
　夏休みとなった。この夏休みには、野球部が朝日新聞社の全国高校野球大会広島県予選で、優勝戦まで進んで、学校は大騒ぎだった。優勝は出来なかった。この頃は、県予選に続いて西中国大会があり、それに勝って甲子園に出ることが出来た。西中国大会には県から4校が出場する。部員十一名、しかも2年生を主体とする部員、部長は今年新卒で部長になったけれども、野球をろくに知らない人、監督は一般企業に勤めている野球好きの人と、話題に事欠かない野球部であった。しかし西中国大会では山口県光高校に1-0で惜敗し、夢は破れた。
　夏休みになり、日記をつけるのを怠りがちになっている。この時の日記に、「無為無策の中に日はすぎて行く。それを手をこまねいてぼんやり眺めているだけの自分である。自分を大切にしなければと人には言いながら、本当に自分を大切にしているといえるだろうか。」（8月11日・日記）と述べている。こうはいいながら、「他人をうらやましいとも思わぬ。自

分には自分の行くべき道があるというはっきりと自己の生活が確立できるようになりつつあるのはうれしい。どんなにしたところで自分は自分でしかない。他人になりたいとも思わぬ。」(8月23日・日記)とも書いている。どうやら私の精神は、強さを求める、あるいは自己確立への方向に動いているようである。

　2学期になった。卒業学年の後半に入ったので、いやでも応でも、進学・就職の振り分けに臨まなければならない。特に就職希望の生徒にとっては、まもなく就職の採用試験が始まる。

　就職といえば、この年の都市銀行の一つ富士銀行(現在何銀行だろう?)の場合、募集要項に新大卒で初任給が10,000円、新高卒で7,000円とあり、新高卒でも今の私の給料より多く、教員の給料の少なさをついつい思った。男子はともかく、女子の場合、成績の優秀者は、多くは大手企業に勤めることを望んだ。ただしこの時期には、女子の場合、「容姿端麗」などのことばがあったのを、受ける本人も、受けさせる学校側も、格別不思議がらずに応募し、応募させた。「職場の花」はやがて、「職場結婚」へと赴くのである。

　学習指導の方は就職も進学もあまり意識せずに進めているようであった。ただこの2学期には、使用した国語甲の教科書の書き込みに、学習指導計画の萌芽とでも言うべき書き込みがある。すなわち、市ヶ谷出版「現代国語」三下(成城国文学会)の三『寒山拾得』に次のような鉛筆書きの記録がある。

　　第1時　導入・読み・意味
　　　　　　導入には「皇太子殿下の手紙」→創作の動機とある。
　　第2時　P17まで説明
　　第3時　P22まで説明
　　第4時　終わりまで説明および構成
　　第5時　性格分析
　　第6時　尊敬の持つ社会的意味

記録内容から見て、学習指導後に記入したようである。この記録内容をカードにとり、森鷗外と作者名と日付を書き加えれば、次にこの『寒山拾得』を扱う時の教材研究カードに転用できる。だが、まだこの教科書書き込みの段階では、私の中にはそうした思考はなかったのである。『寒山拾得』の次に扱ったラジオドラマ形式による心理学の解説である『笑いと涙』も、第一時から第六時までの簡単な記録が書き込まれている。三年目にして生まれた国語科教育への目覚めといえるかもしれない。なお「皇太子殿下の手紙」云々は今となっては不明である。
　新制大学が生まれてから数年を経ていたが、進学指導に対して明確な意識はあまりなく、大学の選択も、元何々大学とか専門学校とかを考えての学校選択であり、さらに経済事情から生まれる地元志向が強かった。尾道東高校でいえば、広島大学がそれである。特に、三原市には広島大学三原分校があり、二年制の教員養成課程であった。福山市には、広島大学教育学部音楽・家政・体育があり、さらに水畜産学部があったので、家から通えた。音楽・家政には2年の養成課程もあり、女子は志望が多かった。一方、尾道は商人の町のせいか、私立の伝統校に対する志望もかなり強く、地方の国立大学よりも、中央の有名私立大学へという気持ちが生徒にも親にもあった。自分自身の受験時代をほとんど持たない新米教師があれこれ手探りしながら生徒や親と対応するのは大変でもあった。若さに任せての奮闘だったといえる、そのガムシャのせいかというのが、「進学適性検査」の平均点が広島県で第二位だったことであろう。また広島大学を受験した7名が全員合格したということもあった。
　私はこの年の10月8日以後、ずっと日記をつけていない。この間の私の状況については明確にするものはない。教師になって初めて高校3年生を担当し、その忙しさにかまけて日記をつけなかったといえば、そうかもしれないが、かといって何もかも放り出してひたすら生徒に打ち込んだわけではない。ピアノも続けていたし、フランス語も一日わずかな時間ではあるが続けていた。様々な思いはあったのだろうが、日記をつけなかった事

で、自分と向き合うことはしなかったが、無事に持ち上がりの3年間を終えた事は私に一つの区切りがついた事は確かである。

　区切りについていえば、この3年間に担当した持ち上がりの生徒は私と年齢が5歳しか違わなかった。ところが今度新しく入学する生徒は、相変わらず16歳を迎えるのだが、私はこの年に24歳を迎えるのである。当然のことではあるが、この当然が私を驚かせた。これまでは年齢の差があまりないところから来る気安さが、自分の教師としての力と思い込む錯覚がありはしなかったか。差が倍に増えれば、何を橋渡しにして、生徒と対すればよいか。思いもしなかったことである。私の中で渦巻くものがあった。

4　学習指導の記録を
（昭和28年度：1953年4月－1954年3月）

　高等師範学校を卒業してすぐ、学習指導もホームルーム担任も初めて経験したのが3年前の4月である。そして訳もわからずに2年生、3年生と持ち上がって、1953（昭和28）年3月には生徒は卒業して私の目の前からいなくなった。やれやれと思うまもなく、今度は、新しい1年生のホームルーム担任と、教科担当とになった。気がつくと、私と担当の生徒たちは年齢が8歳の差がある。あたり前の事なのに、私は驚いた。これまで5歳の差がある生徒を前にして、兄と弟、妹との感があり、その親しさを自分の指導力と錯覚していた私は、この年の差を埋めることが出来るのは一体何だろうかと考えたのである。そして行き着いたのは、学習指導の腕前、あるいは改まっていえば、指導技術ではないかと思った。観念的な生徒への愛情でなくて、毎日の教室で取り交わす授業の内容が私の生徒に対する愛ではなかろうかと思うようになった。なおこの年度入学の生徒はホームルーム編成は普通科と家庭科と混合の編成であり、私の担当のホームルームの場合、男子16名女子28名である。これらの生徒のうち、家庭科の生徒は国語の教室では顔を合わさなかった。

この頃の私の思いを、1953（昭和28）年4月14日の生活日記には次のように述べている。（以下私の生活日記のことを「日記」と書くこととする。これに対して、6月8日以後学校でつけ始めた学習指導日誌を「日誌」で記述する。）

　　学校の新学期が始まって二週間経つ。僕の教員生活も四年目を迎える。教員以外にこれという職業もなさそうだし、このまま教員をせざるを得ないだろう。とすれば、まんざらチャチな教員になりたくない。こう思って今年からはじめたのが自分自身作った教科課程による国語の学習指導。とにかく学校にいる時間、8時過ぎから5時過ぎまでは、これに打ち込んでみよう。どんな結果ができるかは知らない。またはじめから成功するとも思っていない。失敗すればそれを改善すればよい。ローマは一日にしてならず。とにかくやってみよう。僕の青春の記念碑となるかもしれない。これも青春の生き方の一つか。今は楽しい。新しいものを創り出す喜びがある。

　こうした思いの背後には、時々広島に行って、ぎっしり家が建て込んだ基町の市営住宅にある野地先生の家にお伺いして、あれこれ私が勝手な話をするのを聞いてくださった先生の感化力、あるいは思慮のにじみの効果とでも言うべきものがあるに違いない。さらに言えば、私が高等師範を卒業して三年といえば、幾人かの学友は広島文理科大学などに進学して、研究を深めたり、専門の道を進もうとしているのである。その人たちに比べ、私は何もこの三年間に残してはいない。いってみれば己の青春に対する悔いを感じているのであろう。その中から生まれたものが、学習指導の計画とその反省の記録である。ただし、この段階では、学校にいる時に限定した国語科教育であり、明確に己の第一義の道としての国語科教育実践を考えているのではない。
　また一方、「教科課程」などのような基本的な用語の曖昧さも、基本的な理論を身につけていないところから生まれたといえる。しかし、ともかくも決意をして始めたことであり、後には引けないものがあったのであ

る。この年度の具体的な学習指導計画とその反省とについては1956（昭和31）年度になって、研究会で報告しているし、さらに、この年から30年以上を経て、報告もしているので、具体的なことは省略する。

　学習指導日誌として、学校における勤務の詳細を記録しはじめたのは、6月8日（月）からであり、この日の書き出しは、「昨日野地先生のところへ行き、単元の教示をうけ、」で始まっている。日誌をつけること自体も先生から言われたのであろう。この日誌の必要性は、学習指導をする各組がどこまで進んだかを知るためもあった。多い時には八つぐらいの組を担当し、それぞれ同じように進む訳でないし、授業の初めに、どこまで行っていたかを生徒に聞くわけには行かない。そこから生まれたのであるが、日誌をつけ始めてみると、ものの三分間もあれば済む記入が、汽車に遅れるといって、走り書きすることもあり、その日何をしたか思い出せないことも時にはありで、なかなか大変だった。日誌をつけることがずっと続くかとも思ったが、ともかくも私は続けることができた。そして、そのことによって、思いもしないようなことがわかった。雑用でかたづけてしまうものの内実がわかり、会議の多さとその時間がわかった。さらに学習指導の気づきをメモのような形で書き付けたことが、後に、学習指導の変革を考えるようになる事もあった。例えば、この年の7月4日（土）の「日誌」に次のように述べている。

　　読書についての作文を今読んでいるが、内容は似たりよったりである。一番気づくことは話しことばと書きことばを混用したものが非常に多いことである。

注1　4　高等学校国語甲における古典の学習指導—1953年4月より1956年2月までの実践報告—・1956年5月18日・全日本国語教育協議会広島大会
注2　5　1953年4月より1956年2月までの高校国語甲の実践報告・1956年12月1日・第一回祇園高校国語科教育研究会
注3　79　「国語学習指導綴」「国語学習指導表」「国語指導計画表」—尾道東高校一九五三年度入学者の三年間—・「国語教育研究」第二十九号・広島大学教育学部光葉会・1985年6月1日

この原因は何であろうか。書き手の読み返しが足りないせいがある
　　かと思う。あるいは書いた生徒はこれに気づいていないのかも知れぬ。
　　　作文では評価に一番困る。これはいつも思うのであるが、どんなに
　　したら正しい評価ができるものであろうか。これだけでも一つの研究
　　テーマになりそうだ。

　このような気づきがあって、この年から5年経った1958（昭和33）年に
は、「作文教育について―書くことの指導の実態と反省―」を報告し、さ
らに1961（昭和36）年には「作文の評価について―その実践と反省―」を
報告している。いってみれば一つの実践報告の源流は、遠い、思いがけ
ないところにあるともいえる。
　指導日誌といっても、最初はB4版二つ折りにして、それぞれ上下の枠
を作り、右端に月日曜日を記入してある簡単なものだった。それに、毎
日時間割の1時間ごとに何をしたと記入していた。これが何年か経つと、
形式が変化する。経験が生む省力化である。この変化については、後に
「学習指導を記録する方法」として、報告している。
　さて、学習指導のことであるが、この年度の私の持ち時間は表向きは1
年生の国語甲3単位4組12時間、1年生の国語乙2単位4組8時間であった。
ところが甲も乙も組の顔ぶれは同じである。この点でも、三年前とは時間
割が違っていた。そこで、5単位で、やった方が学習の効果がよいのでは
ないかと私は考えた。教務部長に言って、5時間の国語とし、指導要録記
入は、3単位と2単位とが同じ評価でよいかと相談したら、それでよかろ
うという事になった。その頃は、まだ学校全体がおおらかであったのであ
ろう。私は幸いにも、国語を5単位で学習指導するという効率的でありな

　　注4　9　作文教育について―書くことの指導の実態と反省―広島県高等学校国語教育研究
　　　　　会・1958年11月1日・福山誠之館高校
　　注5　18　作文の評価について―その実践と反省―・広島県国語教育連盟・1961年11月22
　　　　　日・尾道東高校
　　注6　57　授業改造を志向した学習過程のあり方―基礎作業としての記録生活の実践―・昭和
　　　　　55年度公立学校教育実践講座・高等学校課題別研修会・広島県教委・1980年8月26日

がら違法のことをする事となった。違法とはいいながら、この学習指導が済んで三年後の実践報告をしても、現代文と古典とを別々にしたせいか、誰も何も言わなかった。

　この1953年度の学習指導についての詳細は1956（昭和31）年の二つの実践報告で述べているので省略する。5単位という年間35週175時間を定期試験などを考えて、次のように配分した。

　　1　自分について考える　　　　　　　25時間
　　2　小説を読もう　　　　　　　　　　25時間
　　3　演劇の理解を深める　　　　　　　25時間
　　4　短歌・俳句に親しむ　　　　　　　23時間
　　5　私たちの生活と古典とのつながり　34時間
　　6　漢文入門　　　　　　　　　　　　16時間

　実際は組による時間の差も生まれ、予定通りには行かなかったが、国語甲、国語乙との統合学習としての時間配分にはなっているようである。この年度の「日誌」をみても、詳細はわからないし、「国語学習記録綴」をみても、組ごとの時間は不明である。

　この六つの単元について、気がつくことは、この時期の私の国語科教育に対する意識をうかがわせるものとして、それぞれの単元について、学習指導目標とはいえないまでも、教材と学習者との距離感とでもいえるものを動詞を含む分節にあげていることである。例えば、最初の単元「自分について考える」は青年期における自己発見の重要さを主として論説文を読む中で取り上げた。「私たちの生活と古典とのつながり」では、旧来の訓詁注釈でなく何とか現代に生きる古典を知らせたかったといえる。こうした漠としたものではあったが、学習指導目標を設定する意識が、後には、指導目標を設定することで、学習指導の過程が明らかになる第一歩を踏み出した思いになる、私の学習指導意識へとつながるのではないかと思う。

　さらに、理論的に知った上での単元学習ではないが、これらの単元の展

開は、それまでの三年間と異なり、学習の展開を生徒の参加を多く加えるように図っている。この事は、6月はじめからつけ始めた学習指導日誌〔以下略して「日誌」〕にもうかがうことができる。例えば、日誌をつけ始めた翌日には、

　　グループ別の話し合ってやることの相談。その前に参考書を指示する。分担のないグループに対する指導にいささか手を焼いた感じ。やることのない班はないというぐらいのことばではピンとこぬ。積極的に働きかけたらよいのであるが、なかなかこれができない。教科書を分担のない班は読んでいたが、あまりのり気でなかったようだ。ぼんやりと何もせずにいたHに『文学入門』の「文学と人生社会」の項目を読みまとめることを言いつける。他のコース（学級）のFには「国語教育辞典」の小説の項をまとめることを言いつける。

　こうした記録にも、当時持っていた私の学習指導の一面がうかがわれよう。また、学習で使う資料なども特定の生徒に依頼して、謄写印刷のガリきりをしてもらった。
　9月18日（金）から26日（土）までは東京で開催された全日本国語教育研究協議会に出席した。野地先生に誘われ、当時先生が研究のため教室をもたれていた祇園高校の人が参加するので、仲間に入れてもらった。この会に出て、「ただただ私の不勉強を恥じるばかりである。」と帰ってからの「日誌」に書いている。私にとって心を揺さぶるような会だったのである。会が終わったあと、自分で勝手にあれこれの催し、知人を訪ねた。今日から見れば驚く程の金と時間の浪費である。この会から帰って、「授業のことで頭が一杯。」（10月1日・日記）とも言っている。何となく出たのでなくて、会が終わり宿に帰り、野地先生からあれこれ質問されたり、感想を述べられたりして、研究会の二次会とも言うべき話し合いがあったことがしんどくはあったが、受け取るものが多かったのである。一方では同じ国語教育研究会と言っても、この年の12月12日（土）に竹原高校であった

尾道三原地区の会では、「あまりの後ろ向きの態度にあきれるばかり。」と「日誌」に書いている。講師の話もどこ吹く風の態度の国語の先生が目に付いたのである。

この年の10月10日（土）には、ラジオドラマ「ふるさと」（伊馬春部作）をテープレコダーに録音して、演劇の単元を学習していたので、参考として聞かせた。テープレコダーなるものが当時「東通工」と呼ばれていたソニーの前身の会社から売り出され、これは便利と飛びついたのである。この頃の私は、映画は相変わらずよく見ていたし、フランス語も続けていた。絵を見たり音楽会などもよく行っていた。

1954（昭和29）年となった。この年の決意としては、「国語教育の実践を一歩進めること。勉強すること。」と1月1日の日記に書いている。「勉強」に関しては、「学習指導を展開してゆきながら、また指導計画を作成しながら、いつも思うことであるが、私に鑑賞の方法論がしっかりのみ込めていないので、絶えず戸惑う。私自身の中にしっかりした文学理論を確立することが先決問題なのである。」（1月30日・日誌）と言っている。学習指導の実践と、文学研究とのつながりを問題として考えている。この大きな課題がすぐさま解決できることでもないが、それまであまり考えることもなかった課題を意識するようになっていることは、私の国語科教育が前進したといえるのであろう。

3学期になると、3月に行われる高校入試の学力試験の問題を考えねばならない。となると、当然入試問題作成の参考に、中学校の国語の教科書に目を通しておく必要がある。そのことをしながら、「空いた時間に、入試問題作成のため中学の教科書を読む。これを機会に中学の教科内容を十分理解してみたい。また、しなければならない。今まで恥ずかしいことながら、なおざりになっていた。考えてみればおかしな話である。」（2月26日・日誌）と言っている。教科教育に対する視野の広がりである。学習指導計画を立て、記録していくことは、確実に成長をしていくことを示しているといえる。若いだけに、事態を敏感に受け止める事が出来たといえる。

なおこの年度末の終業式に近い時には、来年度の教科担当が決まってい

た。私は現在の1年生を来年度も国語甲3単位は持ち上がりで担当することになっていた。3月15日（月）の最後の授業では、来年度学習する事の準備として春休みの宿題を言っておいた。郷土に関係があるものをどんなものでもいいから集めて、置くことを言った。私の中には、いつ頃からかは明確でないが、文学にゆかりの深い尾道地方について、「郷土と文学」の単元の構想があったのである。郷土に関係がある民話、伝説。創作何でもよいと言っておいた。

　この3月15日で「日誌」は終わっているが、「これで今年一年も終わったわけである。感無量。」と書いている。学習指導の記録が終わった事に対する思いであろう。さらに、「入試で忙しく取るもの手にとられず。」と書いて、終えている。

5　実践者としての自覚が
（昭和29年度：1954年4月－1955年3月）

　1954（昭和29）年4月となり、ホームルーム担任は2年生になった。1年生の時とホームルームの生徒の顔ぶれは変わっていても、普通科の生徒は国語甲と国語乙の統合した5単位で昨年度担当したので、顔と名前とが一致しないということはなかった。この年度のホームルームは、男子15名、女子27名である。女子は数名が家庭科だった。

　本年度は国語甲・3単位・5組・15時間が2年生である。2年生全員を担当したのである。そして、1年国語乙・2単位・2組の計4時間がある。こちらは、3回目の「徒然草」である。なお同じ学年の国語乙の二つの組は他の担当者であるから、当然教材の選択・学習の進み具賻合など連絡していた。この年度は二教科目、19時間の担当である。

　「予備校化して行く学校の現状をみていると、たまらない気持ちがする。」（4月20日・日記）と言っている。教師になって4年目にこんなことを思うのは、大学進学へ向けての学校態勢が年々目に見えて厳しくなって

いるからであろう。しかし、一方では。こうした動きの中で、「不自由の中から、学習指導の方法を見出して行く」（5月2日・日記）を自分のなすべき仕事だと考えてもいる。野地先生の所に行き、「先生にめぐまれている。」（4月11日・日記）と考えている。また、5月13日（木）から、15日（土）まで京都市で行われた全日本国語教育研究会に参加して、「私のようなものでもがんばったらなんとかなれるかもしれないと思ったのはうぬぼれだろうか。」（5月19日・日記）とも述べいる。その一方では、「東京に比べると生彩がない。実践者からもはっきりしたことばがないのはどういうわけか。いまさらの如く自分のめざしている道がなみたいていでないこととを感じる。」（5月17日・日誌）とも言っている。一見矛盾したことを述べているようだが、おそらく国語科教育の実践者がみんな自覚的に取り組んでいるわけではないことに対する両面をとらえたのであろう。こうした事からも、私の中でだんだんと国語教育実践に対する自覚ができているといえる。

　この年度の国語甲については、後に「国語甲の実践報告」[注1]（1956年12月）に報告しているので、この年度の単元だけをあげておく。

　　1　近代詩の流れ
　　2　長編小説（「三四郎」漱石、「姉と妹」ロマン・ローラン、長編小説（川端康成の論説）
　　3　映画と教養
　　4　和歌・発句（万葉集・四季の歌・芭蕉と蕪村）
　　5　紀行（奥の細道）
　　6　郷土と文学

　単元の並べ方にも、名称にもさして特色はないといえるが、このの年度

注1　5　国語甲の実践報告・1956年12月1日・大下学園祇園高校国語科教育研究会・高校国語教育―実践報告に所収

5　実践者としての自覚が　33

の単元の中では、「郷土と文学」が心を砕き、学習者とともに創りあげた単元だといえよう。この単元の準備は、第1学年の終わり、いわゆる春休みのときに宿題として尾道を中心とする土地の伝説や、創作などを書く事を言っておいたので、準備から実施に約一年を要している。この単元をやることができたのも、尾道が古くからの文学とゆかりを持った土地柄であり、さらに、尾道東高校が林芙美子という知名度の高い作家の学んだ母校という事もある。実際にこの単元を思い立ち、資料を集めてみると、予想外に多くの作品・資料があった。林芙美子、志賀直哉、井伏鱒二という現代文学の著名人だけでなく、中世・近世と高名の人があり、短歌・俳句・漢詩と文学携形態も広がりがあった。それに生徒が宿題として集めたものも、伝説や方言、創作など多様であった。こうした事に恵まれて、実施の賛否に関するアンケートをし、85％の賛成を得て、実施と決まった。

　国語乙1年についていえば、この学年の普通科の半数を私が担当するので、当然使用するテキスト、取り上げる徒然草の章段など、相談の上で進めることとなる。テキストは、中央図書「徒然草新抄」による。指導日誌に記録してあることを踏まえて言えば、この学年度に約三十の章段を扱っている。そして、この年度はまだ私の思うようなまとまりを持つ単元の展開にはなっていない。使用したテキストのせいもあってか、いくつかは人生の様相に基づくまとまりを持つものもあることはある。しかし明確な意識があったものでなく、後の「徒然草」の学習指導では、導入として、おもしろさを持った話をいくつかまとめたのであるが、年度にはそれらの段は年間の終わり頃に扱われていることなど、明確な指導の意識がまだ生まれてはいない。

　なお、この年度の学習指導環境などについていえば、この年度の初めは校舎改築のため、教室が足らず、私は図書室で授業をした。ただし、図書室を積極的に利用などとは思いつかなかった。さらに、国語甲の2年Fコースについて言えば、時間割編成の都合上か、女子50名男子5名という大人数であった。そのためか、「外のコースに比べてどうも騒がしいようである。」（4月19日・日誌）と言っている。

この年度は私は2年生の担任だったのだが、ホームルームに関してはほとんど何も「日誌」に残していない。おそらく、これはまだ、後のいわゆるロング・ホームルーム、毎週何かホームルームで自主活動をすることというような事もなく。生徒も穏やかで格別気を使わすこともなかったせいであろうと思う。その年から10年経った時の高校紛争の頃を思うと、夢のように気楽な時期である。
　この年度の初め、県教委に教会研究員の申請していたが、年齢が若いので採用されなかった。しかし、この年度に、私にとって国語教育の意識変革をもたらすものがいくつかあった。一つはすでにあげた単元「郷土と文学の」の実践に関する動きである。「『郷土と文学』の作文一・二組を見る」（7月1日・日誌）とあるように、この単元の準備として春休みの宿題を読み、教材化を考え始めている。さらに、それに関するいくつかの資料も読んでいる。もう一つは、野地先生の所にお伺いして勧められたので、法政大学の通信教育に6月9日には願書を提出した。勤め始めて、持ち上がりの三年間が過ぎ、私の知的な蓄えはなくなってしまったという気持ちがしきりにしていて、何とかしなければと思っていたところに先生からの助言であった。国語科卒業とはいうものの、国語教師としての力は、特に古典文学に関しては恥ずかしいほど学力・知識はなく、学習指導の方向性はなかった。通信教育で日本古典文学に関して基本から学ぶ必要があると思っていた。もちろん通信教育といっても、そう簡単に習得できるものではなく、勤めながら、レポートを書き、夏休みにはスクーリングが東京であるなどの時間的制約やら経済的な問題やらあるはずである、ともかくやってみようと決心した。
　この年のもう一つの出来事としては、大村はま先生の教室に野地先生と一緒に行って参観したことがあげられる。9月23日から24日と全日本国語教育研究協議会が東京で開かれ、これに野地先生に引率されて、祇園高校に勤めていた橋本暢夫さんなども行った。この橋本さんとは後年三原高校で一緒になった。さらに、この人は、鳴門教育大学では大村先生の研究者として多くの業績を残した。神宮外苑にあった日本青年館に三泊した。

会があった二日間は、夜に野地先生からその日のことを聞かれたり、話されたりしてその日の会の掘り下げをした。その会の翌日25日には紅葉川中学に行って、大村先生の国語教室を見る事が出来た。高等師範で私の一年上である戸高さんが野地先生に大村先生の捨て身の実践を知らせていたことがあるにせよ、広島の地にいて訪ねて行かれる野地先生の実践者を見抜く眼力も感心した。私にとっては手探りのあやふやな実践をしていた頃に大村先生の国語教室に直接参加できたことは、思いもかけない出会いであった。

　11月28日（日）に広島県高等学校教職員組合教育研究集会（於進徳高校）で「文学教育—作品中の人物好ききらい表を通して—」を報告した。「どうも場違いという感じがする。助言者の広島大学荘司教授から「方法はおもしろいが、指導結果の分析ができておらず、すぐ結論は出すべきでないとの批評があった。」（11月18日・日誌）と書いている。組合の尾道地区事業部長をしていたので、やむを得ず引き受けたのであろう。この時期、私はまだ「文学教育」についての理念など持ってはいなくて、漠然と組合用語として用いたようである。この日教祖教研の前、11月21日（日）に日本文学協会の関西大会に行った。ここでは「非常な刺激になった。」（日記）と言っている。文学教育などのこともこの会などで知り始めたのではないかと思う。なお、この会の時、比叡山麓坂本にいる真島君の所に泊めてもらい、たまたま調査研究にこられていた東京教育大教授の馬淵先生とお会いし、名刺を交換した。後に私は東京でお会いしたり、文語文法の著作をいただいたりした。

　11月には、今年度末に行う修学旅行の計画に関して、旅行業者との交渉を学年を代表して私が当たることになった。この頃から修学旅行は旅行業者に依頼するようになり、あれこれの業者がつてを通して出入りした。この業者との折衝が一苦労であったが、幸い学校長が私に任せてくださっ

　　注2　2　文学教育—作品中の人物好ききらい表を通して・1954年11月28日・広島県高等学校教職員組合教育研究大会・広島進徳高校

たので、見積もりをとり、比較検討して、決めた。妙な政治性や横やりを無視してやったので、助かった。

　年が明けて1955（昭和30）年になった。年頭の1月2日に「今年実践記録のまとめをぜひともするように野地先生からいわれている。実践記録も三年目にかかるわけであるし、第一年目の記録からまとめて行く事は必要だと思っている。どういうふうにまとめて行くかよく考えてみよう。」（日記）と書いている。なお、野地先生にはこの年の2月3日（木）に、尾道三原地区国語教育研究協議会の総会が尾道東高校で開かれることとなり、その時に講師としてきていただいた。さらに個人的なことではあるが、2月8日には先生から、記録用の原稿用紙を送ってもらった。B4版縦50字横17行であり、B4版1ページ分に相当する原稿用紙である。先生が注文されたのに私が便乗した形になった。送ってもらった時には、これだけの分量の原稿用紙をどうしたらよいかと思いもしたが、実際には、学習記録のまとめだけではなく、考査の問題作りや、実践報告の資料原稿、学習指導資料の原稿など様々な役立ち方をした。そして2月24日には、この原稿用紙に実践記録の一枚目を書いた。昨年度の国語甲第一学年の第五単元「私達の生活と古典とのつながり」から書き始めた。ところがこの記録はどこでどうなったのか消えてしまった。

　3学期における2年生の国語甲は単元「郷土と文学」の学習であった。この単元の指導の詳細については、「高校国語教育―実践報告」（1939年刊）に収めている。私の国語科教育実践の中で、私でなければできなかった学習指導であった。様々な条件が揃わなければできないことを後々になって感じさせた学習指導であった。

　もともと「郷土と文学」を扱ってみたいという思いは、私にとって何か楽しい授業ができないだろうかという好奇心ではなかったかと思う。当時の選挙制度の参議院の区割りの名前でいえば、「全国区」に当たる人も尾道とゆかりがある。そして、生徒は小学区制であるため、限られた範囲での郷土意識は好都合である。映画「東京物語」で、尾道人自身が尾道を見直すということもあった。そんなこんなで、この単元の発想は生まれたの

であろう。思い切って、1年生から2年生になる春休みに宿題を出してみるとこれが予想外に面白いものが多い。そこで私が本気になったといえる。

　準備を重ねて、2学期の半ば、10月15日に生徒に単元を実施するアンケートをした。その結果、85％が賛成した。印刷に回して製本印刷を依頼し、12月21日（火）には印刷ができあがり、1部65円で配布した。学習指導の開始は3学期1月10日（月）からであった。この日は各組とも作業分担をした。「こういう単元をすることは、やはりうれしい。」（1月10日・日誌）といっている。

　この単元は24時間をかけて実施した。それ以後、郷土の文学は、断片的に扱ったことはあっても、テキストを作り、実践したことはない。さらに戦後の文学にいくつか尾道を題材とした作品が生まれ、それも取り上げた事もあるが、単元「郷土と文学」を越えるものではない。

　この学習指導をする中で、尾道短期大学青木先生の「郷土史」講演を聴く（12月21日）とか、尾道短期大学三ケ尻先生の「尾道方言概説」（尾道短大研究紀要）を読んだり（2月1日）、ということもあった。さらに、私の学力（指導者として持つべき知識？）として、「国語史、国語学に関することが零に近い」（1月21日・日誌）と気付くことなどもあった。

　3月1日に渡している生徒会発行の「生徒会誌」に、編集に当たった生徒会の生徒が、地方新聞の種にもなった、或る先生のことをもじって生徒会誌に書いたということで、書かれた当人が騒ぎ立て、顧問教師としての私の監督不行届を言われて、不愉快な思いをした。時間が過ぎるのを待つしかないことであった。出来事を知らない人から見れば、何のことかよくわからない表現だけに、当事者が騒げば、始末に困るのである。時間が経つのを待つしかなかった。

　3月28日から4月1日まで修学旅行で箱根・東京・日光へと行く。箱根は雨、日光は雪と大変な旅行であった。この時は、すでに旅行業者の手で行われ、さらに、修学旅行専用列車が走っていて、それに乗った。この年度の終わりから始めにかけて修学旅行を実施すると、時とすると、旅行から帰ったら、他校に転任していたということもあり得る。

6　学習指導記録三年目
（昭和30年度：1955年4月－1956年3月）

　1955（昭和30）年4月となり、ホームルームの担任は3年生となった。2度目の3年生の担任である。男子16名、女子28名で、女子の中で数名が家庭科である。男女とも進路は様々である。大学進学態勢がいわれているが、ホームルームに即して言えば、必ずしも進学にひたすらというわけでもない。学習指導についていえば、国語甲3年が3単位・4組・12時間と国語乙2年・2単位・4組・8時間である。こちらは半分ぐらいが昨年度に担当していた生徒がいる。

　国語甲は学習指導の記録を始めてから3年目となり、高校一年から三年の国語甲の実践記録の完成の年といえる。とは言っても、一年目と二年目との実践記録について、文章化をしなければと思いながらも、なかなか進まない現状である。この文章化について、次のように述べている。

　「実践記録遅々として進まず。これから先が思いやられる。それにしてもなんと教師のやっていることというものは大したものであることか。850字詰原稿用紙（野地先生に言われて作ったもの）45枚で一つの単元の約3分の2に達しないとは。」（6月14日・日記）と書き付けている。しかしこうして実践の重さがだんだんとわかってきているのである。

　この年度の国語甲については、1956（昭和31）年に古典と現代文とに分けてではあるが報告しているので、詳細についてはここでは触れない。

　国語甲3年の単元をあげると、次の通りである。

　　1　美の探求
　　　　A　三月堂（井上政次）　　B　ロダンのことば（ロダン）
　　2　古典の世界
　　　　A　源氏物語（桐壺）　　B　俊寛（謡曲）　　C　平太郎（西鶴）

3　評論
　　　A　先師のことば（去来抄）　　B　徒然草論（小林秀雄）
　　　C　韻文精神と散文精神（岡崎義恵）
4　国語の反省
　　　A　国語の直面している困難　　B　言語生活の問題点
　　　C　美しい日本語
　　　（A・B・C　ともに教科書言語編にあるもの）
5　世界文学への旅
　　　A　文学の伝統（阿部知二）
　　　B　ヴェニスの商人（シェークスピア）　　C　老人（バルザック）

　国語乙2年は「古代文学」平安時代・秀英出版を用いた。竹取物語・伊勢物語・枕草子・更級日記があった。
　ただ、この年に週20時間ということは、経験年数が重なるにつれての校務の増大もあり、教材研究の不十分さを時々指導日誌に書き付けている。その中には、「放課後、Kが文語助動詞『なり』について質問。伝聞の意味があることを私は初めて知ったのである。」（6月14日・日誌）というような事もあった。国語学・古典文法についても力をつけておかねばばらないことを知った。
　古典について明確な理念を持っていなかった私であったが、次のような古典学習の意義をずっと後になって考えさせられたこともあった。この時期に国語甲3年の単元「古典の世界」謡曲『俊寛』を学習し、その参考としてレコードの「俊寛」をテープに録音して、聞かせた。その時「一生涯聞くこともない人もあろう。」と私が言ったらしい。それから30年ばかり経って、関西学院大学の教育学教授となっていた武安宥はドイツに留学していた。夏休みに家族がドイツに来て、日本に帰る事となり、飛行場に見送りに来た武安は、彼だけが下宿に帰る時、ふいに高校三年の時に聞いた「俊寛」の一節がよみがえったという。
　6月19日（日）に日本文学協会広島支部総会に出席して、作家の山代巴

さんの話を聞き、感動した。「地につくこと、実践するということがいかに重要なことか、またまた思い知らされた。」(6月19日・日記)と書いている。
　7月2日(土)には広島大学国語国文学会の入試問題懇談会があり、私は出席した。受験体制がだんだんきびしくなる事を思わせた事でもあった。私に関して言えば、この年度は、土曜日の4限には国語の大学受験補習をしていた。
　7月18日(月)から法政大学通信教育のスクーリングのために上京した。3年生の担任をしていて、夏休み中ずっと東京にいるなど、なんと言っても、この時代はゆとりがあったといえる、もう五年もしないうちに、こうした事はできなくなくなる。学校の方は、日直、宿直その他の校務を免除してもらった。東京では、渋谷区千駄ヶ谷2の453御泉荘というアパートで起居した。教え子が夏休みの帰省していたので、そこを借りたのである。法政大学に比較的近い場所なので、通学に好都合だった。
　スクーリングの方は、西郷信綱先生の「万葉集」・生物学・フランス語を前期の講座で受講した。後期は日本文芸の特研として小原元先生の「近代文学」、フランス語などがあった。こうした教室での学習以外に、東京を当てもなくフラブラ歩く事も、教師生活六年目の私にとっては、解放感があった。初めて歌舞伎を渋谷の東横劇場でみた。中村福助の「道成寺」を見て、私の横に座っていた老婦人が、「うまいわねえ。」とため息交じりに言ったのが印象に残っている。なお、この夏の或る日、大村はま先生を訪ねて、紅葉川中学に行ったのも思いがけないことであった。
　夏休みもすみ、再び学校生活が始まった。3年生の担任なので、就職関係の会議や書類つくりが始まる。そうした中で、「実践記録のまとめ『古典』だけはどうやらすんだ。70枚(50字×17行。一枚850字)に半年もかかったわけである。」(10月9日・日記)とある。
　12月15日(木)から19日(月)までは、指導日誌に記録がない。20日(火)の指導日誌に「15日から19日まで学期末考査と書いている。しかし、家で書く日記の19日には、学期末考査関係に要した時間を

「ガリ版書き4時間、採点10時間、評価5時間、一覧表・通知表2時間、出欠1時間、合計22時間」
と記入している。どうやらこの日誌の空白は単なる空白でなく、考査の関係の時間をメモのようなものとして記録していたらしい。それをまとめて記入したのであろう。「いそがしい、いそがしいと言っていても、気分でみんないそがしがっているんだ。」と述べている。

　忙しさの実態を探るべく、考査に要した時間を記録したらしい。そして、考査を中心とした約10日間を考えてとらえると、一日約2時間が考査に使った時間だとしている。指導日誌をつけだした事で、私は忙しさの実態に迫ろうとしている。毎日の業務を記録するようになって、私は自分の時間の使い方の実態をとらえることが出来た、記録をしないときには思いも付かないことであった。こうした思いが、1957（昭和32）年の高等学校教職員組合の教育研究集会で報告した「教師の労働時間の分析—Nの場合」につながっていくと思われる。

　時間への対し方が学習指導日誌をつけることにより、だんだんとわかるようになり、時間を合理的に使おうと思い始めた事で、私は国語教師としての覚悟がだんだん出来てきているといえるのであろう。この年の年末には、教材研究に用いたカードがだんだんと溜まるのでこれを整理している。12月28日のことである。カード方式による教材研究が一歩前進した。

　一方では「文学。これとは作るという点ではお別れの年である。もうだめである。基礎訓練の乏しさが身にしみる。時間がない。文学よ。元気でなあ。おらあ、おめえを遠くから眺めて愛してやるだあ。」（12月31日・日記）と、ふざけた表現の中に、当時の私の小説、戯曲などの創作活動に対する断念のほろ苦さを込めている。

　3学期が始まり、大学受験のために提出する調査書の作成が始まった。冬休みに原稿を作っていた。生徒が申し出るとそれに応じて書いた。当時は手書きであり、複写器などなかったので大変な労力であった。

　2月3日（金）で3年生の授業は終わった。「これで学習指導の一切は終わり。とうとう来る所まで来たという感じである。ゆっくり考えてみた

い。」（2月3日・日誌）といっている。また、翌日の日記の方には、「もうきみたちを教室で見ることもない。こうおもうとやはりさびしい。十分な指導ができなかったことをたたおわびするだけである。まちがったこともいったろうし、いやなこともいったろう。すまなかった。ともかくもたいした事件がなくすんだことをよろこびたい。ぼくのやったことはまちがっていなかったとおもう。教科書をはじめから順番にやらなかったこと、また全部はやらなかったことはまちがっていなかったと思う。三年間すんだと思うと、力が抜けたような気がした。／どんどんのびてほしい、どんな苦しみにもまけないでのびてほしい。」と書いている。表現のつたなさや、ひらがなの多さは、思いの多さを整理しきれなかったせいであろう。この思いは言うまでもなく、高校三年間の国語科学習指導の記録を私がし遂げたことの喜びがあるのである。

　1月の終わり頃、野地先生に三年間の学習記録がひとまず出来た事をお知らせした。しばらくすると、先生から「卒業生のかずかずの朗報の中で最も感動的なものでした。」と、返事が来た。2月11日の日記に記してある。さらに、祇園高校の人たちからも三年間の記録が出来た祝い状がきた。東京での全日本国語教育研究協議会に一緒に参加した人たちの好意が嬉しかった。

　2月11日（土）には、尾道商業高校で尾道三原地区国語教育研究会があった。広島大学文学部教授の土井先生の講話を聞いた。私はこの後、県教育委員会の山代指導主事に三年間の学習指導記録を見てもらった。

　この2月は3年生の授業がなくなり、2年生の国語乙8時間だけになったので、多少時間にゆとりが出来て、学校でも本を読んでいる。講座「日本語」のⅦ「国語教育」を読んで、「実践の報告も枚数の関係もあってか、あまりよくのみ込めない。飛躍があるようだ。」（2月15日。日記）とか、「『生活』ということと『国語教育』ということとの関わりについて考えさせられた。私のやっていることも真剣に根本的な問題について考えなければいけないと思う。」（2月14日・指導日誌）とかいっている。また、2月26日には「国語乙Ⅱ単元『枕草子』実践報告」を書き上げた。これは本年度

9月から11月にかけての第2学年の学習指導の報告である。この実践報告は「高校国語教育─実践報告─」（1964年刊）に所収してある。この実践報告は、私の実践で枕草子をいくつかまとめて指導したは初めてのものといってよく、「徒然草」をすでにまとめているので、これに続くものとして書いたと思われる。

　3月1日（水）は卒業式であった。三年間持ち上がりの学年であり、ことに実践記録をした学年だったので、私の思いは深かった。「すまなかったいう気持ちと自分では出来るだけのことをしたんだという真反対の気持ちとが起こってくる。」（3月1日・日記）といい、「もう若いという特権によりかかれない。これからだ。3年間の実践記録も一応出来ている。これを踏み台としてうんと伸びてゆきたい。未来がある。」ともいっている。

　この年度は、法政大学の通信教育のレポート提出も順調で、3年次で習得する単位は「言語学」を除いて済んでいた。ただ私の場合、編入の時に未習得となっている一般教養が20単位残っている。なかなか厳しい道といえる。そして、4年次の習得単位は、22単位と、卒業論文8単位である。

7　実践者としての歩みが
（昭和31年度：1956年4月－1957年3月）

　1956（昭和31）年4月1日、人事異動で学校長が変わった。私にとっては三人目の学校長である。最初が木村時太郎校長であり、私の着任の前年、高校再編成直後から、1953（昭和28）年3月迄の在任であった。この校長からの励ましがあって、私は最初の実践報告「古典の学習指導─高等学第一学年国語乙『徒然草』学習指導の実践報告─」をまとめ、「研究紀要」に載せてもらった。続いて田中日義校長（1953年4月～1956年3月）であり、この校長は、私が大村はま先生のことを話すと、東京で私が写して来た写真を校長室に飾った人である。今回の松本美鬼（はるき）校長で三人目の学校長という事になる。この三人の校長はいずれも前任校が大柿高校・音戸高校・大

崎高校と瀬戸内海の島の高校からの転任であった。「東高は船着場だ。」と私は陰口をたたいた。今度の松本校長は私にとっては、私の教員生活の中で最も心に残る人であったし、東高をお互いに離れても、絶えず目をかけてくださった人である。生徒に対する話では「コツコツ」が必ずといっていいほど出る人であった。またこの校長の在任中、1959（昭和34）年に尾道東高校創立50年の記念式典と行事をした事は私にとって、その後の尾道東高校との繋がりを特別に強くさせた。

　この昭和51年度の私の担当教科は3年生の国語甲3単位4組（普通科全員）12時間、1年生の国語乙2単位4組8時間と、合計20時間であった。ホームルーム担任は1年であった。ところが、授業は3年生の方が多かった。もちろん、ホームルーム担任なので、それなりに気遣いもあるはずだが、この年度の事に限っていえば、ホームルーム担任としての記憶はあまりない。「指導日誌」を見ても、ほとんどホームルームのことは書いていない。しんどいことがあったら、生活日記や指導日誌には書くはずである。さらにいえば、この時期にはまだロング・ホームルームなる時間が時間割に組み込まれていず、ホームルームをどう運営するかに気を使わなかった事もあったせいかもしれない。

　なお、この年からは、3年生は「コース」制と呼ばれる進路別の学級編成となった。従来の「コース」制と呼名は同じでも、時間割編成の呼び名でなくて、新しいコースは進路の志望により学級を編成した。3年生の場合、A・Bが大学進学、C・Dが就職である。これにより、従来のようにホームルームはあっても、授業はばらばらで、顔を合わすのは昼休みだけというのとは違って、多くの教科はクラスごとに授業を受けるようになった。時間割も従来のようなAコースからFまでが廻り、生徒は時間ごとに教室を移動するものでなくなった。ホームルームと授業のクラスが同じで、クラスの仲間意識は生まれるだろうが、一面、クラス間の格差の意識が生まれる恐れもあった。授業の方は進学就職の別なく、私は進めるつもりだったが、幾分かは進路の違いをに考えて指導が加わったものもあった。

　この年度の時間割は、一週32時間となっていた。そして月・火・木が6

限まで、水は職員会議のために5限まで、金曜は6限に諸行事をするために、授業は5限まで、土曜は4限までであった。

　この年度には、私は広島県高等学校の国語科の研究員になった。年の若さを考えると面はゆくはあった。たぶん学習記録を1953（昭和28）年4月から、1956（昭和31）年3月まで、とり続けた事が、どこからか伝わっていたのであろう。一方、教職員組合の方は、広島県高等学校教職員組合の尾道地区青年部長であった。かといって、この時期はまだ組合活動も活発ではなく、格別厳しい動きがあるものでもなかった。ただこの年度の指導日誌に基づいて、私の学校における労働時間の実態を翌年の1957年10月に広高教組教研に報告した年である。学習指導日誌が思いがけない面で役立った。本年度の校務分掌の係の方は、文書係であり、これはどうやら会社でいえば、庶務係に相当するといっていいだろう。雑用係である。クラブ活動の方は、文芸部と演劇部であった。このうち演劇部が重荷だった。

　授業は4月9日（月）から始まった。国語甲3年生は最初の時間に、本年度学習する単元の一覧表を配布した。これができたのも、1953年度から1955年度にかけて、学習指導の記録をとった事があって出来たことである。

　この年度の国語甲3年生の単元と教材は次のようなものである。参考までに指導時間数をあげておく。組による時間の違いは〜で示した。

　　単元一　芸術の世界
　　　01　芸術のための芸術と人生のための芸術（阿部次郎）　9〜6時間
　　　02　ロダンの遺言（ロダン・古川達雄訳）　　　　　　　7〜6時間
　　単元二　古典
　　　03　源氏物語（紫式部・池田亀鑑）
　　　　　桐壺の巻（野分の部分）須磨の巻（須磨の秋の部分）　14時間
　　　04　謡曲「隅田川」（観世流謡曲）　　　　　　　　　　5〜3時間
　　　05　西鶴二題＝大晦日はあはぬ算用・ねずみの文づかい　5〜4時間
　　単元三　評論
　　　06　国民文学と世界的文学（土居光知）　　　　　　　　7〜6時間

07	つれづれ草・平家物語（小林秀雄）	4〜3時間
08	不易流行（芭蕉・土芳・去来）	8〜7時間
単元四	これからの国語	
09	国語の将来（柳田国男）	14〜11時間
単元五	世界の文学	
10	近代文学について（桑原武夫）	11〜9時間
11	孔乙己（魯迅・竹内好訳）	6時間

　教科書は三省堂「新国語」（三訂版）文学三・言語三である。この時期、教科書を文学編と言語編とに分けていたのがあった。この文学編を中心にして、自分で単元を組んだ。この年度の3年生は1年次では国語乙を2組だけ、2年次が普通科全員を担当した。したがって、国語甲は私にとってこの学年は初めての担当である。指導計画は前年度の3年生の指導記録を考えながら、年間計画を立てた。教科書の配列順序には従わなかった。その点からみて、例えば、日本の近代小説がないとか、漢文がないなどの不備がある。しかし学年はじめに、国語甲に対する心構えとか、この年度の学習の予定を示すとかなどすることができ、大きな変更もなく指導計画にしたがって終えることができたのは、なんといっても、1953（昭和28）年度から1955（昭和30）年度における、学習記録をしたことがあってのことである。それに加えて、普通科全員を私が担当していたので、自分の考えだけで単元を構成できたのである。学習の記録は見当たらず、教科書を見ると、教科書に書き込みをしているので、学習指導綴に相当するものは作成していない。

　国語甲3単位における最初の教材、「芸術のための芸術……」を見ると、教科書の本文に書き込みをしているし、教材研究カードにも記録している。ただし日付けは「指導目標」のカードのみ「1956年4月」とあり、他の15枚にはない。このカードが「芸術論」のカード袋の表題であり、阿部次郎のこの文章しか入れていないので、教材研究はカードが中心だと推察できる。ただ、この教材では、教科書本文の各段落ごとに段落内におけ

る文番号をつけている。論旨の展開に注意しながら読んでいるのであるが、後の年度には、この文番号による読解の方法は、カードに移される事になる。この年度における他の論説文の教材研究でもカードによりなされているので、論説文などではカードによる教材研究に移行しているようである。これが古典となると、「源氏」桐壺に1956年6月12日付けの係り結びの用例、同じく「源氏」須磨に谷崎潤一郎口語訳のプリントが1956年6月7日付けで残っているだけで、本文についてはカードはない。教科書の本文に現代語訳が記されている。古典にあってはカード方式に移行していない。この年度の国語甲で最後の教材に当たる「孔乙己」（魯迅）の場合、1957（昭和32）1月27日付けなどでカードによる教材研究をしている。日付をしていないカードもあるが、「孔乙己」は私の実践では一回しか扱わなかったので、教科書の書き込みの少なさから見て、カード方式になったといえる。

　こうしてみると、古典は再度扱うことが多いのでカードが効率的だと考えながら、実際は現代文からカード方式に移行しているようである。完全に移行するのはさらに後のことである。

　この年度に担当したもう一つの教科目1年生の国語乙の方は、「徒然草」を学習した。教科書に相当するものは、「徒然草」（日本文学協会編・秀英出版）を使った。3年生の国語甲に比べ、こちらの方は、学習指導の記録が、三冊のB5版綴りに残っていて、それによると、学習指導計画と、配布した資料と実施後の反省とが共に綴じられている。これは私の最初の実践報告である「古典の学習指導ー高等学校第一学年国語乙『徒然草』学習指導の実践報告」を受けて、大きく前進しようと意欲的に取り組んだものであろう。この三冊の綴りは、その後、私の教材研究がカードに切り替えられていくことで、1957（昭和52）年以降は学習者に配布したプリント類のみの綴りとなっている。そして学習過程の記録はカード袋に入る。教材研究カードの袋の中で、「徒然草」の段をまとめて扱った最も古いカードは、1958（昭和33）年8月29日に「失敗した話」として45段・89段に四つの段を加えているのがある。さらにこの日には「名人の話」として、亀

山殿（五十一段）以下六つの段で構成しているカードも見える。こうしてみると1956年度の「徒然草の学習指導」の綴りはカード方式の教材研究に移る珍しい記録ともいえる。

1年生の国語乙では、次のような年間計画で学習指導が進められた。

（1）古文学習の基礎

　　A・B・C・Dの4組があり、5～6時間で学習した。最初に古文学習の基礎となる事項として、現代語における文語表現、文語文法と口語文法の違いなどを扱った。

（2）徒然草に親しませるための話を読む。

　　ここで取り上げた五つの段を統括することばは書いていない。人間の心理や行動の意外さから生まれるおもしろさの話であり、徒然草に親しませるねらいがあったのであろう。6～8時間

　　第四十五段（公世の二位の）・第八十九段（奥山に、猫またといふもの）・第十一段（神無月のころ）・第二百三十六段（丹波に出雲と云ふ所）

（3）仁和寺の僧の失敗談を読み、古典文法のまとめをする。5～6時間

　　五十二段（仁和寺にある法師）・五十三段（これも仁和寺の法師）・文語文法のまとめ（係りむすび・助動詞のまとめ）

（4）「人間の姿」と題をつけている。14～16時間。

　　六十段（真乗院に、盛親僧都とて）・百五十二段・百五十三段・百五十六段（以上の三つは日野資朝）・百八十四段（相模守時頼の母は）・二百六段（徳大寺故大臣殿）・三百十五段（平宣時朝臣）

（5）「名人の話」と題をつけている。4～8時間。

　　五十一段（亀山殿の御池に）・九十二段（或人弓射る事を習ふに）・百九段（高名の木登り）百八十五段（城陸奥守泰盛は）

（6）十九段「折節の移り変わるこそ」だけを取り扱っている。一段が長いこともあり、「兼好の自然観」を取り上げた。5～8時間。

（7）「人生」。旅・噂・孤独と三木清「「人生論」ノートと比べる。7
　　　〜8時間
　　　　十五段（いづくにもあれ）・七十三段（世に語り伝ふる事）
　　　七十五段（つれづれわぶる人は）
　（8）学年度末の時間の制約もあり、十段「家居のつきづきしく」だ
　　　けをとりあげた。1〜3時間。

　組によって時間数に差があるが、作文とか、文法のまとめ、などがあるので、調整ができた。
　この学習指導は、私にとって、古典学習を口語訳しただけで全てが終わったと思わせない学習指導をしようと考えさせたものである。そこには、作文があり、古典文法をカード法によって活用を理解させること考えたり、グループ研究をさせたりする事が見られる。
　学習指導日誌によると、この年度の4月21日（土）に教職員組合の総会があり、その会で「五月の国語教育研究協議会の研究発表のことを北高の三永氏より聞く。」と記している。三永さんは尾三地区の国語教育研究会の世話をしていた人なので、県の研究会の方からの意向を私に知らせて来たのであろう。全国大会なので、少々荷が重かった。しかし今さら断ることもできず引き受けた。実践報告は前年三年間の学習記録ができたものに頼るしかなかった。約一ヶ月の後に報告しなければならない。私にとっては、四番目の実践報告となる。報告の日が迫るにつれて、資料の作成などあれこれ忙しかった。それに加えて、本年度も演劇部のクラブ顧問があり、構内発表会、地区大会参加のための準備があった。女子だけの部員の演劇を、どうやって手伝いの男子を依頼するかも手間のいることであった。
　5月18日（金）、全日本国語教育協議会広島大会が広島大学であり、高

注1　4　高等学校国語甲における古典の学習指導—1956年4月より1956年2月まで実践報告—・1956年5月18日・全日本国語教育研究協議会・広島大学・〈高校国語教育〉所収

等学校部会で実践報告をした。「高等学校国語甲における古典の学習指導—1953年4月より1956年3月までの実践報告—」である。私にとっての4回目の実践報告が全国大会というまぶしいともいえる場での報告であった。しかし、私が報告した部会の終了まではやりきれない思いがうず巻いていた。というのは、高等師範時代の同級生も何人も来ていたのに、誰も何も発言がなかったからである。無視されたような思いがしていた。すごすご帰っていた時、指導助言者の増渕恒吉先生がわざわざ私の所に来て声をかけてくださり、「今日の発表はよかった。東京へ来たら話に来るように。」との意味のことを言ってくださった。増渕先生は当時の高校国語教育実践者として仰ぎ見る存在の人であった。嬉しかった。そして、さらに嬉しかったのは、一週間ぐらいして全日本国語教育研究会に一緒に野地先生について行っている祇園高校の国語科の人たちから、ほめことばや励ましのことばの寄せ書きを野地先生とともにもらったことである。こうして私は救われた。「ありがたきものは師と友、一枚のはがきがどれだけ力つけてくれるものであるかわかった。」（5月28日・日記）と言っている。

　一方、実践記録のまとめの方はなかなかその気にならなくてはかどっていない。実践した事実をそのまま書き写してどうなるかと思っているのである。学習指導の方も「近頃やる、学習指導どれもあまりぱっとしないものばかりである。スランプ時代ともいえる。むしろ今までいい気になりすぎていたせいかもしれない。」（6月7日・指導日誌）といっている。さらに、演劇部の指導が放課後続いているので気持ちの上の負担が大きい時期でもあった。

　7月19日の晩に上京した。法政大学通信教育スクリーングのためである。今回は学校指定の下宿で、杉並区松庵北町120「松や」であった。広島県の通信教育生三名と同じ部屋であった。この旅館は連れ込み宿らしく、時折男女の二人がやってきた。8月5日には、太宰治の文学碑がある御坂峠に行った。高等師範時代の同級生である木ノ原君がスクーリングに来ていたので、一緒に行った。御坂峠は「富岳百景」を通して、前から行ってみたいと思っていたのである。富士山は残念ながら見えなかった。この

頃には、法政大学通信教育の卒業論文は太宰論を考えていた。

　8月の中頃に、語学の面接があり、合格はしたものの、英語の力不足を思い知らされた。さらに、17日に大村はま先生、19日に増渕恒吉先生に会って話を聞いた。随分恵まれた夏休みだったといえる。こうした国語教育の先達に会うことで、ともすれば、うぬぼれたり、不勉強にあぐらをかく意識をむち打たれたのである。通信教育も残りが11科目、約30単位、それに卒業論文が4単位となっている。残りは少なくなったが、この時期、レポートは、横着をして、「日本文法論」が「不可」、作品作家研究・近代が「可の下」など、赤面するようなことが続いている。作品作家研究の片岡良一先生の丁寧な評は頭が下がる思いであった。

　スクーリングもすみ、2学期になった。9月14日（金）に演劇「長女」の校内発表会があった。しかし、地区大会があるので、まだ解放されたわけではなかった。11月11日（日）に因島の土生（はぶ）高校で行われた地区大会まで、練習は続くのである。大会が迫ると、学校を出るのが夜7時、8時になった。地区大会といっても、尾道・三原地区では、尾道東高校と土生高校の二校だけである。「この上演に使った僕の時間は54日約百時間である。」と書いている。演劇に使った時間は「指導日誌」に記入されたものである。心配した男子の手伝いも何名かいた。残務整理などもあり、さらに増える。

　12月1日（土）、2日（日）と第一回祇園高校国語科教育研究会が開かれた。この会で、「1953年4月から1956年3月までの高校国語教育の実践報告」(注2)を発表した。

　第一回の研究会であり、野地先生が実践研究のために講師をしておられる。5月の実践報告の後のいたわりのこともあり、三年間の記録の古典に対応する現代文の実践報告と言うこともあって発表をすることにした。りんご箱（当時はまだ木の箱だった）いっぱい資料を詰めて送り、祇園の人が

　　注2　5　1953年4月から1956年3月までの高校国語甲の実践報告・1956年12月1日・大下学園国語科教育研究会・祇園高校・同研究紀要1・「高校国語教育―実践報告」所収

「野宗さんがりんごを送ってくれた。」と喜んだら、資料だったのでがっかりしたという笑い話がある。資料の作成は本職のガリ版屋に頼んだ。この会で大村はま先生が講演をされた。野地先生の招きで大村先生は来られたのである。これ以後大下学園の国語科教育研究会は私にとって国語教育実践のよりどころとなる場になる。

　この2学期は、演劇、通信教育のレポート、祇園高校の研究発表と忙しい学期であった。

　年末にはカードの整理をしている。すでにこの時期には教材研究のカードが軌道に乗り、整理をするまでにたまっていたのである。

　3学期になると、通信教育の方は専門科目が言語学史と卒業論文を残すだけになった。この頃、相変わらず映画も見ているし、小説も折にふれて読んでいる。阿川弘之『雲の墓標』を読んで感動している。ピヤノも続けていて、2月の初めは「ソナチネ4番」を練習している。2月17日には、知り合いの洋裁学院院長から招待券をもらい、コスチューム・ショウを見た。当時公会堂がなくて、小学校の講堂で行われたのだが、満員で、男は数えるほどであった。平和になったことを感じさせる催しであった。

　1月の終わり頃から校舎の取り壊し作業が始まった。3年の授業は2月6日で終わった。

　3月になり卒業生から便りがしきりに来た。その中で先日3月1日に卒業したある男子から「先生の授業で現代文が少しはわかり出しました。」というのが嬉しかった。

　この年から高校入試は県下統一問題となった。大風呂敷を持って広島まで受けとりに行った。帰ってから答案用紙の角を切って、枚数の点検をして、校長室の金庫に納めた。でも、自分の学校で作ることを思えば楽である。

8　三つの実践報告
（昭和32年度：1957年4月－1958年3月）

　1957（昭和32）年になり、私は担任がなかった。おそらく教職員組合の尾道地区文化部長があったせいであろう。この年の教職員組合尾道地区文化部長は、なって見れば大変な役割で、福山・府中・尾道の三地区合同研究集会を作る事があった、これがある事が実は数年後の三原高校同和点検学習会の私の受難にも影響してくるのである。

　この年の担当教科は2年生全員の国語甲であった。昨年1年生は、国語乙2単位2組だけ持っていたので、国語甲を全員担当するについては、昨年度をあまり考えずに学習指導計画を考えることとなる。本年度はこの国語甲3単位5組15時間以外に、1年生の生活科の国語甲4単位1組がある。3単位5組に4単位1組の教科担当は、一見どういうこともなさそうであるが、実際は、この配分は気が重いのである。何故かと言えば、1組だけ週4時間と言うことは、教材研究の上から見ても、一回勝負で絶えず追いかけられる気持ちになる。一つの組の学習指導の準備も五つの組のそれも手間はあまり違わない。さらに私の担当した1年生の生活科には国語乙が履修科目にないから、そのことを考えて指導計画を考えねばならない。普通科の場合、大学受験を考えに入れざるを得ない現状であるが、生活科の生徒には大学受験を考えるよりも、言語生活の豊かさをめざさなければならない。その頃の私であるから理論などでなく、漠然とした思いであったように思われる。実際として、書く事の指導をする、読むことに親しませるなどの指導意識が単元配列に見られるのである。

　例えば、1957（昭和32）年6月8日のカードには、芥川「鼻」の学習指導目標として、次の四点をあげている。

　　1　語を自分で調べてくる

2　表現のうまさ
　　3　主題と構想
　　4　宇治拾遺と比較

　芥川の教材研究カードで最も古いと思われるカードではあるが、これは学習指導目標などというものではなかろう。しかし何とか学習者を活動させたい思いはある。そういう点から見て、この年度の生活科の4単位は、私の実践の中では、特異な指導ともいえる。当時の一般的な風潮に逆らうように、4単位145時間の年間学習時数の中で、古典の学習には1学期に「故事」に11時間、3学期に23時間の「徒然草」を読んでいる。当時の国語甲における古典として少ない配分である。一方書く事に関しては、自己紹介の文章を学習の始まりの時に書かせ、3時間かけて検討した。これを手はじめに書く事の指導は感想や解説など時間をかけ、2学期には「表現」について14時間かけて学習している。その当時としては多いといえるだろう。

　一方、国語甲2年の方は、昨年担当していなかったので、自分で単元を設定して指導した。次のような単元である。指導時間数については2年Aコースのものである。

　　単元一　文学と人生　　8時間
　　　　A　甃のうえ（三好達治）　　B　文学と人生（阿部知二）
　　単元二　随筆・評論　　11時間
　　　　A　平家物語（小林秀雄）　　B　百済観音（亀井勝一郎）
　　単元三　長編と短編　　9時間
　　　　A　夜明け前（島崎藤村）　　B　形（菊池　寛）
　　単元四　近世の文学　　14時間
　　　　A　おくのほそ道（芭蕉）　　B　世界の借家大将（西鶴）
　　単元五　詩歌の鑑賞　　14時間
　　　　A　秋の祈り（高村光太郎）

　　　　B　近代俳句鑑賞（山本健吉）　近代短歌鑑賞
単元六　話す技術　　　　5時間
　　　　A　ジュリアス・シーザ（シェークスピア）
単元七　映画と演劇　　15時間
　　　　A　演劇について（小山内薫）　B　映画の鑑賞（飯島正）
単元八　中世文学
　　　　A　中世の文学
　　　　B　天の香具山（新古今和歌集）　日野の閑居（鴨長明）

　1学期で言えば、単元「文学と人生」で文学の世界の意味を考えた。この論説の中では、すでに接続語（接続詞でない）などの指導を設定している。私の論説文指導の目覚めである。前年から大学入試問題の分析をする事によって、論説・評論などが、大学入試問題に重要な役割を占めること、さらに、問題を分析することで、それらの文章構造が見えてきた。そして論説・評論をまとめて「論説文」と勝手に呼ぶことにした。そのことが私にとっては、それまで扱いかねていた論説文の読解方法がだんだん見えてきたのである。この年の学習指導の単元「評論」で小林秀雄『平家物語』は後1962（昭和37）年に「小林秀雄『平家物語』の教材研究―過去実践をどう生かすか―」で取り上げられてくる。

　この年はクラブ活動の顧問として、演劇部が私の重荷と感じられるようになり、断ろうしたが断り切れず引き受けた。教職員組合の尾道地区文化部長もひき受けている。通信教育の方は、レポートが18通、試験が10科目となった。こうした忙しさが増す気持ちのせいか、フランス語を4月末はやめる決意をしている。勤め出して7年続けたわけである。フランス語はやめたが、小説を書くことは断ち切れず、「その年の春はおとずれがおそかった。」の書き出しで書きたく思っている。この書き出しは退職後もなお思い続けている。

　4月12日に文化連盟主催の文楽を見た。初めてのことである。「人形が人間以上の演技をするということ、人形使いの存在が気にかからないとい

うこと」(日記)に驚いている。

　5月23日に1953年(昭和28年)3月卒業のK・Tの葬儀があった。両親のいない中で、祖母に育てられ、大学卒業後NHKの放送記者として広島に配属されたばかりであった。自殺とも思われる事故死であった。

　5月26日・27日に校舎の落成式並びに林芙美子文学記念碑の除幕式が行われた。現在も尾道東高校の入口にある碑である。この林芙美子文学碑建設によって、林芙美子という作家は私にとって身近な作家となった。私の卒業論文が「昭和文学史」だから、全く知らない作家ではなかったし、54年度には、単元『郷土と文学』で教材とした作家であれば、身近な存在である。それに彼女の同級生や知り合いがまだ生きている時なので、その気になれば彼女の尾道時代を蒐集出来るはずである。しかし、私は深めようとはしなかった。尾道時代の彼女に対する土地の人々のとらえ方と、女流流作家とした認められた後の尾道人のとらえ方に、大きなずれがある事が嫌悪感を持たせたからである。

　このころ、野地先生から言われて、広島大学文学部「国文学攷(こう)」の原稿を書いている。「古典の学習指導の反省―国語甲「源氏物語」の学習指導の変化を中心に―」である。7月24日には書き上げている。この原稿を書くことで、国語教育理論が私にないことを痛感している。(注1)

　夏休みの始めごろは進学の補習授業があった。この時代はすでに進学指導態勢が固まっていたのである。補習授業が終わっても学校へ出ることは多かった。その中で、8月上旬から法政大学通信教育の卒業論文にとりかかった。太宰治を取り上げた。枚数は四百字詰め原稿用紙50枚以内となっていた。夏休みの終わりには、下書きはできている。かなり能率があがったのである。この後、太宰治全集を改めて読み直し、下書きを書き直す、参考文献を読み直す、参考文献のリストを作る、清書、と12月までの計画を立てている。一方、一般教養を中心としてレポートを書いたり、

　　注1　6　古典の学習指導の反省―国語甲「源氏物語」の学習指導の変化を中心として―1957年10月10日・広島大学国語国文学会「国文学攷」・「高校国語教育」Ⅱの2・源氏物語

試験の勉強をしたりしている。前年度と、前前年度と二夏スクーリングだったので、この年は、通信教育にとって充実した夏休みだったといえる。
　2学期となり、祇園高校の国語科教育研究会のシンポジューム「指導計画をどのようにして立てるか」の提案依頼がある。卒業論文もあったが、引き受けた。さらに、この祇園の前には、教職員組合の教育研究大会（いわゆる教研）の発表も引き受けている。この方は尾道地区支部での発表であり、「教師の労働時間の分析―Nの場合―」で、1956（昭和31）年度の学校で使った時間を指導日誌を使って分析した。
　指導日誌は11月25日から形式を変えた。従来の日付けと記事欄との方式から、授業時間ごとの枠を設ける方式にした。おそらく、教育研究大会で授業時間の分析をしたことから、思いついたものであろう。さらに、縦書きを横書きにしている。
　組合活動といえば、10月18日（金）の午後4時から「勤務評定抗議集会」が開かれている。文部省・県教委などの教育行政と組合との対立がだんだん出てきはじめた時である。勤務評定についていえば、11月20日にも抗議集会が開かれている。通信教育のレポートは11月27日に「数学」のレポートで一切は終わった。そして、数学の試験と卒業論文の清書で、終わりとなる。なお、卒業論文の太宰論は、尾道短期大学の教授であった吉田先生に話をうかがったこともあり、12月14日には尾道短大の文芸部の人たちに私が話をした。
　12月1日・2日と祇園高校の研究会があった。「みのりのゆたかな研究会であった。反省の時をもつこととなった。こんな会がないとなかなか反省できないものである。」（12月5日・日記）といっている。また、「ふりだしへもどるといった気持ちである。」（指導日誌）ともいっている。この祇園高校とのつながりは12月28日に国語科教育研究会の忘年会が井上幹造校

　　　注2　8　指導計画の反省・1957年11月30日・第二回大下学園国語科教育研究会・祇園高校
　　　　　研究紀要2・高校国語教育Ⅰの2・指導計画の反省
　　　注3　7　教師の労働時間の分析―Nの場合―・広島県高等学校教職員組合尾道支部教育研
　　　　　究会・尾道東高校・「高校国語教育」Ⅰの1・労働時間

58　一　広島県尾道東高等学校

長の家で開かれ、私も参加している。それぐらいつながり強くなっている。
　12月の中旬には、教材研究のカードの整理をしている。「今まではあまり有効に使っているとはいえなかったが、ぽつぽつ整理をして、十分使えるものとして行きたい。3日間（15～17）で約半分位できた。本と同じように使っていかなければ意味がない。」（12月17・日記）と述べている。カードがたまることにより、使い方を考えるようになったのであろう。カードを使い始めても整理の段階でやめてしまう場合もある。私はカード使用の一つの山を越えたといえる。
　1958（昭和33）年となった。年頭の決意は、国語教育にあっては「私でなければできない仕事をさせてもらう。」であった。実践者としての覚悟が固まりつつあったといえよう。これは、通信教育の方も一段落つくこともあるし、実践報告も八つばかり重ねていることもあろう。通信教育は1月7日に卒業論文の写しを終え、最後に残っていた数学の単位も試験の論文を書き終えている。
　新しい私の学習計画として、月・水・金曜の三日間は国語教育関係の学習をすることとし、火・木・土曜の三日間は古典や小説などを読むことにしている。この割り当てはこれからずっと続くこととなる。古典や小説を読む日に、式亭三馬「浮世風呂」、続いて「好色一代女」、徳田秋声「あらくれ」と1月の終わり頃までに読んでいる。国語教育の方は「日本文法講座」（明治書院）を読んでいる。
　2月27日に通信教育の卒業面接のため、上京する。27日の午後は大村はま先生にお会いしている。28日に面接があった。面接試験では、小原元教授から「参考文献を多く読んでいるが、独創性がない。」とバサリと一言で切られた。私としては2年余りかけて考えもし、自分のことばで書くことを心がけた太宰論だったので、ショックだった。もっとも、家に帰るころには冷静に受けとめているようである。つまり、テーマの設定のありきたりなこと、大局的な論理をつかみ得なかったこと、文献の読みの浅さ、歴史社会学的な方法論をつかみ得ていないことなどを反省している。
　前の年から始まった県下統一高校入試2年目の国語の問題に対して、「あ

まりに問題の出し方が無神経である。」（日記）と不満を漏らしている。
　3月22日から修学旅行に出る。箱根から富士山がよく見えて富士に堪能したのが23日であった。修学旅行団は東京・日光を経て、26日の夜、東京を離れたが、私は法政大学の通信教育の卒業式に参列するため、残った。28日が卒業式だった。私にとって、法政大学は大学卒業の資格でなくて、敗戦直後の高等師範で勉強しなかったことを、改めて勉強し直した場であった。高等師範をでていることもレポートの出来の前には情け容赦もなかった。それだけに謙虚に学問に対することを教えられた期間であった。
　この1957（昭和32）年度は、私にとっては、区切りとなるとだったといえる。言うまでもなく、通信教育で法政大学を卒業できた事は、教員をする資格としてよりも、私自身の学力をつけることになった。厳しいレポートや卒業論文の叱責は腹も立つこともあったが、私の学力をつける事となった。
　さらに、この年は、三つの実践報告をした。古典の分野で「源氏物語」を、学習指導計画全般で指導計画の反省を、そして、教師生活の基盤となる労働時間を報告できた。その学習指導態勢を整える方法として、この年度には、カード方式による教材研究が根付き始めた。思いもかけない方法であった。一見目立たない年度のようでいて、私をいつの間にか変えた年度だといえよう。

9　新たな踏みだし
（昭和33年度：1958年4月－1959年3月）

　昭和33年度（1958年度）が始まった。この年度は、私にとっては、法政大学通信課程の修了ということもあり、新たな決意で踏み出した年である。「これからは自分の勉強が出来る。ということは裏を返せば差し迫った目的がないのでより横着になりやすいということである。しっかり勉強したい」（4月1日・日記）と述べている。そうはいっているが、これまで

に七つばかりの実践報告をしたことを発展させるような思いはまだ生まれてはいない。漠然とした国語教師としての力をつけようという思いであったのであろう。

　この年度はホームルーム担任の面から言えば、三度目の3年生の担任である。昨年度は担任がなかったが、教科では全員を担当したので、生徒の顔は知っていた。前二回の3年の担任と違って、今回のホームルーム担任は、進路別編成のホームルームであり、私は就職志望の多い、女子だけのホームルーム担任であった。教師生活の中で唯一の経験をした事になる。一方校務分掌の方では、生徒会係となり、これも初めての分野であった、クラブの方は、文芸部であり、時間のかかる演劇部は逃れた。

　教科担当は、この年度は、国語甲3年と漢文3年と、3年生ばかりの担当である。国語甲は3単位、5組とホームルーム別に3年生全員を担当した。志望別のホームルームの編成であるから、各組それぞれの雰囲気、意欲の差があり、それに合わせた指導が必要であった。文系志望、理系志望はともかくとして、男女混合の就職志望の組は、授業のざわつきが多く、女子だけの生活科の方は、どう活気を持たせるかが課題であった。漢文の方は文化系の男子だけだったが、2単位1組の漢文は、それほど力をつけていない私の学力では、かなりの準備が必要で、教材研究に追われる事が多かった。逆に言えば、この年度に私は漢文の学力を養成できたともいえる。17時間という今まででは一番担当時間数の少ない年度ではあったが、学習指導の面では、しんどい年だったといえる。法政大学の通信教育を卒業したことの安心感など捨てざるを得ないような国語学習指導の立場に立った年といえよう。

　この年の四月に石森延男『コタンの口笛』を読んだ。「ひさしぶりにいいものを読んだ」（4月27日・日記）といっている。読書についていえば、7月にはプルースト『花咲く乙女たち』、ジョイス『ユリシーズ』（どちらも新潮社・現代世界文学全集）を読んでいる。

　4月の学習指導日誌は私の時間の使い方のまずいことを述べている。「思うように準備ができないので、一つの組の学習指導をすませてから、

準備をするようなことが多い。」(4月11日)などといっている有様である。こうした目前の事に煩いながら、一方では、「指導体系を考えながら、なかなかはっきりした形となってこない。」(4月18日・日誌)とも言っている。さらに、この頃、大学進学者の模擬試験の成績がよくないと進路関係者から言われて、国語の担当者のつらさも感じていた。こうした私の胸に蓄積された思いが重なり、その打開策としての大学入試問題の分析となり、これが論説文の学習指導体系へと繋がったのであろうかと思っている。

　5月の中旬に、突然、広島基町高校の学校長から、基町高校に転任の話があった。学期の中途ではあるし、住まいが移る事の問題もあり、断った。尾道駅前の喫茶店に来てくれと言うことで、そこで話しをした。

　夏休みとなった。広島大学から、「徒然草の学習指導計画」(注1)の一部の原稿依頼があった。これが四年後に出版された『徒然草の学習指導の研究』(三省堂)の中の一論考となった。私が尾道東高校研究紀要に載せた実践報告を野地先生が覚えていてくださり、執筆者の一人に加えてくださったらしい。私は、この論考に前年の1957(昭和32)年の日教祖の教育研究集会で報告した労働時間の実態というあまり人が扱わない分野の実態を加えて書いた。実践者でなければいえない視点で書こうとしたのである。この論考がさらに1974(昭和49)年に有精堂「高等学校国語科教育研究」第九巻・古文3の「徒然草」を書くきっかけとなったらしい。増淵恒吉先生が「学習指導」を読まれていて、推薦してくださったらしい。この報告は夏休みの後半に書いている、「いささか分に過ぎた仕事のようである」(8月20日・日記)と言っている。

　8月3日から5日までは徳島で開かれた全日本高校卓球選手権大会に出場する女子について行った。卓球部の顧問でもあったのだ。

　9月18日、尾道駅から夜行寝台特急「あさかぜ」で上京した。全日本国語教育学会に出席のためである。この列車は1956(昭和31)年11月から

注1　21　徒然草の学習指導計画・1962年5月20日・三省堂「徒然草の学習指導の研究」・高校国語教育―実践報告―・所収

走り始めたと「鉄道運輸年表」(1987年・雑誌「旅」3月号付録)にある。私が通信教育のスクーリングやその他で、しばらくこの会に参加しなかったうちに、固い座席の夜行急行「安芸」に変わってブルートレインと呼ばれる夜行寝台が走るようになっていた。

　全日本国語教育学会では、「どう考えても学的裏付けのないことがひどく目につくぼくの欠点」(9月25日・日記)と私のことを反省し、「きびしい、捨て身の情熱が必要だと思う」と続けている。在京中何をしたかは日記に何も書きつけていない。

　10月になると、国語教育連盟の県大会が開かれる予定だった。そして、小・中・高合体の組織だったこの大会は、学習指導者・提案者の打合会が福山市で行われるのが、中止になった。私は作文教育について高校部会で報告する予定だったが流れたと思った。県教委と教職員員組合の対立の余波が研究会にまでおよんだのである。ところが、高校部会だけでも開催しようということになり、再び準備をして11月1日(土)に福山市で開かれた。この会で私は「作文教育について―書くことの指導の実態と反省―」(注2)を報告した。

　10月頃から「小林秀雄全集」(創元社)第一巻から読み始めている。ものの見方や私の書く文章・文体にも影響を受けた人である。これは火・木・土曜に読んでいる本である。ちなみに、月・水・金曜は10月から11月は発表の準備、12月に入ると、朝倉書店「国語教育のための国語講座」を読んでいる。なお、この頃は、朝3時とか4時とかに起きていることもあった。

　この報告の後に、11月30日(土)には大下学園祇園高校国語科教育研究会で、「小説の学習指導―指導方法とその問題点―」(注3)について報告をした。「根本的に何かが欠けているといった感じがする」(12月2日・日記)

　注2　9　作文教育について―書くことの指導の実態と反省―・1958年11月1日・広島県高
　　　等学校国語教育研究会・福山誠之館高校・高校国語教育―実践報告所収
　注3　10　小説の学習指導―指導方法とその問題点―・1958年11月30日・第三回大下学園
　　　国語科教育研究会・祇園高校研究紀要および高校国語科教育―実践報告に所収

9　新たな踏みだし　63

といっている。実践報告も、誌上・口頭合わせて10回になった。実践報告を重ねるにつれて、考察のよりどころとなる自分の国語教育観を持つことの重要さを思っているのであろう。

　12月25日に野地先生の指導されている読書会（二七会）で「それから」の輪読に出席し、クリスマス会に出たことを日記に書いている。この頃、すでに二七会に出ているのである。この時は、会が終わって夜行で、大阪に行き、同僚の女の人二人と大阪見物をして、京都に泊まり、京都美術館の「ゴッホ展」を見て、京都見物をして帰っている。ゴッホ展では「とかく我々は一人の画家なり、人間なりから一つの傾向をひきだしがちであるが、人間というものは単純なものではない。」（12月28日・日記）といっている。

　1959（昭和34）年となった。

　この年の年賀状の枚数を日記に記録している。それによると、総数が209通である。その内訳は一般（国語教育関係・知人友人など）が61通、卒業生が62通、在校生が86通である。この頃、今まで報告した実践の原稿化をしている。ちなみに、この冬休みは1957年10月に組合教研「教師の労働時間の分析―Nの場合―」を書いている。続いて、同じ年の11月末、祇園高校国語科教育研究会の「指導計画の反省」に取りかかろうとしている。2月初めには野地先生のところに行き、実践報告をまとめて出版するように言われ、打ち合わせをしている。

　3年国語甲の終わりに、1954年度第2学年国語甲で学習指導をした「郷土と文学」の一部を学習させたが、結果はよくなかった。3年という学年、二番煎じの気楽さのせいであろう。

　読書は2月中旬には、小林秀雄全集第八巻「アラン」を読んでいる。

　3月1日は卒業式であった。国語乙1年・国語甲2年・国語甲3年と担当し、担任も2年生の時はなかったという学年であったが、格別のこともなく過ぎたといえる。教員となり9年がすんだ。「思えばずいぶん長く教員をしたものだ。」（3月1日・日記）といっている。

　卒業式は3年の担任なので何かの感慨があったはずなのに、日記にも、

日誌にも一言も述べていない。女子だけで、表だった出来事もなかったせいだろうか。ただ、この組で今も鮮やかに覚えているのは、卒業式が済み、やれやれと思った時に、担任をしたある生徒が来て、「先生これをあげる。」と言ってテーブルセンターをさしだした。「これは？」というと、「某先生の時間に、退屈なので編んだんよ。」という。唖然として私は受け取った。その編む場面は想像が付かないわけでもないが、あまりにも見事な隠れ手仕事である。生徒には私などが見えない中で様々な事をしているのでと思い知った。なお、この組は卒業後、何十年かして、俳句の会の同人となり、自分の俳句集を送ってくれた人、勤めを辞めた後、尾道の句会で活躍している人、卒業以来ずっと新年や盛夏の見舞いをくれている人などがある。

　3月末には、卒業した生活科の女子3名と、その担任だった家庭科の山根翠さんに同行して、いわば旅行社の添乗員兼身辺護衛役として私が選ばれ卒業旅行をした。吉野・室生寺・西の京などに、行きの車中泊を加えて2泊2日の旅に出た。「大和の古寺を歩くと大和は日本人のふるさとだという感じが強くする。」（4月1日・日記）といっている。

　なお、3月16日に「1953年4月から1956年3月までの国語甲の実践の反省－生徒のアンケートを中心として」（注4）を書き上げた。1956年2月に調査したものである。

10　オルゴールが
（昭和34年度：1959年4月－1960年3月）

　4月の新年度となり、3年生の担任を連続して持つこととなった。男子18名。女子38名、計56名の大人数である。就職志望者の男女を主とした組とはいうものの、実情は様々な志望や状況があった。男女ともかなり問

注4　11　生徒による評価・1954年3月16日・高校国語教育―実践報告―」に所収。報告などはなく、書き下ろしたもの。

題生徒の多い組で、担任になり手がなくて、挙句の果てが私に白羽の矢（黒羽の矢といった方がよい）が放たれたらしい。私もこの年は教師になって10年目である。10年目と言えば、転勤してもよい年数である。聞くところによると、男女ともかなり問題生徒の多いと言われる組であった。「ひきうけた以上だまって努力してみよう。」（4月7日・日記）、「生徒を全く知らないので手加減が分からない。」（4月8日・指導日誌）などと、いっている。事実、最初は次々と、さまざまな事件が起こったホームルームであった。しかし、後から考えると、ごく少数の生徒の動きを全体の動きと考え、おびえたのではなかったか思うのである。この年度は、A組が就職志望の女子だけ、B組が私の担任する男女、C組がなく、D組が文科系志望男女、E組が理科系志望男女、F組が女子だけの家庭科であった。、

　この年の担当教科は国語甲3年が3単位5組15時間で、私は3年生全員の担当である。選択の漢文は文科系進学者1組・3単位であった。昨年度と同じように思えるのだが、実は甲も漢文も教科書が昨年とは変わっているので教材研究は新しくしなければならなかった。思っただけも、しんどいホームルーム担任と、担当教科であった。その上、5月末から尾道東高校創立50周年記念誌の編集をするようになり、私はあわただしくしていた。創立50周年というのは、1909（明治42）年尾道市立高等女学校が出来てからを数えてのことである。新制高校が生まれて、男女共学の高校になった1949（昭和24）年からは10年目になる。この頃は、旧制の尾道県女時代の誇り高き女性が同窓会を根城にして活動し、同窓会の名称も「浦曙会（ほしょかい）」として存続していた。その女性たちの熱い思いで1954年秋には創立50周年の記念式典が行われようとしていた、私はこの記念式典行事の一つの要ともなる「記念誌・あけぼの」の編集を託されていた。昨年からすでに、原稿集めは行われていた。

　ホームルームの方は、早速に次々と問題が起こった。授業をさぼったり、先生とイザコザを起こしたり、学校行事としてホームルームの親睦を図る遠足に、行く事を渋ったりで今まであまり私が出くわした事がないような事があり、こっちが逃げ出したいような思いがすることがあった。学

年はじめに提出する「生徒家庭状況調査」では、うかがい知れない複雑な家庭の問題を一人ひとりが持っている事を私は思い知った。教育や生徒指導について考えることの多い日であった。ホームルームが手がかかるといっても、全部の生徒がそうであるわけでなく、実際は何名かの生徒が手間がかかるのであるが、担任の気持ちから言えば、なかなかそうは思えないのである、一部が全部になりがちである。そういうことで気持ちの上でゆとりのない、追いつめられた日々であった。この中で、私は今までなかったような一人ひとりの生徒と話しを、家庭訪問をして、何名かの親と話した。

　しかし、いくらホームルームの生徒に心を使うと言っても、教科担任としての私の仕事をないがしろにするわけにはいかない。くじけてはならなかった。この年度は、3年生の国語甲が15時間ある。それも大学進学者の組、就職志望者の組、家事従事など多種である。例えば、森鷗外「寒山拾得」の場合、6月2日（火）に準備を始め、教材研究カードに9日（火）に指導目標をカードに記入し、12日（に）やっと指導計画表に書き込み、翌日13日から教室で扱うようになった。他人から見れば、手間のかかる事をしていると思えるだろう。こうした一見手間のかかる事をわざわざしたことが、ホームルームや創立50周年のしんどさを凌がせてくれたのではないかと思っている。それから後のいくつかのつらい出来事も国語教育への思いが私を救ってくれた。その原体験ともいえる年である。

　この年度の国語甲3年は、次のような単元で展開した。教科書は三省堂「高等学校国語」であった。試験を除けば74時間である。この年も、国語甲3年については、指導計画表を作り、記入している。ホームルームの指導に悩みながらも、授業はないがしろにしなかったといえる、単元などは次のようなものであった。

　単元一　文学と人生
　　1　文学入門（6時間）　2　芭蕉のことば（6時間）
　単元二　ニュース（4時間）

単元三　文学研究

　　1　近代文学の起源と発達（4時間）　　2　寒山拾得（7時間）

　　4　李白と杜甫（4時間）

　　　〈当初は考えなかったが、実施直前に思いついた〉

単元四　文書と生活（4時間）

単元五　社会と個人（3時間）

単元六　美の探求

　　1　自然（4時間）

　　2　悩みを突き抜けて歓喜は生まれ（1時間）

単元七　日本の文学

　　1　国しのびの歌（4時間）　　2　源氏物語（9時間）

　　3　大晦日はあはぬ算用（1時間）

単元八　世界文学

　　1　和歌（3時間）　　2　都に雨の降る如く（1時間）

　　3　ニールス・リーネ（4時間）

単元九　国語国字問題（8時間）

単元十　古典と人生（1時間）

　漢文3単位というのは、私にとって初めてのことであり、またこれ以後もなかった事である。指導日誌によって調べてみると、72時間の時間数である。3単位であることを考えると、少ないようであるが、3年だから2月初めに終わった事もある。教材から考えると、かなり幅が広く、日本人の手になる漢文もある。与謝蕪村の「春風馬堤曲」のような作品も扱った。昨年の漢文に続いて、漢文を扱ったのは、私にとって漢文の力をつける事だったといえる。

　こういう展開で学習指導を勧める中で、ホームルームの生徒のあれこれの問題を抱えていた私は、逃げるような思いを抱えながら、6月25日に上京し、日本文学協会の大会に出た。その列車の車中でも読んだものは、生徒指導に関するものであった。27日に帰って来たが、ついに、7月2日

から5日まで寝込んだ。文字とおり心身共に疲れていたのである。「今日は終業式。どうやらこうやらここまでたどり着いたという感じ。」（7月20日・日記）と言っている。

　夏休みになっても、休むことはできなかった。創立50周年の記念式の準備のためである。しかし、7月の終わりの一日、野地先生のところへ行き、「気持ちがしっかりしたように思う。」（7月27日・日記）といっている。ホームルームの生徒についてはさすがに休みだけに走り回る事はなかった。この休み中にショーロホフ『静かなドン』を読み上げている。5カ月もかかっている。「傑作だと思う。幅広い描き方をしながら印象は純一である。大したものである。」（8月11日・日記）と感動を述べている。なお、実践記録も書き続けている。この夏休みには「小説の学習指導」をすまし、「教材研究—中島敦『李陵』の場合」を書き始めている。いずれも祇園高校の研究紀要に載せた。夏休みの終わりには教材研究のカードを整理している。「だんだんふえて行くにつれ、分類がわずらわしさをましてくる。」（8月28日・日記）というのは、カードを入れる袋の見出しをどうするかで、悩んでいたのであろう。カードが増えるにつれて、分類が細かくなってきたのである。

　9月になり、創立50周年記念誌、正式には「あけぼの—創立五十周年記念号」の編集で教材研究も思うようにできない日が数日続いたが、9月7日には「カタがついた。」（指導日誌）といっている。なお、「あけぼの」とは、同窓会誌の戦前の呼び名である。編集の後、校正とか、記念式の時の展示会とかで、時間を費やしている。この頃になると、ホームルームの生徒は、問題を持っていた生徒も、進学や就職が目の前に迫り、それほど手をかけなくなったし、私の方もそれまではあまり手をかけない生徒について、進路についてあれこれ話しをする事が起こるのであるが、気分は少し楽になった。

注1　12　教材研究—中島敦—・祇園高校研究紀要子・1960年12月4日発行・高校国語教育—実践報告—にも所収

創立50周年関係の行事は10月10日（土）・11（日）の２日間行われた。そして13日（火）には運動会もあった。仮装行列も五十周年を記念した服装の変遷などがあった。私にとって準備にずいぶん苦しい日々を過ごして迎えた記念式ではあったが、「ぼくの青春の終わりをかざるものといえるかもしれない。」（10月14日・日記）というごとく、得たものも多い行事であった。記念誌を作ったことで、尾道高等女学校時代の人々に喜んでもらえた。また、同窓生の一人である、林芙美子の女学校一年生の時の作文「仏通寺旅行記」が当時の校友会誌から見つかったことなども収穫であった。この時に、記念誌を作ったことが、30年たって「八十年のあゆみ」を作ることになろうなど、思いもしなかったことである。
　10月の終わりに好学社「新編高等学校国語三」の『李陵』と『さんしょう魚』の指導書の執筆依頼があった。これは、11月中旬には書き上げている。12月には単元「郷土と文学」（注2）の実践記録を書き始めている。
　12月22日（火）には、野地先生の指導を受けている読書会「二七会」と祇園高校の国語科の合同忘年会が野地先生のお宅であり、放課後広島に行った。
　この年は、尾道東高校創立五十年、私の年齢三十歳、教員になって十年と、切りのよいことの多い年であった。
　年があけて、1960（昭和35）年となった。
　年賀状は全逓の争議のあふりを受け、１月１日の配達は昨年より少なかったが、４日に大量に配達されて、昨年並み、二百通を越した。
　実践記録は「郷土と文学」を１月９日に書き上げ、「人物の好き嫌い調査」に入っている。これも一週間ぐらいですませている。
　１月は大学受験者が大学へ提出する調査書をしきりに書いている。私の担任した組は就職希望というものではあったが、実際は短大などへの進学もかなりいたのである。この頃はコピー器などというものがないので、手書きであった。冬休みに原稿を書き、生徒が申し出ると書いた。一人当た

注２　13　単元「郷土と文学」・1960年１月９日作成・高校国語教育―実践報告―に所収

り10分を要した。

　1月の終わりの国語甲の最後の数時間に学習させる教材として、この年は、「古典と人生」を実施した。昨年度の「郷土と文学」は失敗だったので、本年度は変えた。

　2月になると、3年の授業がなくなるので、私の授業は全くなくなる。その時に、次のような計画を立てている。すなわち、詞華集のカードを集めて整理する、本年度の学習指導の整理、カードの整理・分類、難語句を集めることと整理、小説の指導体系、論説文の指導体系、などである。この時期の私の国語教育の問題意識をうかがうことができる。手間をかけた生徒が見えなくなると、その反動であれこれ国語科教育の事を思うのである。

　2月9日（火）から授業はなくなったが、毎日あれこれと仕事はあった。卒業学年とあれば、忙しいものである。

　3年の試験が終わり、ほっとしていた時に、ホームルームの生徒委員などが職員室の私の所にきて、送別会の申し出があり、「先生のためにこの会は開くのです。」といった。当日になり、おっかなびっくりで千光寺にある青少年の家に行った。交渉から準備まで一切自分らでやっていたと、オルゴールとアルバムとを贈ってくれた。苦労した一年間だったし、かわいいというより、憎いと思う方が多かったかもしれない一年間だっただけに、胸を打たれた。オルゴールは今も使っている。このできごとは、その後の私の生徒に対する思いの原点になっている。思いは通じるものだという確信のようなものである。3月1日の卒業式後は一年だけのつき合いの生徒であるにもかかわらず、気が抜けたような感じが続いた。

　この頃読書は、相変わらず、外国文学を読んでいる。新潮社・現代世界文学全集の後の巻の方であり、アラゴン・ヴァレリイ・エリオットなどである。国語教育関連では、明治書院・日本文法講座（続）などを読んでいる。

11　さらば青春
（昭和35年度：1960年4月－1961年3月）

　「また4月。10年という一昔の長さの教員生活が終わり、11年目をふみだすわけである。いささかくたびれ気味のぼくに"初心忘るべからず"は重要なことばとなる。学校も相当に教職員の入れ替えがあった。特に国語科は3人新しい人である。ぼくも新しい気持ちでやりたく思う。」と、1960（昭和35）年の4月1日の日記に書いている。私にとっては大事件だったのは、11年目にして初めて、私より若い国語科の人が着任したことである。国語科新任三人の内、二人が私より若かった。菅野良三さんと堀雄光さんの二人であった。この二人の人とは、その後、また別の学校で出会うことになる。それから私にとって大きな出来事となるのは、松本美鬼校長が呉に転任されたことである。創立50周年記念の思い出とともに若い者を育てる心配りに強い思いが残る学校長であった。後任には三田訓治校長が着任された。

　本年度の私の担当教科は、またしても3年の国語甲3単位である。3年生全員5組15時間であった。三年連続の3年国語甲の担当である。それに2年生の生活科の国語甲1組3単位3時間がある。これらの担当する18時間の全員は、初めて教室で顔を合わす生徒であった。2年生の生活科の生徒たちが、翌年離任式で、私が直接担当した唯一の生徒となろうとは、思いもしなかった。一方、ホームルーム担任はなかった。二年間3年のホームルーム担任をしたせいだろう、校務分掌の方、進学指導部になった。新しく進学指導室が設置され、1年生には能力別学級が編成された。進学態勢の強化の一員に加えられたといえる。放課後は進学指導室の整備、資料作成などに追われた。

　この年度の国語甲は次のような単元となっている。使用の教科書は国語綜合編高等学校三（中教出版）である。

はじめに　年間予定		1時間
単元一　　A　朝を愛す（室生犀星）		3時間
B　未来へ（丸山薫）		2時間
単元二　　講演　現代日本の開化（夏目漱石）		8時間
単元三　　小説　阿部一族（森鷗外）		8時間
単元四　　古典一　去来抄		8時間
単元五　　古典二　A　土佐日記（紀貫之）		9時間
B　奥の細道（芭蕉）		8時間
単元六　　論文　省察（デカルト）		6時間
単元七　　随筆　父とむすことの対話（林達夫）		5時間
単元八　　A　冥土の飛脚（近松門左衛門）		7時間
B　難波土産（穂積以貫）		5時間
単元九　　源氏物語―夕顔―		11時間
	計	81時間

　明確な指導のねらいもなく、文章の形態にしたがって単元を並べているようである。3年生だけを担当して、1年2年を知らないということもあるが、それにしても、雑然とした感じである。後になって考えると、単元六の「論文」などおかしな命名である。

　なお、単元一・B「未来へ」の学習指導については、翌年1961年に「国文学解釈と鑑賞」に載せることになった。

　この国語甲3年を、実際に学習指導をすると、五つの組がそれぞれの問題点を抱えていた。その根底にあるのは志望別とはいいながら、家庭の事情や学力差から生まれるひずみがあった。ちなみに、A組は就職志望と家事従事の女子だけの組である。B組は就職志望の男女の組、C組はなく、D組が文科系大学進学の男女、E組が理科系大学志望の男女の組でこの組は女子が少数である。F組は生活科であり、家庭科の習得単位が多い。このうち、E組は、理系志望にありがちな国語嫌いが多くやりにくかったが、

それよりもＢ組が問題だった。単なる国語嫌いなどというものでなく、教師不信のような思いがうかがわれる男子の生徒が何名かいて、それらが学級のざわざわした雰囲気を醸し出すので、授業がひどくやりにくかった。６月の初旬には、この組で、私の授業中に行なった小テストで、カンニングがあった。或る生徒が書いた答案を、他の生徒に渡して、それを写すという事件であった。見つけた私が担任に報告し、担任もその生徒の指導の機会をうかがっていた時だったので、担任とともに家庭訪問をし、親を交えて話しをするということもあった。こうしたこともあって、「学習指導に自信がない。」（６月７日・指導日誌）と、珍しく弱音を吐いている。
　国語甲２年生の生活科の方は、次のような単元となっている。使用した教科書は三省堂「高等学校新国語綜合二」である。

はじめに	自己紹介の文を書く。	１時間
単元一	雨の日（辰野隆ゆたか）	４時間
単元二	鷗外と漱石	
	Ａ　青年（森鷗外）	８時間
	Ｂ　草枕（夏目漱石）	７時間
単元三	マスコミ（重松敬一）	４時間
単元四	古典一	
	Ａ　「倭は国のまほろば」（古事記）	４時間
	Ｂ　「豊旗雲」（万葉集）	５時間
	Ｃ　「花たちばな」（古今新古今）	５時間
単元五	思考について（野田又夫）	４時間
単元六	詩	
	Ａ　秋の祈り（高村光太郎）	２時間
	Ｂ　小出新道（萩原朔太郎）	２時間
	Ｃ　落葉（ヴェルレーヌ）	２時間
単元七	家（島崎藤村）	６時間
単元八	古典二	

　　　　　A　宇治川先陣（平家物語）　　　　　　　10時間
　　　　　B　平家物語について（小林秀雄）　　　　6時間
単元九　　国語の変遷（池上禎造）　　　　　　　　11時間
単元十　　李白と杜甫　　　　　　　　　　　　　　3時間
単元十一　シェイクスピア論　　　　　　　　　　　6時間
まとめ　　古典と人生　　　　　　　　　　　　　　1時間
　　　　　　　　　　　　　　　　　　　　　計　91時間

　2年生の国語甲の方は教科書の教材配列が当時としてはよく考えられたものであり、おのずと教材間の響き合いや流れが感じられる。しかし、単元とは言っても、私の扱い方が一教材一単元が半分以上あるので、学年として明確な目標を持った学習指導をしたとはいえない。強いて言えば、私がこの学習指導で考えたのは書く力をつけたいと思い、書くことをかなりしたのではある。

　私は、この年度の高等学校教職員組合尾道地区支部文化部長となった。それまでは、各地区支部単位に開催していた教育研究集会を、尾道・福山・府中の三地区がまとまり、県東部の合同教育研究集会をしようということになり、私は福山・府中地区の文化部長とたびたび会合を持ち、合同教研発足にこぎ着けた。この年に私が文化部長をしたことが、何年か後、三原高校で差別事件の学習会で糾弾される原因になろうとは思いもしなかったことである。

　4月16日（土）・17日（日）と、野地先生の指導を仰いでいる読書会「二七会」の合宿で四国道後温泉に行った。「みんな苦しみながら勉強しているということが胸を打つのである。」（4月20日・日記）と言っている。5月1日には三原で開かれた実践国語教育中国大会に参加した。読書の方はエリオットから、トオマス・マン「選ばれし人」（現代世界文学全集27巻・新潮社・昭和28年版）を読んでいる。のろい歩みであった。この後、同じ全集の28巻「カロッサ」を読んでいる。

　5月19日には「作文における表現のあやまり」(注1)を書き上げた。1953年か

ら59年にかけてカードに採っていた、生徒の作文や私の周辺で見かけた表現のおかしいものを整理した。これは、県の高校国語教育連盟発行の「年報」に載せた。この一部は木原茂先生の「現代作文」（三省堂・昭和38年4月刊）にも引用された。

　5月26日に野地先生のところへ、実践報告集の原稿を持って行った。400字詰め原稿用紙で447枚あった。「ともかくこれでまとめをつけることにする。」（5月31日・日記）という思いであった。

　7月23日に私は国政真子と結納。「夏休み変じて希望ある夏休みとなる。」（7月25日・日記）と書いている。

　8月3日から11日まで、東北を旅行した。この4月に来た国語科の菅野さんと、東高校の5回の卒業生で理科の実習助手をしていた橋本好子さんの三人で東京・秋田・十和田・平泉・蔵王・二本松と回った。最後に予定していた裏磐梯は猪苗代まで行ったが台風で観光は中止した。三人とも婚約中であった。

　この年の夏から、広島大学教育学部国語科の「光葉会・国語教育学会」が開かれることとなった。この年は旅行のため参加できなかったが、以後ずっと参加し、私の実践のよりどころとなった。

　2学期になり、祇園高校国語科教育研究会の発表準備、広島県国語教育連盟の高校部会の「年報」の原稿依頼の資料作成、広島島県高等学校教職員組合の教育研究集会、二七会の10月例会の輪読担当など、結婚前ではあったが、忙しい、しかし充実した日が過ぎている。祇園高校の発表は「論説文学習指導の歩み」[注2]であり、この報告を出発点として私の論説文学習指導が始まることになる。けれども、この報告は失敗だったと自分では思っている。研究の態度になれがあり、「なれに身をまかせた」こと、方法において実践によりかかり、「一番安易な方法」をとったことを日記で反省している。結婚直前の発表なので、これから「よほどひきしめてかか

　　注1　14　作文における表現のあやまり・広島県高等学校国語教育連盟「年報」2号
　　注2　15　論説文学習指導の歩み・1960年12月4日・第5回大下学園国語科教育研究会・祇園高校「研究紀要」5

らなければならない」とさらに言及している。祇園の研究会は12月4日であった。「年報」は広島県国語教育連盟の高校部会の発行であった。当時の高校国語科教育の意欲がうかがわれるものである。2号は作文の特集であった。生徒の作文をいくつかとりあげ、各学校でそれを考察、評価する方法をとった。標本となる生徒作文の一つを私が取り出すことになっていたのである。さらにこの2号には5月に書いた「作文における表現のあやまり」も載せている。

　12月25に結婚した。新婚旅行は京都で、柊屋に3泊した。なお12月31日には新婚であるにもかかわらず、宿直をしている。

　1961（昭和56）となった。

　結婚したことが影響してか、年頭の決意も、「ある程度ガムシャラなエネルギーでぶつかって行かなければと思う。」（1月1日・日記）と言っている。

　結婚したが、お互いに仕事があるため、いわゆる土帰月来の生活であり、毎日の生活に大きな変化はなかった。

　1月15日の二七会で「カードによる教材研究」(注3)を報告している。原稿なしで報告したのは、この時期としては珍しい。この会の後、「清水文雄教授の博士論文の手伝いをした」というのだが、どんなことをしたのか全く覚えていない。

　1月には3年生で「源氏物語」を学習してる。この学習指導は、「調子よし」（1月12日）とか、「あまり抵抗なく指導できている。」（1月19日）とか、指導日誌に書いている。四月初めの頃に比べると大きな変化である。この教材において、連体形の用法には時枝文法の考え方を用いている。この時枝文法と呼ばれるものも私には新鮮な学説として実践に生かしたいと思ったものであった。

　3年の授業が2月11日に終わった。17日・18日には学習指導要領の講習会、20日には当時文部省の視学官だった倉沢栄吉氏の学校視察があった。

　注3　16　カードによる教材研究・1961年1月15日・二七会

このため学習指導案を立てて、授業を見てもらった。後2時間ばかり話をした。

　2月21日（火）から24日（金）までは北九州方面の学校視察をした。主として進学指導の観点からであった。もっとも訪問した学校は、高等師範時代の同級生が勤めている学校を中心にした。小倉高校、八幡高校、佐賀県の小城高校、佐世保南高校などであった。学校視察をしながら、多少は観光もした。この視察旅行から帰って、「進学バカになってみよう、もう一年今の学校でがんばってみることとする。」（2月27日・日記）と考えている。この頃現在の東高校勤務が10年を越したので、そろそろ転勤をした方がいいと考えて、希望も出していたのである。それをこの旅行が思い止まらせたわけである。しかし、転任の話は、かなり県教委の内部では具体的になっていたらしく、希望を取り消すことはできなかった。結局は、3月の半ばには、三原高校への転任がほぼ確実になった。

　この頃、国語教育の勉強をなおざりにしていた日が続いていた。転任の話、学年末、妻の転任の動きなど、心をよそに向けることが多かったせいもある。そうした中で、「国語教育の勉強をぬきにしてぼくの教師としての成長はのぞめないのだから。」（3月23日・日記）と言い、とりあげるものとして、「指導要領と論説文」「論説文の指導体系」「教材研究—論説文の場合—」と書きつけている。この時期の私の問題意識が論説文にあったことがうかがわれる。

二　広島県立三原高等学校

（1961年4月 – 1975年3月）

12　所変われば
（昭和36年度：1961年4月－1962年3月）

　1961（昭和36）年4月1日に広島県三原高等学校に配置換えとなった。ついでながら「県立」と言うようになったのは昭和39年度からである。「11年間の尾道東高校の中でついたアカをおとしてがんばってみようと思う。」（4月1日・日記）と書いている。年齢も三十代となっていたし、結婚もしたということで、心機一転したかったのであろう。

　尾道東高校での離任式の時に臨んで、私が直接授業を担当していた生徒は、前年度2年生であった生活科の女生徒1組だけであった。「僕の青春はこの東高で過ぎました。」といった意味のことを話した時に、彼女らの席からすすり泣きがもれていたということを、後から聞いた。たまたま私の従妹がそばの生徒席にいたのである。ことばはそんなに飾らなくても、1年間教室で過ごしたことは表現を越えて通じたのだろう。

　なお、私の後任は高等師範の同級生で、尾道北高校にいた熊野正さんであった。また、妻も豊田郡生口中学から尾道市の美木中学校原田分校に転任した。土帰月来の生活が解消した。原田は私の母の実家があり、祖父は健在であった。私が生まれた山峡の村でもある。

　三原高校では、3年の国語甲・2年の国語乙・1年の国語乙とそれぞれ3単位・2組・6時間の担当であった。進路別の学級編成であり、しかも、進学組はいわゆる能力別とよばれていた成績によるふるい分け編成であった。尾道東で本年度1年生に実施したことが、三原ではすでに行われていた。「めまぐるしく授業がかわるのでいささか目がまわる。頭のきりかえが必要である。」（4月12日・指導日誌）ともいっている。1952（昭和27）年以後2教科担当が続き、しかも多い時間数と少ない時間数との組み合わせであったので、同じ時間数の3教科に対する戸惑いであろう。国語科には祇園高校の研究会、読書会の二七会などで親しくしていた橋本暢夫さん

（元・鳴門教育大学教授）がいたので、なにかと面倒をみてもらうことが多かった。転任したばかりで、校務分掌も重いものはなくホームルーム担任もなく、それだけ授業に打ちこめるようであった。「バスを待ちながら、国語の教師になってよかったと思った。」（4月22日・日記）と言っている。これは、「新しい教材を扱えば自分の力になり、すでに扱った教材をまた扱えば掘り下げができる。」からとも言っている。転任したところから生まれた思いであろう。4月末に県教委から教科研究員の依頼があった。

　私の担当が進学組ばかりということで、生徒に推薦する参考書を調べる必要を思ったりしている。また、文語文法のテキストを生徒に持たせるのも初めてのことであった。校内学力テストもあり、問題集などにあるのをそのままに問題に使うことをせず、自分で作った。また月曜日・火曜日の7時間目は進学の補習授業をしていた。

　この頃、岩波講座の「文学」を読み終わっている。続いて、岩波講座の「文学の創造と鑑賞」にかかっている。

　5月13日から16日まで、改訂教育課程研究協議会へ出席した。日教組の反対もあって、開催地の、香川県高松市では、厳重な警戒の中で行われた。若い私が広島県の国語の代表に選ばれたことは意外でもあり、面はゆい感じでもあった。しかし、この会で、私の国語教育に対する問題のとらえ方の浅さ、国語教育理論の乏しさ、実践者としての覚悟のなさなどを知った。このことを契機として、学習指導要領を勉強しなければならないと思い始めている。

　この頃、学習指導要領、国語教育理論、論説文の学習指導体系、作文の学習指導体系、古典文法の学習指導法などと、欲ばって考えようとしている。汽車で通う生活となって、三原駅から学校まで20分近く歩くこととなり、この歩く時間がものを考える時間ともなった。学習指導要領の改定は高校国語科にとって画期的ともいえるものであった。すなわち、それまで国語科にあっては、現代文・古文・漢文が入り交じっていた必修の甲と、選択で古文を中心とした乙と選択の漢文とであった。これが、現代文と古典とに分かれることとなった。これは古典偏重になりがちな国語教

室が現代文を重視する方向に進んだこととなる。現代文だけを教えることの恐れのようなものがあちこちで聞かれた。特に年配の国語教師にとってはその思いが強かった。私は論説文や作文などに目が向いていたので余り抵抗はなかった。ただ、小林秀雄の「無常といふ事」・「平家物語」・「徒然草」などといった古典論はどうなるのかとは思っていた。また、古典と現代文などの融合した単元もいくつか試みていたので、今後はどうなるかとも思った。

この年の8月、広島大学教育学部光葉会国語教育学会での発表をすることとなり、「論説文の学習指導―学習指導要領を中心として―」を最初考えていたのを、野地先生からテーマの弱さを指摘され、「論説文の学習指導を求めて」(注1)に変えた。この報告は、私にとって、最も心に残る報告の一つとなり、かつそれからの私の学習指導にも大きな意味を占めるものとなった。8月5日が光葉会の国語教育学会であった。

これをすませて、その夜の寝台特急「はやぶさ」で、名古屋まで行き、さらに中央西線で木曽路を馬籠まで行った。野地先生の指導を受けている読書会の二七会で、信州方面に旅行することになり、私も参加したのである。先生を含めて10名余りであった。馬籠（島崎藤村）・長野・柏原（小林一茶）・小諸（藤村）・追分（堀辰雄）と文学にゆかりの地をまわった。その後、私は一行から別れ、さら榛名湖・伊香保・赤城山・東京を経て8月10日に帰った。この後、8月18日には三原高校の職員旅行で別府に行き、解散後、何名かで阿蘇に行って帰った。さらに、8月26日には二七会の合宿読書会で三瓶山の麓の志学温泉に行った。旅で過ごした夏休みであった。

二七会では、1月に研究発表「カードによる教材研究」(注2)、6月に朗読で小林秀雄「無常といふ事」、7月に輪読司会、8月に輪読担当「門二十章」と、この読書会で行われていることを一通り担当した。

9月に入り、至文堂・雑誌「国文学解釈と鑑賞」から「国語学習指導の

注1　17　論説文の指導体系を求めて・広島大学教育学部光葉会国語教育学会・1961年8月5日同会「国語教育研究第五号」（昭和37年11月10日刊）にも所収
注2　16　カードによる教材研究・1961年1月15日・二七会1月例会

方法と技術」欄の原稿依頼があった。詩教材ということで、丸山薫『未来へ』(注3)を書いた。これは翌年、1962（昭和37）年一月号に掲載された。さらに、この頃、夏の光葉会の発表を原稿化している。一方では11月に行われる広島県国語教育連盟の高校部会で発表する「作文の評価について」(注4)も控えていた。どちらも書きあぐねている。11月頃には岩波講座「文学の創造と鑑賞」を読んでいる。忙しくて12月の祇園高校の研究会は発表しなかった。

　新年には「力いっぱい仕事がしたい。」（1月1日・日記）と述べている。実践研究の「今年のテーマはやはり論説文におきたい。」とも言っている。33歳の決意である。

　3学期からは、国語科の一人が休職で、3年家政科の国語甲が3時間増えた。3年は2月5日で終わりなので、彼女たちとはつかの間の出会いであった。また、この3学期から三原高校に併設してある定時制に金曜日の5時半から6時15分まで出て、3年の国語甲を担当した。わずか三か月だったが、高校の概念を広げる経験だった。この頃の定時制には何名かの特にすぐれた学力の生徒がいた。その中の一人の女子が三学期末のテストで満点をとったのが印象深い。

　2月26・27日に教育課程講習会があり、高松の伝達講習会に行ったせいで、講師として出席した。会場は20年前に中学生として入学した福山誠之館高校であった。この誠之館中学の入学試験について来てくれた祖父は、この年の1月31日に死亡していた。この会で「論説文の読解指導―小・中・高の学習指導要領の関連を中心として―」(注5)の報告をした。一度考えて見たかったことである。

　この頃は、哲学関係のものを読んでいる。そして、西洋の思想をたどる

　　注3　19　詩―未来へ―・国文学解釈と鑑賞・国語学習指導の方法と技術・昭和37年1月号
　　注4　18　作文の評価について・広島県国語教育連盟・1961年11月22日・〈高校国語教育実践報告Ⅳ3「作文の評価」〉
　　注5　20　論説文の読解指導―小・中・高の学習指導要領の関連を中心として・1962年2月26日・福山誠之館高校・教育課程研究協議会

ため、聖書から始めて、主な哲学や思想の本を読んでいくことを決意している。2月8日には、「創世記」を読み始めた。さらに2月15日には新約聖書に入っている。並行して国語教育関係のものも読んでいる。3月末には、垣内松三著・輿水実編「国語教育科学」（三省堂）を読み、「垣内先生はえらい人だったと思う。ぼくが小学校へ入る前にすでに戦後の教育の方向づけまでしている感じがする。」（3月30日・日記）と書いている。

　三原高校の一年目は終わった。比較的自由にふるまっていた尾道東高校と違って、人脈の狭間の中で、国語教育を考え、実践した年であった。学習指導要領の改定をいやでもおうも考えねばならなかったし、定時制の国語教室も経験した。大学受験の対策を尾道東高校よりも強く意識しなければならなかった。私にとっては、国語教育実践者としての幅を広げた年だったのであろう。

13　初心に帰る思い
（昭和37年度：1962年4月－1963年3月）

　4月になり、小路丹一（しょうじ）校長は呉三津田高校に転任された。後任は松原義雄校長であり、国語出身である。国語科は年長の転任した人に変わって波多野さん、護城（もりき）さんと若い人が入ってきた。私は年からいえば真ん中になった。そして、1年6組のホームルーム担任となった。いわゆる能力別学級編成を1学年で2組してあり、6組はその一つの組であった。教科の担当は国語甲3年・3単位・2組6時間、国語甲1年・4単位・2組・8時間、漢文2年・3単位・1組・3時間であった。授業時間は17時間であった。校務分掌は進学指導部に属することになった。

　こうしたことを、「今年からやっと一人前になったといえる。教育実習生の期間がすぎたといえる。」（4月6日・日記）といっている。この教育実習生とか新卒の思いは、今後も年度の変わり目には私の中に自分を初心に帰らせる思いとして出てくる。一方、授業が始まると、学校の中でも選ば

れた学習者と目されている組を担当したこともあって、「生徒の質のよさに甘えている」（4月10日・日記）とも思っている。学習指導のねらいとしては、論説文の学習指導体系の実践を考えている。これは昨年の広島大学教育学部光葉会国語教育学会で報告したものをふまえている。さらに、私のことばの欠陥の克服として、ことばのテンポをのろく、語尾をはっきり言うことをあげている。

　学習指導では国語甲3年のベネディクト『恩について』が「指導目標どおりになかなかおさえてゆくことができない。」（4月13日・指導日誌）などと、こぼしている。一方、1年の国語甲は「なかなか活発でおもしろい意見や質問が出る。」（4月20日・指導日誌）ともいっている。この年は国語科の会合が毎週木曜日の5限に行われていた。「新学習指導要領をどう具体的におろすか、みんな皆目見当がつかないままである。」（5月10日・指導日誌）という状況の中で、この年には、三原高校国語科が広島県の高校国語科の研究指定校となり、2学期には新学習指導要領に関する発表会を開催しなければならなかった。その準備もあるので時間割に会合を組み込んでもらった。打ち合わせをしたり、誰かが報告をしたりした。必要に迫られてのことではあったが、私にとっては有意義な会合であった。

　この頃読書会の二七会での研究発表として小林秀雄「平家物語」(注1)にとりかかっている。野地先生から研究対象を取り上げる場合、「偶然的なとりあげ方はいけない。」（4月11日・日記）と言われたのだが、観念的にしかこの助言がわからないことで悩んでいる。この報告は6月24日（日）にした。「小林秀雄『平家物語』の教材研究―過去の実践をどう生かすか―」であり、1960（昭和35）年12月から考えていた主題である。なかなか主題に論旨が結びつかず苦労した。

　この頃、島崎藤村「夜明け前」を読んでいる。3年の国語甲で扱うためでもあった。第三章の半蔵が江戸への旅をする部分のうまさに感心し、そ

注1　22　小林秀雄「平家物語」の教材研究―過去の実践をどう生かすか―・1062年6月24日・二七会

れまで余り好きでなかった藤村に私は頭を下げている。5月20日（日）には福山市の大島能楽堂で能を見た。「竹生島」などであった。「幽玄の世界は意外に明るかった。」（5月20・日記）と述べている。「夜明け前」を一月半かけて読み、また哲学関係の読書にもどって、プラトン「饗宴」を読んでいる。この後、アリストテレス「形而上学」になる。

　1学期も終わりに近い7月12日（金）には、県教育委員会の柳川指導主事が来校され、11月頃に国語の研究指定校としての発表会をすることを話し合った。新しい学習指導要領をどう具体化するかが主題であった。この年度の国語科は私を含めて7名であった。年齢構成も適当にばらけていたし、それぞれが熱意があった。この研究会の準備も年長の三人の人が煩わしい雑役を引き受け、若い4人が研究授業や研究発表をすることになった。私は「現代国語」を想定して授業をすることになった。

　夏休みとはなったが登校する毎日であった。補習授業のためである。「補習が夏休みの中心にデンと腰をおろしている。」（7月21日・日記）と書いている。この夏休み中の8月2日に長男が生まれた。8月19日からは職員旅行で北陸へ行った。この当時は北陸までは夜行列車だった。大阪・福井間が6時間かかっていた。永平寺・東尋坊を経て山中温泉に泊まった。この後、私は今年赴任した国語の波多野さん、大学を卒業したばかりの美術の行友さんとで、越後湯沢・法師温泉に泊まり、東京へ出た。互いに東京に用事があったからである。湯沢は、川端康成「雪国」にひかれて選んだ場所である。法師温泉の方は、1950（昭和25）年の国語甲1年で、放送劇を扱った。いわゆる投げ入れ教材であるが、「陳述」という題であった。そこの舞台が法師温泉だった。それに、旅行案内を見ると三国峠から法師へ出る林道がほめてあるので、かねがね行きたいと思っていたのである。この後、東京で別れて、私は知人と会い、尾道に24日に帰っている。

　2学期になると、研究会のことが頭を占めるようになった。研究授業の教材を最初は飯島正「映画の鑑賞」（角川書店・高等学校国語一・単元「戯曲と映画」）にしようかと思っていた。しかし、その後、同じ単元の北村喜八「演劇とは何か」に決めた。研究授業が現代文で論説文という制約が

あった中で、私が興味を持っている映画や演劇の分野で研究授業ができるのは気持ちの負担が少し軽くなるようであった。飯島正にしても、北村喜八にしても私には親しい名前である。

　この研究会があるので、9月20日（木）に、授業を済ませて、全日本国語教育協議会に出席のために上京した。私にとっては久しぶりの参加であった。研究会が控えているだけに収穫が多い会だった。9月28日（金）の午後、運動会の練習中に現代国語の指導計画の検討を国語科でしている。また、10月18日（木）には、県教育委員会の柳川指導主事を招き、現代国語の授業をする私と、古典の授業をする護城(もりき)教諭の授業を他の国語科の人々とともに、見てもらった。

　忙しい時であったが、広島大学教育学会光葉会国語教育学会の「国語教育研究」8号に載せる「論説文の教材研究―「ロダンの遺言」の場合―」(注2)を10月28日（日）に完成した。この学会誌は清水・井上・山根先生還暦記念号であった。

　研究指定校の発表会の指導講師としては増渕恒吉（当時東京都立航空専門学校教授）先生が決まった。私の面識のある人であり、高校国語教育の第一人者であった。

　10月30日（火）には私が授業をする「演劇とは何か」(注3)の指導案原稿にとりかかっている。この学習指導案ができ上がったのは、発表会前日の11月9日（金）だった。11月10日（土）が国語科研究指定校の発表会であった。盛会であり、「一応そつなくやれることができた。」（11月12日・日記）と述べている。

　この研究会の反省として次のように同じ日の日記に述べている。
（1）教材研究の方向としては論説文の場合、今の方向でよいこと。

注2　23　論説文の教材研究―ロダンの遺言の場合―・広島大学教育学部光葉会「国語教育研究」第八号・（清水・井上。山根先生還暦記念）・1962年10月28日作成・昭和39年出版

注3　24　演劇とは何か・広島県高等学校国語科研究指定校発表会・1962年11月10日2限1年6組

（2）生徒の国語の力をつけるための方策をもっと考えるべきこと。

（3）チームワークの強さは何よりも強いものであること。

なお、この研究会が済み、慰労会で酔いの紛れに講師の増淵先生が、「教材研究でわしと勝負しよう。」と言われたのが、嬉しかった。また。この研究会が済んで、「教材への対し方が変わってきたように思う。うかつに対せなくなってしまった。」（11月16日・日記）と述べている。

11月24日（土）・25日（日）には、研究会の慰労も兼ねて、奈良県の長谷寺・薬師寺・唐招提寺・秋篠寺などに国語科で旅行した。長谷寺の伽藍の配置に感心している。

12月3日には尚学図書の「国語展望」に阿部知二「近代の小説―論説文の学習指導の基礎的段階の扱い―論説文の学習指導の基礎的段階のあつかい―」(注4)を書き上げている。

12月14日（金）・15日（土）の両日は教育課程研究協議会が福山誠之館高校であった。研究指定校の一員ということで私は指導助言者として出席した。

1962（昭和37）年の一年間は口頭発表・紙上発表・研究授業と五つの実践報告をしている。しかも、全て論説文であった。学習指導要領の改訂により、「現代国語」が生まれ、私が学習指導で課題としていた論説文指導が新しい高校国語科教育でも問題になってきたのは幸運であった。

1963（昭和38）年となった。年頭の決意として、「研究生活の方はやはり論説文に今年の目標をおきたい。」（1月1日・日記）と述べている。そして、はじめて扱う場合の教材研究、指導体系による教材研究のちがい、さらに、一年間で体系をおさえることができるか、など考えている。取組みが計画的になってきているといえる。

1月16日（水）から国語甲の3年で小林秀雄「私の人生観」を扱っている。3年生の「最後の教材である。問題解決学習にする。」（1月16日・指導日誌）

注4　25　阿部知二「近代の小説」―論説文の学習指導の基礎的段階のあつかい―・尚学図書「国語展望」第4号・1962年12月3日作成

と書きつけている。また国語科の会合では教材についての話し合いがずっと続けられている。

　2月になると、「国語教育の本質、めざすもの、これをもう一度みつめなおす必要がある。これがゆるぎないものとなっていないから、ついぐらぐらとゆれ動くのである。」（2月13日・日記）といっている。また。2月16日（土）には広島大学教育学部ペスタロッチ祭に行き、大村はま先生の受賞記念の授業を見た。「学習指導をみて、思わず熱いものがこみあげてくるのを感じた。一人の真剣に仕事ととりくんだ人の到達したものに対する感激だったのだろうか。」（2月16日・日記）といっている。

　この頃、パスカル「パンセ」（津田穣訳・新潮社）を読んでいる。続いて、シュライマッヘル「宗教論」モンテーニュウ「随想録抄」を読んだ。

　3月20日（水）が終業式であった。「今年は気持ちのよい年であった。ホームルームにしても、いままで持った中では一番気を使わなくてすむホームルームであったし、授業も張りあいがあった。」（3月20日・日記）といっている。研究指定校の発表会を頂点として私の教師として充実した一年だったといえる。

　3月末の修学旅行の引率者として関東地方へ行った。1年生の担任である私が2年生の修学旅行について行くのは変だと思いながら、授業を通して一部の生徒は知っているので深くも考えることもなく行ってきた。4月になって、これが新3年生の担任になる布石だったと気がついた。

14　親分の強き気力
（昭和38年度：1963年4月－1964年3月）

1963（昭和38）年4月となり、私は意外にも3年6組の担任となった。

　　注5　「大村はま国語教室　別巻」〔筑摩書房〕によれば、「単元　伝記を読む」の「蘭学事始」
　　　　である。

国語科で昨年2年生の担任だった橋本暢夫さんが転任し、その穴埋めに私があてられたらしい。転任3年目で3年生の担任とは、荷が重い感じだった。しかし、すでに私の年齢は中堅どころになっていたのであろう。企画委員や職員会議の議長にも選出された。

　学習指導の方は、現代国語1年・3単位・3組・9時間、国語甲3年・3単位・2組・6時間、国語乙2年・2単位・2組・4時間であった。計19時間である。学習指導要領が改訂されて本年度入学生から実施された。その最初の年に第1学年の「現代国語」を担当することとなった。

　一方、ホームルーム担任の方は、周囲からあれこれと私が担任する生徒について脅されていたので、かなり構えてホームルームに臨んだ。今でも覚えているが、最初のホームルームで、「君らの暗さは、やくざの持つ暗さだ。」と言った。事実何名かの暗い顔つきの生徒がいた。その発言があったことと、4月終わりから5月初めの飛び石連休で授業が落ち着かない時期に、恒例の全員参加の校内ソフトボール大会があり、私の担任した3年6組は男子がAチームもBチームも優勝したことで、「親分」は定着した。実際は、「他人が思うほど気を使わなかったし、また最初考えたほど悪い生徒でもなかった。」（7月17日・日記）と1学期の終わりに書いている。

　授業の方は転任3年目ということで、「なれるということは恐ろしいものである。あまり感激もない。いけないことだ。」（4月10日・日記）と述べている。また、「教材研究もしばしば基本的なことを忘れている。これでは技術ばかりを追っているといわれてもいたしかたがあるまい。」（4月18日・指導日誌）と自省している。

　5月に入ると、読書会（二七会）の研究発表が6月に控えていた。発表題目に迷っていたが、「和辻哲郎『風土』の教材研究」に決めた。この報告では「説明することと考えさせること」と副題をつけている。6月には向

注1　26　和辻哲郎「風土」の教材研究—考えさせることと説明すること—・1963年6月30日二七会6月例会

原高校国語科の人々が来校した。新教育課程についての視察である。さらに６月29日（土）には広島県高等学校国語教育研究会が広島国泰寺高校であり、司会をした。参会者が百名を超える中で司会をしたのは初めてであった。講師は森岡健二氏であった。この当時、森岡健二氏は作文のコンポジション理論で国語教育では、圧倒的な人気があり、私なども影響を受けた。私が論説文をいくつか報告していたこともあり、司会をさせられたのであろう。

　翌日６月30日（日）は二七会で「風土」の研究発表をした。この発表を通して「生活意識・問題意識をとらえた指導でないと行きづまりをきたすこと、発展的な学習をどうするかを考えること」（７月２日・日記）に気づかされた。この頃、９月に行われる教育課程研究集会（教職員組合の教育研究集会と紛らわしいので「文部教研」と呼んでいた）の準備にかかっている。

　７月の初めにはニイチェ「ツァラストラかく語りぬ」を読んでいる。

　夏休みとなったが、進学補習のため学校に出ることが多かった。

　８月21日（火）から23日（木）まで、栃木県日光湯元で行われた日本文学協会国語教育部会の夏期合宿に参加した。この会の夏期合宿は初めての参加である。夜遅くまでの真剣な討議は驚きであった。日頃教室を中心としたところで国語教育を考えていたのとは全く視点が違っていて、討議を聞くのが精一杯であった。しかし「問題が深まり、ひろがりを持つことが、かえって肝心の教材研究、生徒にどう与えるかをのがしてしまう危険はないのかと思った。」（８月23日・日記）と記している。このほか、実践のきびしさが感じられない、報告方法が思いやりがないなどと、書きつけている。これは、広島大学の光葉会国語教育学会や読書会の二七会の実践報告と比べてのものだったのだろう。この合宿の後、24日（金）に東京へ出て、知人とその日の夜行で茅野・高遠を経て、天竜峡で泊まった。26日は天竜下りをし、佐久間ダムを見て、知人と別れて、名古屋に泊まった。翌日遊覧バスで名古屋をざっと見て、尾道に帰った。

　９月になり、三原高校の卒業生で昭和女子大学４回生の山田さんが教育実習に来て、私が指導することとなった。一方、担任の男子生徒が家出、

自殺未遂も起こった。さらに9月25日（水）26（木）には教育課程研究会広島県集会で、「論説文を読むことの指導はどのようにしたらよいか」(注2)について発表した。このころは「アミエルの日記」を読んでいる。続いて、ベルグソン「笑」にかかっている。

　10月になり、「いそがしいが普通で、ひまな時というのがないのだ。」（10月16日・日記）というような毎日であった。この月の25日（金）第二回中国地区国語教育研究会が広島市で行われ、高校部会で司会をした。一方、この月の初めには一学期末に国語甲3年で調査したことの一部、古典語の指導を整理した。その中では、「現代語と形は同じもので、意味のちがうものを指導することが一つの重要なことがらだと思った。」（10月1日・指導日誌）と述べている。また、10月26日（土）・27日（日）には国語科で京都に旅行した。寂光院・三千院・苔寺などをめぐった。

　11月19日（火）には、文部省主催昭和38年度高等学校教育課程研究発表大会に参加するため上京した。広島の中村さんと一緒であった。20日（水）の午後、大妻講堂で全体会があり、記念講演に諸橋徹次先生の「修養論」と題する講演があった。国語部会は21日（木）・22日（金）と白鷗高校で行われた。中村さんはここで発表した。なおこの会は、私にとって全国的な視野での国語教育の進んでいる方向の見通しがおおざっぱではあるがついたこと、真剣な実践が説得させること、実践と研究の違いがだいぶ明らかになったことなどを受け取っている。23日（土）の朝、泊まった山の上ホテルでテレビを見ていたら、アメリカのケネディ大統領が暗殺の放映があり、驚いた。その日の昼は歌舞伎座で「千代萩」の通しを見た。他に「娘道成寺」があった。

　東京の研究会から帰ってからしばらくは「頭の中で国語教育がめまぐるしく動いている」（12月2日・日記）状態であった。そして、このころに気にかかっている私の国語教育の課題は小説をどうとらえ、どう指導してゆ

注2　27　論説文を読むことの指導はどのようにしたらよいか―第一学年における論説文読解の指導体系を中心として―・1963年9月25日・教育課程研究協議会広島県集会・福山誠之館高校・三原高校研究紀要（昭和38年39年度）にも所収

くかであった。またこれと関連して、「文学教育の方法、あいかわらずはっきりせず。読解と鑑賞との区別がつかない。時枝式がすっきりする。」（12月6日・指導日誌）といっている。

　3年生の担任だったので、12月25日（水）から27日（金）までは志望校決定を中心とした生徒・保護者を交えた懇談をした。それでも、27日には読書会「二七会」の忘年会に出た。1958（昭和33）年2月10日付けで実施されていた三原高校と新設の三原東高校との総合選抜制度が1963（昭和38）年12月9日付けで廃止された。このことで、三原高校には、昭和39年度からは入学者の学力が高くなるとの期待があった。

　1964（昭和39）年となった。私が35歳となっていた新年である。

　この年の目標は、「自分の尊さを知り、自分を大切にして、力いっぱい仕事をしたいと思います。」であり、年賀状にも書いた。思考がすでに若者でなくなっているし、自分を生かす力を思っている。家庭人としても、社会人としても、国語教育実践者としても、考えることが多い年齢になって来たといえる。

　正月も6日（月）からは調査書を書いている。3年の担任の宿命である。この頃から「自分の体であることを忘れるほどの日が続いている。」（1月17日・日記）と言っているように複写器がない時代にあっては、調査書の作成は大変な仕事であった。

　こうした忙しさの中で、1月26日（日）に半年ぶりに読書会である二七会に出た。この時には漱石の輪読は『こころ』の「下」に入っていた。野地先生に会って、先生の忙しさに比べれば私の忙しさはもののかずではなく、「いそがしさをことばにすべきでない。」（1月28日・日記）と思っている。

　2月1日（土）には3年の授業が終わり、やや楽になった。学習者が寄せた感想に「もっと大たんにスケールの大きい人間になってほしい。」と書いたのがあった。生活の合理性が身につき、国語教育の取り組みに細心の注意を払っていたので、この批評は当たっていた。

　この頃、「世界芸術論体系・フランス写実主義」（河出書房・4巻）を読ん

で、今まで断片的な理解だった写実主義の概念がまとまって理解できた。この月に「国語教育研究─清水・井上・山根先生還暦記念」（広島大学教育学部光葉会・8号）を送ってきた。枕にすればいいような厚さであった。私は「論説文の教材研究─「ロダンの遺言」の場合─」(注3)を書いている。1962（昭和37）年10月に書き上げたものである。

　3月1日（日）に卒業式があった。三原高校に転任し、初めての3年担任としての卒業式であった。「反省らしい反省も、後悔も、かといって喜びもわかない。ただ一つのことをなしとげたやすらぎにも似た気持ちである。」（2月29日・日記）と覚めた目でとらえている。担当する時は、かなり構えた気持ちもあったのだが、比較的平穏に過ぎた一年間であった。私の「親分」の呼び名も終わった。「広大にも予想通り合格したので、よけいほっとした。」（3月12日・日記）とあるように、大学への合格が担任、さらに教師としての価値を問われるな大学進学に目が向いた学校であるので、私は幸運に助けられたといえる。

　担任としてだけでなく、この一年間は気力があった一年のようである。この一年を「力いっぱいやったという感じが残る一年であった。」（3月20日・日記）といい、さらに、「反省などというものは、はっきりととらえられるもののみ、強い飛躍の場となるものである。」（同）とも述べている。3月末には今までの実践記録をまとめて出版する仕事が進行していたのだが、その「高校国語教育─実践報告─」の索引を作っている。この「高校国語教育」は野地先生に勧められてとりかかった。尾道東高校にいた1959（昭和34）年にとりかかり、尾道東高校から三原高校に配置換えになって3年目が終わる時、やっと完成を目の前にしたのである。

注3　23　論説文の教材研究─「ロダンの遺言」の場合─・1964年1月出版・広島大学教育学部光葉会・清水井上山根先生還暦記念「国語教育研究」8号

15　実践報告集の出版
（昭和39年度：1964年4月－1965年3月）

　1964（昭和39）年4月6日（月）の午前が始業式、午後が入学式であった。私は今年度は1年生のホームルーム担任だったので、午後が出番であった。今年の入学式は例年と違って、三原地区における三原高校・三原東高校の綜合選抜方式が廃止されての入学生を迎えるというので、学校内外とも気分が違っていた。過期待気分があった。その学年の担任に私はなった。

　「人事異動は大ゆれ。そのあふりをを受けて1年の担任はともかく、学年主任になってしまった。」（4月4日・日記）と私は書いている。この時、転退職した教員は「筆影（ひつえい）」（三原高校25周年記念誌）によれば、7名いる。この中、十年以上三原高校に勤務した人が5名いた。いわば学校の中心になっていた人がいなくなったのである。学年主任などというものは私にはまだ縁遠い役割だと思っていたので、寝耳に水であった。私より年齢の多い人をさしおいての任命だった。一方、校務分掌は教務部と進学指導部とであり、これは昨年通りである。授業の方は現代国語1年・2組・6時間、現代国語2年・2組・6時間、国語甲3年・2組・6時間であった。計18時間であり、これに新教育課程の実施で特別教育活動としてロング・ホームルームが1時間加わる。この年度はロング・ホームルームは木曜日5限におかれていた。身体検査や校長講話なども組み込んで週一時間のこの時間をどう使うかに苦労した。性格テスト（5月21日）とか「尾三地区体育大会の行進練習」（10月18日）のような事もしている。毎週何をするかが苦労であった。

　4月13日（月）に国語科の安田先生の送別会があった。その時、日記によれば、酒の席ではあったが、「教育の問題をめぐって真剣な論議がたたかわされた。」と述べている。道徳教育・国旗・受験のゆがみ、文学教育の立場などについてである。この時期の教育状況をうかがう話題といえ

る。同じ頃組合の総会に出席して「組合というものも気勢があがらなくなった。レクレーションのために総会に出席しているようなのも多い。」（4月20日・日記）と述べている。この頃私は敗戦後20年近く経って、民主主義の背後に迫る独裁主義の姿を感じている。県立学校はこの年から、従来の「広島県〇〇高等学校」を「広島県立〇〇高等学校」と改められた。私学と区別するためだと思われる。

　学習指導の方は、現代国語2年が学習指導要領改訂後初めての担当ということもあり、教材研究がうまくいかなかった。そうではあっても、例えば最初の単元「随筆」で、山本安英「高原の回想」を生徒に問題を作らせたところ、「予想以上におもしろい問題があった。」（4月15日・指導日誌）とあるように、優れた学習者によって指導者が救われるということもあった。また、現代国語1年で川端康成「伊豆の踊り子」を扱いながら、「何か肝要なものがおちているように思えてならないのだ。いったい何か。」（6月19日・指導日誌）と言っている。この思いは「伊豆の踊子」の直前に扱った芥川龍之介「鼻」でも感じている。また、2学期の志賀直哉「城の崎にて」でも感じている。私の実践している文学教育に対する理念の迷いである。この年度は古典の担当でなかったが、古典の担当者からは文語の決まりとその導入方法をどうするかが毎週開かれている国語科会に提案された。6月頃に話し合った。こうした国語科としてのまとまりもあったのである。

　私の実践報告集「高校国語教育─実践報告」が完成した。奥付きによれば「昭和三十九年四月十日」となっている。4月26日（日）に二七会があり、私の出版記念の会をしてもらった。野地先生からは「誤解や悪意による批判にも耐える」旨のことばをいただいた。5月4日（月）には三原高校の国語科で「高校国語教育」の出版祝賀会をしてもらった。

　この頃、国語教育に対する迷いとして、三つのことを思っている。第一は、国語教育の中での生徒のしつけ、もしくは規律をどうするかであり、第二は自主的な学習へ取り組む意欲をどう育てるかである。第三は論説文の学習指導体系を形式だけからでなく、内容からとらえるにはどうした

らよいかである。今にして思えば恵まれた学習指導環境の中での問題意識だったといえる。
　夏休みになった。7月25日（土）・26日（日）の両日は尾道・三原地区国語教育研究会があった。事務局校の大崎高校の世話で、愛媛県大三島にある大山祇(おおやまずみ)神社に参拝し、その夜は対岸の大崎上島木ノ江町に泊まった。その夜は管弦祭であり、昔のこの港の繁栄を偲ばせるにぎやかさであった。翌日は研究協議をした。四つのグループに分かれての話し合いであった。授業ではグループの話し合いをするが、こういう会でのそれは珍しくもあり、意義もあった。講演は広島大学文学部教授の金子先生であった。私にとっては高等師範学校時代に学んだ先生である。この会が終わり、翌日は職員旅行で道後温泉に行った。
　8月5日（水）6日（木）には第五回広島大学教育学部光葉会国語教育学会があった。「ゆったりとした気分」を感じている。この気分は発表の質の高さ、論説文の発表が多かったこと（六つの発表の中、三つが論説文であった）によるものだろう。私は発表を一年近くしていないことを思い、「『高校国語教育』にあぐらをかいてはいけない。そろそろ本気になってとりくまなければならない」（8月5日・日記）と決意している。
　8月10日（月）から16日（日）にかけて、長野県志賀高原にある角間温泉で行われた日本文学協会国語教育部会夏季合宿に参加した。会は11日（火）と12日（水）とあった。11日の午後からであり、大河原忠蔵さんの報告「状況の映像的把握」とその討議が昼間あり、夜は分散会で話し合いをした。この時期すでに現代の子どもには連帯感がないという各分散会の共通意見であった。二日目の12日は地元長野の人々の報告とそれに対する討議であった。いずれも「状況認識」を柱としたものである。この夜は、大河原さん、荒木繁さん、大田正夫さんなどと渋温泉に泊まった。当時活動していた人たちに混じって広島くんだりから来た、ろくに発言もできない私が一緒だった。13日に解散後は私一人で志賀高原を歩き、二泊した。その後、戸隠に行って、長野から夜行列車に乗り、16日（日）に家に帰った。盆の間私は家を留守にしたわけである。

8月末には講座「現代語」(明治書院・全6巻)を読み終えている。そして、またこれを読む前ののように、月・水・金は国語教育関係のものを読む時間に当て、火・木・土は文学などを読む時間にしている。この時は、論説文関係の原稿書きや整理を前者に当て、森岡健二「文章構成法」などを読んでいる。一方、火・木・土の方は世界文学の読み残したものとして、パールバック「大地」を読み始めている。この時間割で読んだ「デカメロン」に「きびしい批判精神」(12月16日・日記)を見ている。
　2学期が始まった。9月末から現代国語2年は単元「作文」になった。この単元の教材として志賀直哉「朝顔」が教科書にあった。これを作文の教材としてどう生かすかに困っている。これが、実は1967年(昭和42)年広島県国語教育研究大会での研究授業となるとはこの時には思いもしなかった。
　10月10日(土)は東京オリンピックの開会式であった。キューバの選手団がロイヤルボックスの前で日の丸を胸から出して振ったことに「これは客人としての見事な土産を持って来たことへの感動とでもいえる。」(10月10日・日記)と述べている。また続いて「坂井君が聖火台に火をつける。思わず手をたたく。仕事が完成した時の感動だ。」とも言っている。なお、このオリンピックには、三原高校出身の池田(旧姓田中)敬子・相原(旧姓白須)選手が体操に出場し、体育館で全校生徒がその模様を視聴した。
　10月24日(土)・25日(日)と大和路の旅をした。国語科の旅行である。正倉院展を見た。その他、法隆寺・中宮寺なども行った。
　12月6日(日)は大下学園国語科教育研究会であった。「要約文を書くことの問題点―中谷宇吉郎「科学の方法」の場合―」(注1)を発表した。野地先生は講評で資料を底に沈めて自分のことばで話すことをいわれ。それについて、「大へんなことだと思う。これが当分の考える対象となる。」(12月8日・日記)と書いている。またこの頃、「戦後文学教育研究史」(日本文学

注1　28　要約文を書くことの問題点―中谷宇吉郎「科学の方法」の場合―1964年12月6日・第9回大下学園国語科教育研究会・祇園高校「研究紀要」8・9合併号

教育連盟編・上下２巻・未来社）を読み始めた。私の中で、文学教育の概念がはっきりせず、自分がやっていることが「文学教育ではないような気がしてならないので、読んでみる気になった。」（12月16日・日記）といっている。さらに「少しずつではあるがわかりかけたように思う。」と述べているが、今となってはどうだったのかは不明である。12月25日（金）には広島県国語教育研究大会に出席し、高橋健二氏の講演「国語教育に望む」を聞いた。「自分の領域をまもっていながらちゃんと中心をついている」（12月25日・日記）話に感心している。

　この年は研究発表は一つだけであった。しかし、「高校国語教育―実践報告―」を出版した年であった。また研究会の方は、読書会の二七会を除いて大小五回出ている。さらに、自分の将来に関して、「国語教師としてよりも学校の教師としての面が強調される」（12月31日・日記）年齢にさしかかっているので「国語教師としての自分を忘れないようにしたい。」と自戒してもいる。

　年の初めの決意としては具体的な目標を掲げていない。新しい段階に国語教育の研究がさしかかっていることを感じているようである。「今まではともかくがむしゃらにやってきた。しかし今はもうそのようなことが許されない。はっきりした見きわめの上に立ってそれに近づく仕事でなければならない。しかも今は研究の主題をとらえるのに困難を感ずるようになった。これは今までなかったことである。」（1月1日・日記）と述べている。さらに、「今の私に大事なことは、一枚の原稿でも、一ページの本でも気がついたときに書いたり、読んだりすることである。できるだけ多くという気持ちといっても、多くが無に近いところでの多くなのである。今ここでだめになってしまったら、最後である。」（1月20日・日記）と述べている。かなりせっぱづまっていたようである。

　1月10日（日）に次男が誕生した。これ以後2月末まで次々と家庭の事が起こり、日記の方はほとんどつけていない。年賀状の整理をしているが、この年は207枚である。

　3年生の授業は2月2日（火）で終わった。教材研究が十分にできなかっ

たこともあり、「どうも後味がよろしくない。」(2月2日・指導日誌)と述べている。

3月1日(月)は卒業式、担任ではなかったが、三原に転勤した翌年度に始めて担任をした生徒が卒業した。本来なら私が持ち上がるべき生徒であった。

この頃、メルヴィル「白鯨」を読んでいる。また3月12日(木)には教育振興会の助成金に対する研究報告「高校一年の作文指導—事実と意見との区別を中心として—」を書きあげた。400字詰原稿用紙30枚であった。29番目の実践報告である。

こうして1964(昭和39)年度は終わった。学校の仕事の面でも、家庭の上でも私の節目に当たる年だったといえる。

16　忙殺の瀬戸を渡る
(昭和40年度：1965年4月－1966年3月)

新年度の人事異動で校長、教頭、事務長、補導部長、国語科主任にと異動があった。「まるで首のなくなった人形である。」(4月4日・日記)と言っている。松原義雄校長が福山葦陽高校へ転任となり、後任は山田誠一校長が戸手高校から着任となる。細美徹爾教頭は東城高校校長に昇任し、後任は尾道北高校から岡田宗高教諭が昇任で着任となる。国語科は伊吉さんが三原高校定時制に転任し、山口県から菊岡さんが転出して来た。

私は2年1組の担任で、学年主任も昨年度に引き続いてすることになった。教科は現代国語2年・3単位・2組・6時間、現代国語3年・2単位・2組・4時間、古典乙Ⅰ1年・3単位・2組・6時間。総計16時間である。新課程になって古典を担当するのは初めてである。古典乙Ⅰは、古典甲と対

注2　29　高校一年の作文指導　事実と意見とを区別して書くことを中心として・1965年3月5日作成・教育振興奨励金報告

置する科目で主として普通科で履修し、乙Ⅱにつながる科目である。古文と漢文の両方を含むので、この年は古文2時間、漢文1時間とに分けた。私の担当授業時間数は16時間であった。しかし、2年の現代国語の中、私の担任していた組の一つの組は、木曜日の7限をテストの時間として、古典・現代国語・問題集とテストをした。私の担当のもう一つの組は古典の担当者が受け持って同じことをした。一種のごまかしであり、大学受験体制の強化である。

　この年度は国語科の会合の時間を火曜日の4限に設定してあった。この年の重点研究は現代国語3年の学習指導計画の検討であった。

　この年度はホームルーム担任としてロング・ホームルームも意欲的にした。グループを編成し、運営も、それぞれのグループが話し合いをして主題を決めて運営した。

　新学期の忙しさにかまけて本をあまり読まなかったが、4月の後半から波多野完治「文章心理学」（新潮社・昭和27年発行）を読み始めた。一方3月中旬頃から読んでいたメルヴィル「白鯨」も平行して読んでいて、5月10日（月）に「白鯨」は読み終っている。退屈といわれる小説であるが、私は退屈とは思わなかった。「文章心理学」の方は5月15日（土）に読み終え、「現代文章心理学」を読み始めた。

　5月15日には広島県国語教育研究会の理事会に出席し、その後、野地先生のところに行く。「ふたりで話をすることができたのは何年ぶりであろう。」といい、「師を持つしあわせを感じたしばらくであった。」（5月18日・日記）と述べている。5月30日（日）には読書会の二七会があり、久しぶりに出席した。参加者は20名ぐらいであった。

　6月になり、長男が次々と病気をした。7月には私も流行性角結膜炎で1週間ぐらい医者通いをした。このため、3週間ぐらいろくに本も読まず、仕事もしなかった。

　6月頃に現代国語3年で大岡昇平「俘虜記」を扱っていて、「もてあましぎみ。どうしたらいいものか。」（6月11日・指導日誌）と述べている。しかし、指導が終わって、「どうしたらいいか、内容がわかってきた。」（6

月16日・指導日誌）とも述べている。なお、6月19日（土）には三原第二中学校で行われた市内の中学生の交通安全話し方大会の審査員を依頼されて審査した。自分なりの評価基準を立てて審査した。

夏休みとなったが、毎日補習授業で、夏休みに「ほんとうになったような気がしない。」（7月21日・日記）とか、「確かなことは補講へ行ったことだけである。」（7月29日・日記）とか言っている。こうした中で、教職員組合の教育研究集会の報告の準備を始めている。「労働時間を中心として国語教師像を考える手がかりとしたい」（7月30日・日記）と述べている。

8月23日（月）から28日（土）まで、箱根姥子で行われた日本文学協会の国語教育部会夏期合宿に参加している。昨年の日光に続く参加である。合宿は24日（火）の午後から26日（木）の午前にかけて行われた。この合宿では西郷竹彦さん・高橋和夫さんなどの報告を聞いた。また草部典一さんのスライド「沖縄」に感動した。会が済むと東京や京都に寄って帰った。

2学期となった。9月はあまりできごともなく過ぎた。「ともすれば馬車馬のような生活になりやすいのだが、考える時間をもつことを心がけなければならない。」（9月27日・日記）と述べている。

考える時間を持つことへの志向は教材研究に対して、「積極的な教材研究をしていない。」（9月16日）とか、「実際はそうでもないのかもしれないが、教材研究に追いつめられている感じが近頃強い。」（10月5日）などと指導日誌に書きつけている。しかし、一方では、学習者を活動させることにより、学習指導がうまくいったり、「おのずと読解の体系が生まれてくるようである。」（11月29日・指導日誌）と述べたりしている。

10月に入ると、教職員組合で一斉休暇闘争が示された。そのことを、「きょうは三原へ行ってはじめて組合会議らしい組合会議をした。」（10月8日・日記）と言っている。この休暇闘争は10月22日（金）に設定された。組合全体としては70％が賛成しているのであった。しかし、三原高校の分会は勤務評定の闘争の時、飛び出して処分を受けているということで、この種の闘争には不信感が強かった。そこで、分会で意志決定の投票をし、約四分の三が闘争参加に反対ということで、指令に従わないことに

なった。しかし、結局は本部指令で中止された。この頃から組合活動は徐々に先鋭化していく。

　10月から12月にかけては、実践報告をすることがが次から次へとあった。7月に引き受けていた組合教研に加えて、広島大学国語国文学会国語教育協議会から報告の依頼があり、さらに野地先生からも神戸市長田高校で授業をする谷崎潤一郎「陰影の美」(注1)の参考にしたいのでこの文章の指導計画がほしいとのことであった。さらに、大下学園国語科教育研究会の発表も控えていた。こうした重なりを「頭の中はてんやわんやである。誕生日どころの騒ぎではない。」(10月19日・日記)とぼやいている。この月の19日には36歳になった。

　野地先生の依頼については、私が実践したことをふまえてまとめ、時間も迫っているので、10月22日（金）にはできた。組合の教育研究集会は11月7日（日）にあり、「労働時間の考察」(注2)をした。これは1957（昭和32）年にした続編ともいうべきものである。さらに一週間後の11月14日（日）には広島大学国語国文学会で「論説文学習指導方法の類型」(注3)について報告した。そして、12月5日（日）には大下学園国語科教育研究会で「論説文を書く―共同批正による―」(注4)を報告した。これでこの年の発表は終わったわけである。「10月11月と、次々と発表があり、疲れた。しかもそれに加えて、旅行だ法事だと、日曜という日曜は全部つぶれた。われながらよくやってきたと思う。しかし、発表の方は粗くなっていることはいなみがたい事実である。」(12月10日・日記)と述べている。なお、旅行というのは、国語科で京都で開かれていたツタンカーメン展に行ったのであ

　　注1　「野地潤家先生に学びて」(野地潤家先生御退官記念事業会)によればこの授業は先生の58番目の研究授業であり、昭和40年11月2日に行われた・なお教材は三省堂「原題国語一」であった。私は昭和40年4月に扱っている。

　　注2　30　労働時価の考察―64年度におけるNの場合・1965年11月7日・広島県高等学校教職員組合教育研究集会第4分科会・後期中等教育の諸問題・広島国泰寺高校

　　注3　31　論説文学習学習指導方法の類型・1965年11月14日・広島大学国文学会国語教育協議会・広島大学

　　注4　32　論説文を書く―共同批正による―・1965年12月5日・第10回大下学園国語科教育研究会・祇園高校・同研究紀要10号

る。この時天竜寺と広隆寺へも行った。法事というのは、私の実父の33回忌を11月28日（日）にしたのである。

　2学期は忙しくてろくに読書はできなかった。ゲーテ「ウィルヘルム－マイステルの修業時代」を10月ごろから読みかけてやめていた。12月の中旬になって、これを読み続けている。さらに岡潔・小林秀雄対話集「人間の建設」を読んで、「知徳のある人にとっては専門であろうとなかろうと話がわかるものらしい。」（12月14日・日記）と感心している。忙しさにかまけてか日記も12月14日（水）から12月29日（木）まで空白である。

　1966（昭和41）年を迎え、新年の研究面での決意としては国語教育の底を流れるもの、基本的なものを勉強したいと思っている。「実践を動かす基本的な理論を自分の身につけたいのである。」（1月1日・日記）と言っている。さらに、「ともすれば、粗い仕事になりやすいのを気をつけたいと思う。」と続けて述べている。これはその前の年の反省から生まれたものであろう。

　1月13日（木）の午後、日本教職員組合の教育研究集会全国大会に参加するため福島市に行った。昨年の10月の県大会でのレポート「労働時間の考察」を持って、第20分科会「職場と行財政」の分科会に広島県高等学校教職員組合の提案者として参加することとなった。県大会での他のレポートがおざなりだったせいだと思いながら、参加した。芭蕉が泊まった飯坂ではあったが、芭蕉を思うこともなかった熱っぽい日々だった。

　2月に入り、津田左右吉「文学に現れたる国民思想の研究」を読みはじめる。この頃も月・水・金の週三日は国語教育関係のものを読み、他の日は好きなものを読んでいる。津田左右吉の「文学に……」は国語教育の日に読んでいる。一方の好きなものを読む日には、この頃はゲーテ「ウィルヘルム・マイステルの修業時代」を昨年暮れから読み続けている。

　3月になり、卒業式、期末考査、高校入試と例年通りの日程があった。3月3日（木）のロング・ホームルームの時間にこの一年間の感想、2年生を終わるに当たっての感想を書かせた。感想はホームルームの和について述べたものが多かった。よくまとまっていたといっているのであった。こ

の年はグループによりロング・ホームルームを運営した。その成果があったといえる。「53名がまとまるということはすばらしい」（3月10日・日記）と述べている。もう一つあげていたのは、社会的な視野の広がりを私から受け取ったといっていることである。ことさらに私が意識して指導したのではないが、大学受験とか学校の勉強とか以外に人生にはもっと大切なものがあるし、いろいろな生活をしている人がいることを、折りにふれて話したことを、鋭敏な生徒たちは受け取ったのだろうか。恵まれた一年間であった。この年のホームルームは、私のそれまで担任をしたホームルームの中では、恐らく最もよかった生徒の集団ではなかったかと思う。ただし、これから後に、私にとっては、厳しい状況の中での、すぐれたまとまりと行動を見せたホームルームが三つあるので、最高とは言いがたいようである。

　3月20日（月）には、高等師範学校時代の恩師である山根安太郎先生の退官謝恩会があった。この先生は在学中よりも卒業して年を経て、すぐれた人柄や、篤学であったことがわかった先生である。3月25日（土）から30日（木）まで修学旅行で関東方面に行った。昭和40年度記録集「筆影」によれば、2年375名引率12名とある。

17　うねる沖つ波が
（昭和41年度：1966年4月－1967年3月）

　1966（昭和41）年4月となり、私は思いがけず、教務部長になった。前年度までの部長だった沢井一男さんが教頭昇任で転出となったからである。私としては、3年生の担任となるつもりだったのに、部長は担任しない事になっているために担任はできなかった。30歳代で学校運営の要とされる教務部長になるとは思いもしなかったことである。「だんだん学校運営の面での仕事が増えて、生徒の中でのよろこびや悲しみを共にすることがむずかしくなる年となって行く。国語教育の鬼とならんと誓った者

にとってはまことに情けない限りである。ここのところで余程の覚悟が必要であると思う。なんといっても国語教育がわたしの中心である。これを抜きにしては教師のわたしはありえない。」（4月3日・日記）と、一つの岐路に立つ者としての気持ちを述べている。この年度は国語教育研究会の地区と県の理事をしていた。

　この年度の担当教科は、現代国語2年・3単位・2組・6時間、現代国語3年・2単位・2組・4時間、古典乙Ⅰ1年・3単位・3組・9時間、計19時間である。

　4月も半ばからはやっと空きの時間に教材研究ができるようになった。この頃、私は国語教育の実践をいかにして「研究」にまで高めるかを思っている。「実践者としてはわたしなりに苦しみ、考えもしてやってきたが、研究ということばを安易に使いすぎていて、その実、研究なんてものは何もなかったのではないかと思っている。」（4月15日・日記）と言っている。この反省はこれからずっと私にまつわりつく思いである。

　6月になると山根安太郎先生の「国語教育史研究」（溝本積善館発行・昭和41年3月）を読み終えた。「全く知らなかった分野のことなので、興味深かった。」（6月4日・日記）と述べている。このところ国語教育関係の書物を続けて読んでいたので、また実践研究に戻ることを考えている。しかし、主題が決まらずもがいている。さらに、7月に入ると、文学教育が盛んに論議されている状況の中で、私自身は「はっきりしたものがでない」（7月6日・日記）そらぞらしさを感じ、論説文に対して「ひとりで道を開くに近い感じがする」高等学校の論説文だと述べている。

　6月18日（土）には交通安全中学生話し方大会の審査員をした。三原高校の隣にある市立三原第三中学校で行われた。昨年のように自分で評価基準を作り審査に臨んだ。

　7月に入ると、教務部の仕事の中では気を使うものの一つである教科書の採択申請で時間をつぶしている。教科書採択説明会にはじまり、申請書の提出終了まで、指導日誌に記入している時間数は説明会の出張を除いても10時間ぐらいになる。申請を提出し、県教委から何もいってこなくて

やれやれと思うと夏休みである。

　7月31日（日）の夜行「あき」で東京へ行った。実践国語教育研究大会に出席した。この会の中央大会は初めてであった。この年の大会テーマは学習指導要領の改善であった。第一日8月1日（月）には岩渕悦太郎氏の講演「国語愛と国語研究」を聞いた。二日目8月2日（火）は午前が全体討議「教育課程の建設的批判」、午後は私は読解の分科会に出た。ここで「聞くものにわかるように研究発表することはきわめてむずかしいこと」（8月2日・日誌）と感じ、発表者に実践者としての問題把握が明確でないのではとも思っている。この会の最後に西尾実氏の講演「国語教育への道」があった。話し合いの学習の必要性と目的を意識した作文教育の必要性であった。「しっかりした構成であったがいたいたしい。」（8月2日・日誌）とあるのは、西尾先生は目がかなり見えなかったのである。会が終了して、野地先生と好学社に行き、私の教材研究のカードを見せた。指導書の新しい編集への示唆だったのだろう。その晩もやはり山の上ホテルに泊まり、翌日、塩原温泉に行き泊まった。そして、五十里湖・鬼怒川を経て、東京に出、夜行の「あき」で8月5日（金）の朝尾道に帰った。

　この後、8月7日（日）が広島大学教育学部光葉会国語教育学会、11日（木）・12日（金）が県教委の教育課程研究集会と続いた。こうした中で、「実践のきびしさに打たれるといったたぐいのものが少ない。これだけはいわずにおれないというものから生まれたものが少ない。」（8月12日・日記）と述べている。この頃の私は私自身に対してきびしいものを求めていたので、他の人にもこうしたきびしい言い方をしたのだろう。しかし、夏休みの三つの国語教育の研究会に、傍聴者・最年長会員・司会とそれぞれ違った立場で出席したことも、私の勉強になっている。

　この後は珍しく、私ごとの行事で一週間ばかりを過ごしている。

　8月27日（土）には職員旅行で岡山県湯原温泉に行った。

　2学期となり学校はあまり変化もなく過ぎていった。10月頃の学習指導で、作文の単元を2年生で扱い、「高等学校としての目標をどこにおき、各学年にどうそれをおろしていくかが問題となる。」（10月8日・指導日誌）

と根本的な指導目標を模索している。作文の模索は、論説文の指導とむすびつきながら生まれたものだと私は考えている。さらに、この頃、考査の問題についても、「学習とテストが結びつかない。これでは生徒もどう勉強していいかわからないのも無理もないと思う。」(10月18日・指導日誌)と述べている。こうした問題意識が、翌年・翌々年の実践研究・実践報告につながっていく。もちろんこの時にはそんなことは考えてはいない。

　10月10日は新しい祝日となった。体育の日である。9日が日曜日なので連休だった。この頃は、段落のはたらきの型という「とてつもないものにとりついたため苦労している。わからないことが多い。どうも根本は読解の過程がちゃんとしていないのではないかと思う。またしても理論の不足か。」(10月15日・日誌)とぼやいている。

　私の37歳の誕生日が10月19日(木)である。その日から二日後、10月21日(土)国語科の旅行で城崎温泉に行って泊まった。そして翌日、日和山・玄武洞へ行った。城崎を昼ごろに出て、姫路城を見た後、帰った。志賀直哉の「城の崎にて」を意識して旅行したのだろうが、志賀直哉よりも、玄武洞における自然の制作の美しさ、姫路城の建築の美しさなどに驚いている。

　11月になり、学校が冬時間で運営されるので、朝少し遅く家を出るようになった。冬時間の間はラジオの英会話を聞くことにしていた。一方、実践研究の方は、広島県教育究会の原稿を書いている。この当時は、それまでの各教科ごとの研究会がまとめられて、広島県教育研究会教科部会になっていた。聞くところによると、助成金をもらうためのようであった。この機関誌に当たるものに高校国語科として私が書くように県教育委員会の柳川指導主事からいわれ、「論説文読解指導の一方法―問題作成を中心とするグループ学習」(注1)と題して書いた。

　　注1　33　論説文読解の一方法―問題作成を中心とするグループ学習―・1966年11月13日作成・広島県教育研究会広島県教育資料。個人研究特集号(広島県教育研究会)・1966・NO6

12月4日（日）には大下学園国語科教育研究会があり、大村はま先生の還暦を祝う研究会でもあった。すでに原稿化してあった「論説文強材材における段落のはたらきの型」を発表する。還暦を迎えられた大村はま先生は例年のように来られた。一人の実践者が還暦を祝う研究会をしてもらうことは、そうあるものではない。

　12月27日（火）に野地先生に指導してもらっている読書会二七会の忘年会に出席する。

　1967（昭和42）年の新年を迎えて、岩波書店の日本古典文学大系（全66巻）を第1巻から読むことを決意した。「どこまで自分のものになるかわからないが、日本人として、さらに日本語の生活者として、高校国語教育の実践者として、やらなければならないことである。」（1月2日・日記）といっている。またこの日には、「国語教育の実践は、とりあげる対象や、研究の結果はともかく、過程は孤独の道である。誰が相手でもない。自己を生かすための戦いである。」とも書いている。年齢の上から見ても若さを越える年となったのであろう。

　3学期の始業式には例年と違って、始業式関係の行事を3限までして、4限からは授業をした。「生まれてはじめてのことであるが、どういうこともない。」（1月9日・指導日誌）とはいっている。授業重視、進学体制の強化であろう。

　1月末、3年生の最後の授業で、教室での最後のことばを言った時、気づいたことがあった。それは、「今のわたしにはもう一度、若いときをくりかえそうという気、いいかえてみれば、青春を別の道でもう一度たどってみたいという気がほとんどないということである。」（1月25日・日記）と気づき、国語教育に生きることに悔いを感じていないことがわかった。こうした思いも若さを越えた年の安定であろう。そして、実践研究の面で

注2　34　論説文教材に＠おける段落のはたらきの型・1966年9月23日・大下学園国語科教育研究会・研究紀要11・11回研究会・1966・12・4、好学社版「現代原題一〜三」に所収された論説文の分析

は、「作文だとか、古文だとか、論説文以外にもいいたいことがある。感動的に研究の発想をつかむということが研究に許されるかどうかわからないが、いいたいことをいうことも、それだけ意識が強いのだからいいのではないかと思う。」(2月3日・日記)とあり、国語教育実践者として内面からも転換期にさしかかっていることがうかがえる。

　この年頭から岩波古典体系の「古事記祝詞」を読み始めている。古事記については、「退屈とおもしろさとがいりまじっている。」(1月20日・日記)と述べている。祝詞については「その流動することばがよく伝わってくる。」とか、「現代語はひどくうすっぺらな感じがする。」(いずれも2月1日・日記)といっている。教材研究のために、宿直の晩に岩波の古典体系の「万葉集」の解説を読み、「万葉に対する興味がわいてくる。」(1月17日・指導日誌)とも書いている。古典を受け入れる心の構えができている年齢になっていたというべきか。一方では、文語文法について「力がないと思う。少し深く考えればすぐぼろがでる。」(2月2日・指導日誌)などと嘆いている。大学入試問題の古文の分析も2月から3月にかけて、折々にしている。

　2月11日(土)は新しい祝日として建国記念の日が設定された。

　この頃に、「わたしの仕事にほんとうに真剣にとりくんでいるか。命を賭けるということが、口先だけでなくて、身体の上でも行われているか。はなはだこころもとないものである。」(2月25日・日記)とか、中学校の同窓会に出ても、「ありがたく思うのは人をうらやむ気持ちがなくなっていることである。」(2月26日・日記)とか述べている。これらのとらえ方は私がこの頃若い年齢を抜け出していたことを示すものであろう。

　3月1日(水)は例年通り卒業式であった。この卒業した生徒は、三原地区の総合選抜制度がなくなって初めての学年であったし、私が1年生・2学生と担任した学年で、3年生も当然担任をするつもりであったのが、校務の都合ではずれた学年であった。私としては、「やりがいのある学年であったと思う。心中するつもりであったので、心中しそこなったのはいかにも残念である。」(3月1日・日記)といっている。進学の上での成果が

期待された学年であったが、それほどでもなかった。

　岩波書店の日本古典文学体系を読むことは、3月初めが「風土記」、続いて「古代歌謡集」となっている。それぞれ私としてはいろいろ発見や興味の触発があっておもしろく読んでいる。実践研究の方は文章の論理の展開を考えようとしている。ところが手がかりになる参考文献がなくて、「どうもわたしのやることは、文献がないのか、横着でみつけないのか、ひとりであれこれ考えなければならないことが多い。」(3月9日・日記)とこぼしている。

　大学合格者が期待外れであったことで、来年度から能力別学級編成の実施が職員会議で提案された。私は能力別学級編成に反対であったが、阻止できなかった。私の優柔不断を感じた。また、補習授業も春休みにするようになった。私は進学の成績が悪かったのは、教育の専門家らしからぬ誤りを犯したところから起こっているので、能力別編成ではこれを正すことはできないと考えていた。それを、職員会議でうまく言えなかったのである。

　あれやこれや悩みながらも、「国語教育の道はすばらしいと思うのである。そこには開くべき多くの道があり、伸ばすべき多くの生徒がある。教室の中でよろこびも悲しみもしずめて行くこと、これがわたしの願いである。」(3月31日・日記)といっているように、すでに国語教育によって生かされようとしている私の姿がみられる。

18　波にゆさぶられ
(昭和42年度：1967年4月－1968年3月)

　「新しい年度がはじまる。この年度は人事異動をもってはじまる。教頭、補導部長の転任、保健部長の退職と頭が3つなくなった。」(4月3日・日記)といっている。私の年齢は30代後半であった。教員生活18年目になっていた。

この1967（昭和42）年度の担当教科は、現代国語2年・3単位・2組・6時間、現代国語3年・2単位・3組・6時間、古典乙Ⅰ1年・3単位・2組・6時間である。計18時間であった。「今年の国語学習のねらい─文章（教材）を自分で問題を発見して読む─」（4月11日・日記）と述べている。「自分」とは学習者のことであり、自立する学習を目指したものであろう。また、この年は昨年度に引き続き私は教務部長であったため、ホームルーム担任はなかった。教務部長二年目となると慣れてきて、あまり負担に感じなくなっている。

　やはり私の中心となる思いは国語教育にあった。この年の秋には、広島県国語教育連盟の大会が三原市で開かれることがすでに決まっていた。この大会に、私が研究授業をすることになった。現代国語2年の単元「作文」で志賀直哉「朝顔」を扱うことにした。志賀直哉の文章を読解でなく、作文の教材としてとりあげる事を考えた。

　この年度の「指導日誌」には教材研究があまりはかどらないことを時々述べている。慣れがある一面、それに対する警戒心・不安とが入り混じったものであろう。

　5月頃には「万葉集」（岩波古典大系）を読んでいる。「万葉の人たちを実に身近に感じる。」（5月5日・日記）と、万葉集の持っている率直さ、時代を越える人々の声の響きの大きさとでもいったものに感動している。

　6月15日（木）の夜行急行「あき」で上京した。日本文学協会の総会に参加するためである。17日（土）が日本文学協会の国語教育の部「国語教育における構想力の問題」であり、18日（日）が文学の部「物語文学における研究方法」「近代文学における研究方法」であった。この在京中に帝劇で「風と共に去りぬ」を見て、舞台装置の大掛かりなことに肝をつぶし、5時間の上演時間を退屈せずに過ごした。18日の晩、東京を夜行特急「あさかぜ」で離れ、朝尾道に帰ると、すぐさま食事をして、学校へ行った。

　この頃、生徒への愛情について、「悪い人間はいないのだという確信に支えられて接する」教師の態度と、「国や社会に役立つ可能性を無限に持っている」未来価値の認識と、「可能性をひきだせるにあたいする学習指導

をする」（6月8日・日記）技術を考えている。

　7月に入ると、岩波の古典大系の方は「竹取物語・伊勢物語・大和物語」になっている。

　7月10日（月）は豪雨による被害の大きさから学校は休校になった。12日（水）にはオーバーヘッドプロゼクターの講習会が校内であり、参加した。しかし、この機器は授業ではほとんど使うこともなく過ぎた。

　夏休みとなった。大学進学の補習授業が7月に7日間あった。8月1日（火）から5日（土）までは修学旅行で信州方面に行っている。生徒の数が多いので、学年を二つに分けて、同じ行程をめぐった。私は早立ちの8月1日（火）出発に付き添った。8月1日14時56分に三原を出て、車中泊をし、熱海に早朝4時に着き旅館で休憩の後、朝7時には出発して、箱根越えをし、山中湖、河口湖と甲府を経て、茅野から白樺湖観光ホテルまで行って泊まった。3日（木）は大門峠を通り、小諸懐古園から鬼の押し出しを経て、万座温泉で泊まった。海抜1800メートルを吹く風は夏を忘れた。8月4日（金）は白根山に行き、草津を通り、前橋を経て東京へ出る。そして東京タワーの展望台に上り、夜景を見た。東京を20時50分に乗り、三原には5日の11時56分に着いた。この修学旅行後、文集「山路」（A5版・62ページ）が作られた。私も「修学旅行について」の随想を書いた。

　8月11日（金）には広島高等師範学校の国語科のクラス会が広島の「酔心」であった。

　8月12日（土）・13日（日）は広島大学教育学部光葉会国語教育学会であった。実践報告や研究をする人が次々と出てくる中で、「発表した後の空しさを感じている人に対して何かひとことはげましてあげるのが、年長者の役目」（8月12日・日記）だと感じながら、なかなかそれができないことを思っている。

　8月17日（木）には職員旅行で神戸方面に行った。神戸の海の汚さに驚いている。有馬温泉に泊まる。翌日、解散後大阪に出て、妻子と落ちあって、奈良に泊まって、大阪から特急「第2しおかぜ」で帰った。すでに大阪・尾道間は3時間あまりの距離になっていた。

読書会の二七会の合宿が8月24日（木）・25日（金）広島市郊外の湯の山温泉であった。この頃学校の忙しさもあり、この会への出席は昨年の12月以来のことであった。しかし、久しぶりに出ても、違和感はなかった。一つの発表に30分以上も質疑・意見を交わすのは発表した者も聞いた者も発表内容が身につくと改めて思った。さらにこの会で、「いそがしいのを恐れてはいけない」（8月25日）を感じている。
　9月に入り、学校の方はあまり変化もなく過ぎていった。この頃読み進めていた「宇津保物語」について、なかなかのみ込めないことを嘆いている。その原因は人物の押さえが足らないと考えている。古典を読む場合に人物を押さえながら読むことの重要さを感じているのである。
　9月28日（木）の夜行で上京した。第20回全日本国語教育研究協議会に参加したのである。この年は学習指導要領改訂を念頭において大会の運営がなされたようである。「中学・高校では古典教育をどうするかが問題になったのも特徴的に思える。」（9月29日・日記）という会であった。二日目は問題別分科会で作文部会に出た。そして、会が終了してから、大村はま先生の招待で、芸術座の「華岡青洲の妻」を見た。野地先生について行ったおかげである。
　10月1日（日）の朝7時の新幹線で東京をたち、新大阪で乗り換えて、14時に三原に帰り運動会に出た。そして、反省会にもつき合い、夜8時過ぎに家に帰った。
　なおこの年は記録的な日照りであった。7月には豪雨があったのだが、それ以後雨は降らなかった。またこの頃に、日本教職員組合の一斉休暇闘争が企図されていた。授業の一時間目が切り捨てである。このことについて悩んでいた。この頃の私の考え方は「生きるよりどころを自分の手で捨て去ることはしたくない」（10月10日・日記）点で、一斉休暇、ストライキには反対であった。10月26日（木）が教職員組合の統一行動の日であった。三原高校分会では、21名が朝30分の休暇に突入した。分会が半分に割れた状態であった。参加はしなかったが、後味は悪かった。
　11月1日（水）は広島県国語教育連盟の国語教育研究大会である。約一

年間頭にあったことの総決算の日であった。私が研究授業としてとり上げたのは、志賀直哉「朝顔」(注1)であった。現代国語２年の単元「作文」の一部であり、読解でなくて、文章を書く基礎としての叙述面の指導をした。この授業は最後に間違いを言ってしまうという失敗があったが、私としては作文指導に新しい方法を持ち込むことができたと思っている。なお、この学年はいわゆる能力別学級編成をしていて、私は選抜された組も担当していたが、あえて学習成績の普通の組を研究授業に使った。「どうやらすんだ。考えてみれば、『朝顔』のとらえ方はずいぶん気負っていたと思う。」(11月1日・指導日誌)とも反省している。しかし、時間が経ってみると、この研究授業は私にとって後の作文指導の根幹となる意義を持ったようである。またこの単元だけで見ても、「現Ⅱ作文どれもよくできている。」(11月22日・指導日誌)と言っている成果がみられた。さらに、この実践を中心として、三原高校の研究紀要に「作文指導の問題点―67年度の実践と反省―」(注2)をまとめた。

11月に入ると、大下学園の国語科教育研究会の準備にかかっている。ここでの発表は秋の研究授業の流れに沿うものであり、ある一人の学習者の作文を追って個体の書くことの成長を見てみようというものであった。個人の作文を通して私の学習指導をみようとした。とても手に負えるものではないと思いながら、討ち死に覚悟でやろうとした。これが12月3日(日)の大下学園祇園高校で、報告した「単元『作文』の学習指導―Kの作文」(注3)である。一方本年度末の3月に出る「三原高校研究紀要」には、秋の研究授業「朝顔」の学習指導のあらましを載せることになった。

この頃の私の国語教育実践は今にして思えば一つの転換期にさしかかっていたといえるようである。自分の実践をとらえる視野が広くなったので

注1　35　現代国語二「朝顔」―単元「作文」学習指導・1967年11月1日・広島県国語教育連盟国語教育研究大会高校部会での研究発表・三原高校・2年3組
注2　37　作文指導の問題点―67年度の実践と反省・1968年5月刊行・三原高校研究紀要
注3　36　単元「作文」の学習指導―Kの作文を中心として―・1967年12月3日・第12回大下学園国語科教育研究会・祇園高校・同研究紀要13号

ある。「現代国語に対する生徒の不満や疑問とどう対決し、どう道をきりひらいていくか」（11月28日・日記）がたえず胸につかえていたのもこの頃である。

　また、この時期には学校では生徒指導の問題、教職員組合の統一行動後の団結の問題、同和教育の進展など、それまで余り強く意識に上らなかったことが、「どこまでわたしに関係し、また力を注げるかよくわからないが、圧迫感だけは疑いをいれない」（12月8日・日記）と私に感じさせる問題が起こっている。敗戦後20年余り経過し、生活は豊かになったが、生徒の非行の様変わり、権利意識の拡大、人権の主張と、古さを引きずっている者の意識を揺さぶる時期にさしかかっていた。大学では授業料値上げのストライキがすでにしばしば行われていた。

　12月14日（木）に三原二中・15日に三原三中と高校説明会に出る。大学進学を目指す高校として説明に終始した感じがあったし、聞いていた生徒もそう感じたらしく、入学後私ににそのことを言った生徒もいた。

　年も暮れたのであるが、「国語教師としては迷いの年であった。」（12月31日・日記）と述べている。この年度が論説文でなく、作文をとり上げ、しかも「確信のもてないままのもの」（同上）であったからである。国語教師だけではなくて、教師としての生き方の根底を問われる時期にさしかかっていたといえる。38歳という年齢もそうであるし、社会情勢の変化の上でもそうであった。

　1968（昭和43）年の年頭の決意として「現代国語の教育性の追求」をあげている。考えていることは「現代国語」いう教科目から「国語教育の名に価するものをはっきりととりださなければならない。」（1月1日・日記）ことである。もう一つ岩波の古典大系を読み進めることもあげている。我が家を建てることも決意している。大下学園国語科教育研究会の原稿を1月の半ばから書いている。発表したものを原稿にしているのである。ここの研究会は必ず紀要の形で報告を遺すのである。

　1月22日（月）には、三原第一中学校で三原高校の紹介を入試説明会でした。この年度の現代国語2年で6月ごろ扱った「説明・主張」の実演と

思って話した。1月末からは「国語教材研究講座」（全三巻・有精堂・昭和42年9月発行）の第一巻を読み始めた。第一巻は小説であった。「執筆者の教育に対する姿勢がさまざまだということがいえる」（1月25日・日記）といい、「形となってあらわれたもの、文章はこわいものだと思う。何枚かの文章に生き方が見えるのである。」（同上）ともいっている。さらに私自身の書くことを振り返って自戒している。

　1月29日（月）で3年生の授業が終わった。3年の授業がなくなったことからくる気持ちのゆとりからか、「何かまとまった仕事をしたいと思うことしきり。」（2月4日・日記）と述べ、「すっきりとした形のものをもとめなければならない。」（同上）ともいっている。しかし、具体的にはとらえることができずにいる。「国語教材研究講座」（一巻）をどうやら読み終えて、小説の教材研究や学習指導のもやもやが大分はっきりしていたものの、「まだ形にならない。」（2月13日）といっている。こうしたことからみても、この時期は私にとって、国語教育に対するとらえ方が転換した時だったといえるかもしれない。がむしゃらに突き進んだ時期と違って自分の国語教育観を求めていたのであろう。今から考えてみれば、この「もやもや」があったことが、この後の高校紛争・同和教育の進展の中で、国語教育にすがりながらどうやら私が切り抜けられてきたのかと思う。

　2月24日（土）25日（日）と国語科の旅行で京都に行った。明治維新の史蹟めぐりの観光バスに乗った。明治百年を記念しての観光バスだったのであろう。

　3月1日（金）に卒業式。卒業した生徒については何も書きつけていないところをみると、あまり感慨もなかったらしい。授業がなくなっても忙しい日が続いた。なお3月3日（日）には尾道大橋が開通した。この時にはまだ、尾道大橋の近くに住むことになるとは思っていなかった。

　3月13日（水）・3月14日（木）は高校入試の学力検査の日であった。この年の志願者は、全員合格であった。入学後何かにつけて、「全員入学」といわれて、傷つけられた思いになった入学生である。

　3月23日（土）に広島平和記念館で北岡さんの送別会があった。二七会

の設立者の一人であり、広島大学教育学部から大学院教育学研究科教育学専攻の最初の入学生であった。大下学園に勤めていた人である。鳥取大学に赴任となった。

19　変革の渦中で
（昭和43年度：1968年4月－1969年3月）

　4月3日（水）に昭和43年度第一回の職員会議があった。今年度も教務部長である。したがって、ホームルーム担任はない。三年間担任が外れることとなる。私の年では望ましいことではないがやむをえない。
　クラブ活動では文化部の文芸部の部長・新聞部の副部長ということであったが、ほとんどなにもしていない。
　本年度の私の担当教科は現代国語2年（甲型のみ）3単位・3時間、現代国語3年・2単位・4組の8時間、古典乙Ⅰの2年・4単位・2組の8時間であった。合計19時間である。「それぞれの科目の大きな目標をきめ、それを達成できるよう努力したい。」（4月7日・日記）と述べている。なお甲型というのは昭和38年度から家政科が廃止となり、それに変わる受け皿として普通科に家政型が設置された。それを甲型と名付け従来の普通科を乙型と名付けた。この女子だけの学級が広島県東部では校内差別の対象として、高校紛争の火種となった。
　国語科の会合は、火曜日の3限であった。ただし、この年は1学期の場合15週中、8回位しか集まっていない。2学期以降は時間割変更で、土曜日4限となった。2学期に7回、3学期に6回集まっている。内容は教材研究もあるが、同和研修などもある。
　4月13日（土）・14（日）と新入生集団合宿訓練について行く。瀬戸内海ヘルスセンター（現福山市沼隈町）で行われた。私は教務部長として、教育課程関係の説明をした。
　三原高校を含めた周囲の教育情勢は激動の時代を感じさせるものであっ

た。ちょうど明治100年に当たっている年であり、「明治的なものは100年続いて今消えようとしているのだ。」（5月1日・日記）といい、「民主主義とか民主的とかいうことばだけが存在して、実態はなくなっているのではないか。」（5月4日・日記）ともいっている。さらに全国的な情勢としては大学紛争が激しさを増していた。教職員組合ではこの頃、超過勤務拒否や、土曜・日曜の生徒引率拒否の闘争が行われていた。さらに、広島県で行われる全国高校総合体育大会役員拒否もこれらとからめて行われた。そうした情勢の中で、「いったい本気で教育を考え、実践したものの発想で、あろうか。」（5月15日・日記）とぼやいている。

　6月19日（水）には部落解放同盟の手で行われた尾道地区の高校校長交渉に組合から動員されて出席し、「あまりのひどさにおどろく。」（6月19日・日記）と書いている。7月には高校総体の拒否闘争は中止となり、土・日の生徒引率拒否も中止となった。

　5月末に広島大学教育学部光葉会国語教育学会で研究発表をすることを決めている。「現代国語なる科目で国語教育の名に値することは何か」を明確にとらえたいと思っていた。「いいたくてたまらないこと、いわなければならないこと、いわずにはおれないこと」（5月31日・日記）から生まれたものである。毎日の読書の方は、岩波古典大系が「落窪物語・堤中納言物語」に入っている。13巻目である。

　「長い重く苦しい一学期もやっと終わった。こういう学期も珍しい。」（7月20日・日記）といい、「会議にあけ、会議にくれた一学期である。」（同上）ともいっている。6月後半から職員会議・同和職員会議・組合会議などが増えている。なお、7月19日（金）には、校舎改築のため、職員室を移転した。

　夏休みに入り、全国高校総合体育大会は開催された。三原高校ではソフトボールがあった。このため、補習授業がないので気分が楽であった。尾道市山波町に家を建てる土地の購入契約をしたのもこの夏休みであった。長い時間探し廻ってやっと見つかった。

　8月11日（日）広島大学教育学部光葉会国語教育学会で「現代国語の性(注1)

格─実践の立場からとらえた─」を報告した。教育学部の教授で、教室主任であった清水文雄先生から「感動した。」とほめことばをいただいた。「わたしの生き方をつきつめたところから生まれたものだから、そこに人の生につながるものがあるのだろう。」(8月13日・日記)と清水先生の感動の源を探っている。この報告は私にとって忘れがたいものの一つとなった。

　この夏休みは7時間授業をしていた時間割を6時間授業に変更するという異例の事態があった。同和教育の観点からの変更であった。夏休み前半は教育課程変更のために校内の教育課程委員会を開き、後半は時間割作成で時間をつぶした。こうしたせいか、日記もろくにつけていない。神戸方面に一泊二日の家族旅行をしているのだが、記録はない。

　2学期になり、授業は一日が6時間授業になった。部落解放研究部(部落研と呼ばれ、後に解放研とも呼ばれる)の活動保障のためであった。年度の中途で教育課程を変更することに対して行政も現場も従った。私自身の担当時間でいえば、1学期は2年の古典が4単位であったのが、2学期から3単位となった。19時間あった持ち時間が17時間に減った。「放課後にゆとりがある。」(9月2日・日誌)とは述べている。

　社会情勢の動きは激しく、いやでも応でも政治について考えざるを得ない時期であった。その中で「政治の本心をつかみたい。」(9月16日・日記)と考えたり、国語教育以外のの分野、例えば文学研究とか、「日本の心」を探る道はないかと思ってたりもしている。これは逃避的な方向であろう。この頃岩波の古典文学大系は「源氏物語」を読んでいる。

　10月1日(火)には「広島県立三原高等学校」と校名が変更になった。それまでは、「立」がなかったのである。私立と公立の区別がわかるようになったのである。

　10月8日(金)は日本教職員組合の統一行動(ストライキ)の日であり、

注1　38 「現代国語」の性格─実践の立場からとらえた─・第九回広島大学教育学部国語教育学部光葉会国語教育学会・1968年8月11日・〈高校国語科教育の実践課題・Ⅰの一〉

三原高校分会でも全日制は23名参加で17名が不参加、2名が病気や不明ということであった。私はこの時は迷わずに不参加を表明した。
　10月14日（月）に山波町に土地を購入した支払いをした。初めて手にしたわが土地は、50坪ながら広く見えた。23日（水）には、明治百年祭のために、午後から特別有休休暇があった。明治百年を祭りにしてしまうと、「大平洋戦争をどこかへ埋めてしまう危険がある。」（10月23日・日記）と感じた。明治百年はともかく、私はすでに10月19日には39歳になっていた。仕事をしなければならないと考えた。「論説文の論旨展開の型」「古典の学習指導で考えなければならないこと」「作文設定の考察」など頭にあった。
　11月7日（木）に同和教育研修会が校内であった。その時、「秘密会議」だからどんなことを発言してもよいということであった。そこで、ある教諭が日ごろから苦々しく思っていた外部団体の学校教育への干渉について発言した。ところがその発言がこの会に講師として来ていたある中学教諭を逆上させ、関係団体に差別発言として提起した。それから何か月かは点検学習会と称する糾弾の会のための総括の資料作りで、放課後は会議の連続となる。「点検」とか「総括」とかいう無機質なことばが人間の解放をめざす運動の中でしきりに使われた時期である。
　12月8日（日）は、日曜日にもかかわらず、点検学習会があった。動員者約300名と向かい合うように、学校長、教頭以下、校務分掌の各部の部長は前に並べられた。私も教務部長として前に並んだ。
　大学紛争は激しさを増し、また、沖縄の首長選挙では革新系の屋良さんが選ばれた。広島県は同和教育運動のうねりが殊に強く高まっていた。校内は校内でお互いの意識を探り合うような毎日であった。こうした騒然とした中で2学期は終わろうとしていた。私はさすがにこの年の大下学園国語科教育研究会には発表できなかった。12月も中旬になってやっと朝起きて勉強するまともな日常生活にもどった。12月22日（日）は読書会二七会の忘年会であり、24日（火）は三原高校の忘年会であった。どちらも、いつもの年とは話題が違っていた。殊に学校の方は、「差別事件」を

抱えての年越しだけに歌一つ出ない忘年会であった。こうした中で、「たえず対象に本気でぶっかっているかぎり、わたしは若いはずである。」（12月30日・日記）と自分を励ましている。こうした思いが、これから起こるできごとを、「第二の青春」ととらえることとなった。

　新しい年1969（昭和44）年の決意として、「たいへんな時代であればあるだけ、わたしは強く生きなければならない。どうしても生きなければならない。」（1月2日・日記）といい、また、国語教育については、「はいながらでも前に進まねばならぬ。」と述べ、読書に関しては、「古典を読みつづけ、日本人のこころをくみとらねばならぬ。」と述べている。さらに家を建てることにも触れている。この年は内外ともに多難の年であることを私私自身も予期していた。この年の年賀状には、「きのうの苦しみを／きょうの思索で洗い／あすのよろこびとする」を印刷していた。負を正にしていく覚悟を述べたものである。

　3学期が始まり、土曜日以外は毎日会議であった。昨年から引き続いての同和教育をめぐる会議である。会議は1月21日（火）の点検学習会までずっと続いた。この頃、東京大学の紛争は安田講堂を占拠していた400名あまりの学生を機動隊が排除したことで一応のけりがついた。これに対して、「なんともわりきれぬ気持ちである。革命の前夜のようにも思える。しかし、あれだけがんこに抵抗し、歴史、しかも自分の学んでいる学校の歴史をぶちこわす源の力はいったいなんであろうか。」（1月19日・日記）と疑問を感じている。

　1月21日（火）には部落解放同盟・広島県東部同和教育推進者協議会・三原民主同盟による三原高校の「点検学習会」があった。午後4時から7時までであった。三原高校の学校長以下校務分掌の部長が三原高校体育館の舞台を背にして並び、それと向き合って上記三団体の中核となる人々が並んだ。その背後には12月と同じぐらいの約300名の動員された人々がいた。この日「点検」を受け「学習」の対象となったのは、学校長でも、教頭でもなく、平教員の私だった。教務部長というよりも、かつて組合で地区の文化部長をしたり、教育研究集会の全国大会に参加した活動歴がねら

われたのであろう。そうしたことをとりあげて、答え方が「学習」不十分ということで集中攻撃を受けた。この時、参会者の一人だった同僚は足がふるえたと、会が済んでしばらく経った時に、ひそかに私に言った。この会で私にわかったことは、部落解放を推進しようとする人々が、意識改革の目標を教育行政の末端と見なされている校長・教頭でなく、直接生徒に接する一般教職員に向けて、その集団の核とみなされた私がねらわれたらしいことであった。私は、私個人の過去の活動歴のようなものがとりあげられ、なじられる時に、そのことを感じた。そして、私は今までもまた今後も、職場の誰かによって監視され、どこかへ報告されるかもしれないと思った。この会は私にとって、初めての、そして終わりの経験であった。今にして思えば私の教員生活の分岐点だったようである。私を「点検」した何人かはその後校長になった。私にとってこの時の恐怖感のようなものは、その後の行動を臆病にした。

　会の済んだ後もやはり総括のため毎日会議であった。校務分掌の各部の総括をした。会議は発言が少なかった。

　こうした忙しさに紛れて、勉強もあまりできなかったらしく、2月15日に「久しぶりに朝5時前に起きる。」（2月15日・日記）と記述があるが、この朝も、6時25分のラジオの英語会話が始まるまで、教務部の総括に手を入れている。この頃岩波の古典大系は「源氏物語」の四巻目になっていた。また、昨年の8月に広島大学教育学部光葉会で発表した「現代国語の性格」を原稿化している。「研究紀要」に載せるためである。しかしこの紀要は出なかった。

　教職員組合の闘争も激しさを増していた。対校長交渉とか、反弾圧闘争というストライキ処分の抗議行動とか、そして、これと関連して高校入試の業務拒否の闘争とかあった。また、3月1日の卒業式には広島県下の数校でゴタゴタが起こった。大学紛争が高校段階にまで波及していた。

　高校入試は始まった。しかし、入試事務引き伸ばし闘争があり、さらに、国語の高校入試問題が同和教育の観点からみて適切でないということで闘争の激しさを加えた。加藤周一「羊の歌」からの出題であった。文章の一

部を切り取り、問題文とすることで筆者の意図とは反対の思考を示すことになり、その部分が一人歩きをしたといえる。ある現場の教職員から問題性を指摘され、県全体に広がりを見た。この問題の採点は各高校の同和教育に対する姿勢の踏み絵になった。採点拒否をすると入試事務が遅れる、しないと総括をすることとなる。三原高校の場合、組合の意志で採点拒否となった。採点は県教育委員会の関係者が教育事務所に集まってした後、集計・合否判定の資料も管理者で作り、予定通り合格発表をした。いってみれば、組合が県教委に押しきられた形となった。受験者のことを考えると当然である。こうして、3月20日にやっと終業式を終えた。「この一年間の長かったこと。」（3月20日・日記）とか、「迷いに迷った一年である。わたしにしかできない実験をはじめた年である。」（同）とか言っている。

3月28日（金）は午前中に尾道三原地区国語教育研究会があり、国語入試問題の話し合いをした。差別性の有無については対立したままであった。午後は私の人生の師であるA師の告別式であった、告別式が済むと、住井すえ原作の映画「端のない川」を見た。生徒に見せるためである。

この翌日、県教育委員会から呼び出しがあり、国語の指導主事の話があった。国語の高校入試問題の件で、現指導主事が責任を取らされたのである。国語の入試問題に対して採点拒否をしていたこと、国語教育の実践者として生きる覚悟をすること、さらに、家を建てる契約をし、地鎮祭をするばかりになっていることなどを考えて、断った。自分で管理職への道を絶ったといえる。この選択は辛かった。周りの人から笑われたり、あきれられたり、感心されたり、さまざまであった。

20　もう一度青春が
（昭和44年度：1969年4月－1970年3月）

　昭和44年度（1969年度）が始まった。いろいろの意味において私の新しい出発の年度であった。そして、後から考えると、私の教師生活を凝縮し

たような一年でもあった。

　学校長が山田誠一校長から空本敏三校長に変わった。山田校長とは同和教育の点検に備えての総括作業で深夜にタクシーに同乗して何日か帰った記憶が強く残った。

　この年度は1年2組の担任になった。男子25名女子20名であった。教務部長をやめホームルーム担任となった。1学年の学年主任でもあった。三年間担任から離れていたのだが、あまり不安はなかった、生徒の中に入っていける喜びの方が強かった。教員生活の前半は終わっていた。「峠は越したといえるかもしれない。だからこそ若さをもたねばならぬ。熟達者とか熟練者とかいったことばにゴマかされてはならない。」（4月7日・日記）と戒めている。ホームルーム活動としては、グループを中心にLHRを展開したいと思っていた。また、朝のホームルームは伝達だけにしないで、3分スピーチを順番にさせることとした。

　この年度の担当科目は現代国語1年・3単位・3組・9時間、現代国語3年・2単位・1組・2時間、古典乙Ⅰ2年・3単位・2組・6時間、計17時間である。なおこの年度は国語科の主任でもあった。その他、校務分掌として庶務係となった。クラブ活動は相変わらず文芸部であった。この年度は時間割編成の都合で、金曜日は私の授業はなかった。指導日誌をみると、一日中仕事をしている。国語科の会合の時間はなくなった。

　なお、この4月は長男も小学校に入学した。父が学んだ学校に息子も学ぶことになった。それに、家の建築も始まった。4月20日には地鎮祭をした。母は自分の部屋ができるので喜んだ。

　4月25日に新入生交歓合宿訓練が瀬戸内海ヘルスセンター（現・福山市沼隈町）であり、4月30日には開校記念式・校内ソフトボール大会があった。例年通りである。

　5月に入って、差別事件が起こった。飛び火のような事件であった。ある高等学校に行っている生徒がそこの先生に話したことが差別発言だったということで問題になった。その生徒が言った内容が兄から聞いたというものであり、兄が三原高校の卒業生であった。

そこで三原高校は総括しろということであった。
　この年は同和教育においては、映画「橋のない川」（住井すえ原作・今井正監督）の上映運動を中心として、ロング・ホームルームで部落問題を扱った。そのために費やした時間と心労は大変なものであった。「次々と追っかけられているような気がする毎日である。」（5月28日・指導日誌）と言っている。
　6月の初めになって、久しぶりに論説文の「論旨展開の型」に手をつけた。二年ぶりのことである。この課題もとらえ方に強引さがあり、それまでの考え方にこだわらないで進める必要を感じている。きりきり舞いに近い毎日の中であったが、国語教育を考えようとした。
　追われるような毎日の中で、瀬戸田町の耕三寺宝物館で古伊賀の花差の「自然ともつかぬ人工ともつかぬ存在に作り上げた感受力」（6月8日・日記）に打たれたり、八年前に離れた尾道東高校の創立60周年記念式に行き、「ふしぎに心の安らぎを感じ」（6月20日・日記）たり、岩波古典大系「源氏物語」を読む中で紫上、玉鬘、浮舟などが「確かにそこにいる」（6月25日・日記）と感じたりしている。私は確として動かないものを求めていたのであろう。
　教職員組合のストライキが7月10日（木）に計画され、6月28日には参加の決意表明を迫られた。同和教育が浸透するにつれて、職場の空気は不参加を表明することがむずかしくなった。この時の私の気持ちを、「つきつめていけば、とり残される恐ろしさみたいなもの」（6月29日・日記）と言っている。これから何年か私にとって、私と集団の倫理とのはざまでの悩みが続くこととなる。6月24日（火）には生徒会主催の7・10ストに関する話し合いが放課後5時半まであった。そして、7月10日には、ストライキに私は参加した。
　6月17日（火）から二週間国語科の教育実習生の指導をした。そのためもあって、川端康成「伊豆の踊り子」の教材研究を過去のカードをふまえて考える中で、「問題解決学習べったりの方法を今から数年前はやっていたことがよくわかる。」（6月16日・指導日誌）と述べ、さらに「文学教育

のねらいからはずれていたのだろうと思う。」(同)とも反省している。また、この教育実習では、本気に教材研究をすると、何年もかけて私が考えたことが、経験のない指導者にも短時間でできるのだということを、実習生の山本隆志さん(現・兵庫県加古川市)から学んだ。

　夏休みとなった。7月21日から26日まで、生徒の個人面接をした。同和教育に関することが中心であった。生徒の部落問題に対する意識を高めることは、私の意識を洗い直すことでもあった。教師としてよりも人間としての在り方を問われることであった。さらに、7月27日(日)と8月2日(土)には保護者懇談もあった。毎日毎日が真剣であった。

　これらのことに加えて、8月5日(火)には、三原市高坂町の婦人会で「敬語」について話をした。婦人会の役員がたまたま私が担任をしている生徒の母親だったからである。こうした講演は初めての経験であった。

　第十回広島大学教育学部光葉会国語教育学会は大学紛争により東千田キャンパスが封鎖されて使用ができないため、大下学園祇園高校(女子短期大学が同じ敷地に設置されていた)で開かれた。野地先生の挨拶の内容は今となっては思い出せない。しかし、その重苦しさはいまだに残っている。この会で、私はシンポジュウム提案「小説教材の指導がどう変わっているか―高校国語教育を変革する基盤を求めて―」をした。この依頼は2週間前にあった。準備期間の短さや、仕事の忙しさは言っておれなかった。「高校国語教育の抜本的変革」なる主題に身を投じたといってもよい。「みのりへ前進する第一歩とはなった」(8月10日・日記)といっている。

　8月17日(日)には新しい家に引っ越しをした。23日には職員旅行で近場の鞆の浦に行く。参加者が教職員の約半数である29名であった。学校の忙しさやストライキの参加者・不参加者の感情的な対立のせいである。また、二七会の合宿は野地先生の都合で中止になった。これもめったにないことである。

注1　39　小説教材の指導がどう変わっているか―高校国語教区を変革する基盤を求めて―・第十回広島大学教育学部光葉会国語教育学会・1969年8月10日・〈高校国語科教育の実践課題Ⅱの6〉

こうして、次々と目まぐるしいことが展開した夏休みは終わった。しかし、新築の家に移転したことが安らぎの思いに浸らせ、生活を力づけている。
　2学期が始まった。9月9日（火）には映画「橋のない川」を全校が三原市内の映画館で学年別に分かれて見て、午後12時45分から午後3時までロング・ホームルームでこの映画を取り上げた。部落差別について考えたのである。この映画を見るために、1学期からずいぶん事前の指導もしたし、生徒とも話した。そのことは私にとっても今までの部落問題の意識を根底から覆すだけのものがあったといえる。
　学校の忙しさは、当然私の心にも影響を与えた。思考の粗さを感じているのである。このことは、夏にあった広島大学光葉会国語教育学会での提案を整理しながら感じていた。表現のぎこちなさ、論理の飛躍などがそれである。さらに、「先生と呼ばれる人たちの権威はなくなり、そこには職業に対する愛着もない。あるものは無制限にふえる仕事であり、疲労感であり、生徒からの不信感である。いったい誰がこれだけ教育をぶちこわしてしまったのか。合いことばのようにいわれる行政や体制のせいであるのか。」（9月28日・日記）とまでいっている。ただ、私にとって救いだったのは、「授業はいい雰囲気で進められているが、それ以外のことでいろいろありすぎる。」（9月20日・指導日誌）と述べているように、生徒のよさに助けられていることである。
　10月19日（日）には満40歳を迎えた。不惑であるが、不惑どころか大惑といってよい状況である。
　相変わらず会議が多かった。その会議も長くはあったが、発言は少なく、話し合いによって何かが高まっていくというものではなかった。例えば、中間考査が10月13日（月）から16日（木）まであった。その間、13日は組合会議（110分）、14日同和研修会（3時間）、15日学年会（95分）、16日組合会議（90分）・教育研究集会第6分科会の会合（1時間）といったぐあいである。組合会議は11月13日（木）に計画されている90分のストライキをめぐってのものが多かった。同和研修会は「橋のない川」の上映

後の取り組みであったと思われる。大学紛争だけでなく、高校に学園紛争の波は押し寄せた。70年安保をめぐって、世の中は騒然とした感じになった。

　私はこの中にあって、思索の時間がないまま、「国語教育とは何か、古典教育の目的は何か。」を「根本的に問いなおさなければならない時期である。」（10月25日・日記）ともがいている。一方岩波の古典大系を読むことも細々と続き、20巻の『かげろふ日記』に入っている。そして「時代を越えた女の愛憎のすさまじさ」（10月31日・日記）を感じている。11月14日（金）には中国地区国語教育研究会があった。ここで、井上靖さんの講演を聞いた。「父は子どもにとって死の壁となる役割である」ということばが私の心に残った。

　11月29日・30日の土曜・日曜に国語科の旅行で吉野と飛鳥に行った。冬枯れの吉野は私どもの心象風景でもあった。酒を飲みながら、やはり、「教師の体質」とか「体制の変革」「意識の変革」を語るのはわびしかった。飛鳥は雨の中を歩き、「舗装していない道をふみしめる土が足にやんはりとこたえた。」（11月30日・日記）と心を和らげている。飛鳥で見たいくつかの石にも心をひかれた。

　12月の初めに開かれる大下学園の国語科教育研究会は疲れていたので行かなかった。この2学期は家で家族そろって落ち着いて夕食をとることがほとんどなかった。12月20日（土）には午後1時40分から5時まで、制服・制帽の廃止や試験のあり方について私のホームルームが単独で生徒集会を持った。自発的な集会であり、私は傍聴者であった。話合いは真剣であり、「教師とは何かについて考えこむのである。生徒が持っている生活意欲、生きることへの迫り方、などに対して、わたしがそれをうけとめるだけのたしかなものがあるかと考えこむのである。」（12月20日・日記）と私に感じさせた。息詰まるような2学期の仕上げの集会であった。この2学期は、さらに押しつまって、校内の部落問題研究会および三原高校生友の会から「部落研の育成」について、宿題を出された。正月もおちおちしておれないような状態であった。教職員一人ひとりが「個人総括」として

1月8日までに書くことになっていた。二七会の12月例会と忘年会が12月28日にあった。どこもひどく揺れ動いているし、その中で「それぞれの人が本気で生きているのである。」（12月28日・日記）と言っている。

1969（昭和44）年は終わった。私にとっては忘れることができない年であった。

激動の年といわれる1970（昭和45）年となった。事実、私の周辺でも激動を感じる日々であった。その中にあって、「自分は自分なりの生き方しかできない。あわてたり、背伸びしたりせずに、じっくりと生きて行きたい。」（1月2日・日記）と決意している。また、「古典大系をさらに読みすすめること、国語教育の根本について思いをひそめること、これは昨年の延長の仕事である。教師として峠を越した感のあるわたしであるが、じたばたしてもはじまらない。時間のみじかさをなげく前に、10分でも20分でも行動することが大切でる。」（同）とも述べている。さらに、3学期が始まると、「きびしさを売り物にすまい。おびやかされまい。まどわされまい。一歩ずつ前進して行こうと思う。」（1月8日・日記）ともいっている。

私の記録した会議記録のノートによると、1月8日の始業式当日、職員会議においては「日の丸・君が代」の問題が討議されている。「君が代」に対しては、歌うこと賛成12・反対23・保留3であり、「日の丸」に対しては、かかげる22・かかげない16であった。ちなみにこの年は卒業式には日の丸は正面にかかげ、君が代は歌った。

1月12日（月）のことである。私の担任している1年2組が1校時から5校時まで高校生活の意義について話し合いをした。彼らの自発的な動きからであった。三原高校では初めてのことであった。私は他の組の授業があるので、空いている3校時だけの参加で、他は教科担当の参加であった。2学期末にもホームルームの集会を持っていたので、あまり驚きもなかった。しかし、他の教師たちがどう思っていいるかを考える余裕はなかった。そしてこれから、何回か放課後にホームルーム集会がもたれることとなる。帰る生徒もなく、真剣に続けられた。私は諸悪の根源のような思いをしながら参加した。先生一般と私とを区別するために、私を指す時は、

「野宗」をつけて発言してほしいといった覚えがある。

　1970（昭和45）年となったが、奇妙なことに、教職員組合も、同和教育も静かであった。こうした中で、「あちらに揺られ、こちらに揺られ、あてもなくさまよう教師では、生徒の不信感はますばかりである。もっと根本を考えて、しっかりとした行動をしたいものである。」（2月14日・日記）とか、「何が正しくて、何がいいことなのか、ともすれば見失いがちなこのごろである。おそらく教育にたずさわっている人の多くはそうなのであろう。わたしのまわりにいる人の多くはそうだと思われる。」（2月27日・日記）ともいっている。

　例年のごとく3月1日に卒業式があった。しかし、この年の卒業式は前代未聞の卒業式であった。というのは、来賓祝辞が終わり、在校生総代の送辞になった時、送辞を読む生徒が登壇して、「送辞は先生の意見が多く入っていて、自分の意見でないから、みんなのを聞いてみます。」と言って、高校生活で何を学んだか、同和教育の本校における実情をどう思うか、今の生徒会をどう思うか、子どもに何を教えたかなどについて、卒業する3年生3名、在校生の1年生1名、PTA会長、と質問した。私はこのことについて「気分の悪い何分間であった。この不快さは時間が経つにつれ増すようである。」（3月1日・日記）と記している。ただ、救いは質問に答えた生徒がみな本気に冷静に答えたので事なきをえたことであった。殊に1年生で答えたのは私が担任している鬼原悟（現東京都在住）であり、1学期以来高校生活や人生を本気に考え、私とも話し合った生徒であった。彼の話には質問者が圧倒された形であった。この年の卒業式は他の高校ではさまざまな混乱が起こったことが報道された。その中では三原高校の卒業式はまだ平穏なものだったといえる。そうではあっても、私にはやれきれない思いをさせる事件であった。「秩序、感謝、我慢、これらが悪にさえみなされている現状である。」（3月1日・日記）とも述べている。

　この頃古典大系は「今昔物語集一」に入っている。

　3月12日（木）13日（金）に高校入試学力検査があった。昨年の「入試正常化闘争」の混乱に懲りてか各教科20分20点という試験であった。わ

ずか20分の国語で何を見ようというのだろうか。採点も昼から始めて、3時30分には済んだ。14日（土）の午後1時から1時15分に合格者選考の職員会議をすませるというあわただしさであり、組合の正常化闘争は異常化をもたらしたといえる。発表事務も超過勤務になるとのことで管理職だけでする状態であった。

　3月20日は終業式であった。長くしんどい一年であった。20年間の教員生活の中でこの年度のような緊張の連続の年はなかった。しかし、「1年2組45名（男25女20）それぞれに愛すべき生徒であった。」（3月20日・日記）と感慨を抱いている。私の教師生活の中でも、三本の指に入るだけのまとまりと熱意を示したホームルームであったと思っている。彼らによって、私は再び青春を持つことが出来たといえる。この生徒とは4月1日にホームルーム解散会として大久野島に遠足に行った。

21　変幻する春
（昭和45年度：1970年4月－1971年3月）

　新年度の人事異動で三藤教頭は自彊高校校長に昇任となり、三原高校に新卒として赴任して以来19年在任の木原秋雄さんが教頭になった。年齢は40歳である。この人事は学校運営の中堅と目されて人々に対しての揺さぶりをかける効果があったといえる。こうした中で、校内では校務分掌をめぐっての「静かでしかも暗いかけ引き」（4月2日・日誌）があった。私はそのかけひきの一つの目であったようだ。私は国語教育実践者としての覚悟を固めようとしながらも、素知らぬ顔でいることはできなかった。

　この年度の私の担当教科目は、現代国語2年・3単位・2組・6時間、古典乙Ⅰ2年・3単位・3組・9時間と15時間が2年生の担当であった。それ以外には現代国語3年3単位・1組・3時間があった。この3年は女子だけの甲型であり、必修に家庭科目が3年間に10単位程度ある。この甲型が高校紛争の火種になった。私にとってこの組は初めて担当であった。2年

生は1年生の時に担当していた生徒が半数近くあり、学習指導は進めやすかった。そのせいもあり、古典乙Ⅰは4月の半ばからはグループ学習に踏み切っている。教材は枕草子「翁丸」である。この教材研究をする時、「過去の教材研究のカードをみていて、いかにいいかげんにやっていたかに気づく。古典の場合、口語訳だけという状態である。」(4月14日・指導日誌)といっている。昨年度のきびしい状況をくぐり抜けたところから生まれた学習指導を根本的に考え直す意識の現れであろう。この姿勢は例えば、「進度を気にする気持ちを捨てること。そういう立場をとってみることによって新しいとりくみができるように思う。」(5月2日・指導日誌)などにもある。

この年度は、2年学年主任、2年5組担任、(男子25名女子20名)進学指導係が主な分掌であった。この年の春は遅く、「桜もいつもより10日もおそいようである。この寒さのありさまは、心の寒さにもつながるといえようか。」(4月17日・日記)とも思っていた。また、学校の歓送迎会や、国語科の花見の席でも、この年は妙にしめっぽい、くだらない話ばかりが出て、少々業を煮やしている。とはいいながら、毎日は長く重い日日であった。寒さも5月に入ってもなお続いた。ただ不思議といえば不思議だったのは、あれほど70年安保(日米安全保障条約改定)といわれながら、少なくとも新聞、テレビなどの報道媒体によるものは静かであった。

5月初めに岩波古典大系の「今昔物語集一」を読み終えた。この物語集の「編者の構成力を認めることができるようである。」(5月5日・日記)と言っている。

5月の第3週(11日～16日)を「あわただしい一週間であった。教材研究をほとんどせず。」(5月16日・指導日誌)と述べている。中間考査の問題作成・生徒面接・ロング・ホームルーム「部落研(部落解放研究部)」の指導計画・学年会・保護者懇談会・国語教育研究会理事会などが次々とあった。

学校は毎日忙しく、その忙しさの正体をつかみたいと思っている。その原因の一つは会議の多さと長さとであった。「この忙しさが、無意識に管

理体制とよばれる上からの命令系列の組織を望むようになるのかもしれない。」(5月17日・日記)と戒めてもいる。

　5月28日(木)のロング・ホームルームで遊びをした。その時に生徒の声の小ささに気づいている。このことは、ずいぶん後になって私がとらえるようになった、「1970年頃から高校生の言語生活は変わった。」と考える前ぶれではなかったかと思う。

　6月12日(金)に音楽の教育実習生の研究授業をみた。高校時代私がホームルーム担任だった女生徒なので参観した。この時、「音楽というものは人間にとって重要な意味をもつものだということがわかる。単純から複雑、分析から総合、全体と個との緊密感といったものを思う。」(6月12日・指導日誌)といっている。仲間作りをどうするかを絶えず思っていたことから生まれた思いであろう。

　7月11日(土)には時枝誠記「国語学原論」を読み終えた。この書物は4月頃から読み始めてやっと終わったものである。忙しさもあったが、それよりも少しずつしか読めない重さをこの本が持っていたからである。「今私が抱えている国語教育に対する疑問や考えたいことにこたえてくれたことが多くある。」(7月11日・日記)と言っている。時枝誠記先生は国語教育研究会で話を聞いた人であるし、古典文法の世界でも、私が目を開かれた人であった。

　7月18日(土)には広島大学教育学部光葉会国語教育学会の発表依頼があった。学会まで20日余りに迫った依頼であったが、引き受けた。これが、「高校古典の学習指導目標」[注1]である。教科目を根本的に考えてみようとする思いから生まれたものである。「なぜ古典を学ばなければならないか」の問いかけが発想にあった。今見てもその頃の思い詰めた真摯さがうかがえる。発表要旨はB4一枚であった。しかし内容は今までの学習指導をふまえたカードを使いながら、概念的にならずに、具体性を持った要旨

注1　40　高校古典の学習指導目標・1970年8月12日・広島大学教育学部光葉会・国語教育学会・広島大学

となっている。

　夏休みとなったが、この年の夏休みはぎっしりと予定が詰まっていた。その予定の中で今までにないものとして、担任している生徒全員の家庭訪問がある。これは同和教育の推進体制で学校長が外部の解放団体と交渉の席で約束した事から生まれたものである。被差別地区だけに家庭訪問してもなぜあの家だけ先生が来るかと地区出身を際立たせることとなる。そこで全部の生徒の家を回りながら、地区進出を果たそうというねらいである。私の場合、10日間を使っている。それなりの意義はあったが、大変なことであった。

　昨年全校生徒が見た映画、住井すえ原作「橋のない川」第一部に続いて第二部が完成していた。ところが、見せるか見せないかで問題になっていた。解放運動の路線の対立がこの映画のとらえ方にも及んだのである。しばしば同和教育研修会などで協議したが、結局9月になり、上映中止になった。「差別の再生産」という理由であった。

　この年大阪で万国博覧会が開かれた。1964（昭和39）年の東京オリンピックに続く日本の経済成長を世界に示すものであった。8月4日（火）に子供を連れて、親子4人で出かけた。驚くばかりの人であった。10日（月）には職員旅行で鳥取県の皆生温泉に行った。

　職員旅行の翌日から二日間、8月12日（水）・13日（木）は広島大学教育学部光葉会国語教育学会であった。「高校古典の学習指導目標」を発表した。二十日あまりしかない中で発表した。せきたてられるような毎日だから、公私の切替がかえってうまくできたのかも知れない。こうした生活に関して、「この四十日があるためにわたしは生活に、とくに精神生活に変化ができ、生きていくのにも張りになっているのはいなめない事実である。」（8月31日・日記）と夏休みのありがたさをいっている。

　8月21日（木）に台風10号が襲った。わが家も屋根瓦がはがれ、雨樋がこわれ、壁にしみができた。新築丸一年目の災害であった。この後、家庭訪問した生徒の家も多かれ少なかれ被害をこうむっていた。

　この夏休み中に学校長の異動があった。空本敏三（としみ）校長が県教委へ転出、

後任に高橋有五校長が赴任した。学校がいろいろ問題がある時の人事異動であった。歓送迎会は9月1日（火）にあった。「空しさおおいきれず。」（9月1日・日記）とは、酒を飲んでもなかなか真実を語ることができない状況をいっているようだ。この時期、やはり自分にいいきかせることばを日記に書きつけている。「もくもくとたえながら実践を築くこと。」（9月1日）、「捨て身になること、びくびくしないこと。今ひきさがっては日本の教育がだめになってしまうのだと思うこと。」（9月10）などである。

　9月半ばとなり、校内に差別事件が起こる。ある女生徒の噂話に端を発したものである。少し校内が落ち着いたかと思われる時の事件発生であった。そうでなくても毎日会議が連続していた時に、追い討ちをかけるようなものであった。ちなみに、9月第二週の会議をあげると、7日（月）企画委員会が1時間、8日（火）教職員組合の教文部長会議が100分、9日（水）学年会が100分、10日（木）生徒指導部会が110分、11日PTA補導常任委員会105分、12日（土）同和教育全体研修会140分と毎日会議であった。会議の見本市のような週であった。国語科の会合も時間割には組んであったが、1学期は1回しか持てなかった。2学期になり、10月1日にやっと持つことができた。定期的に持ったのは10月も終わりになってからであった。

　こんな中で、9月23日（水）の秋分の日には、生まれて初めて結婚式の仲人をした。また27日（日）には運動会があった。忙しい毎日を過ごしているので、仲人で緊張したり、運動会でぼんやり外に立っているのは救いでもあった。

　10月に入り、10月3日（土）の午後教職員組合の地区の教育研究集会があった。責任者の一人だったので、済んでほっとした。10月12日（月）からは修学旅行で信州方面に行く。17時50分三原駅発の夜行列車であった。富士山麓を経て、白樺湖に泊まった。翌日は小諸・鬼の押し出し・白根山を経て熊ノ湯に泊まった。翌朝は熊ノ湯の周辺をハイキング。浅間温泉まで行き、翌日黒四ダムに行った。黒四ダムについては生徒たちは一年生の「現代国語」で「くろよん」（渡辺武仁）を読んでいた。この見学の後、

松本に戻り、松本を17時20分発の夜行に乗り、三原に翌17日朝9時10分に着いた。

この旅行の後はしばらく私自身の勉強をしない日が続いた。11月から冬期日課になり、家を50分遅く出るようになって、やっと気持ちにゆとりができた。

この頃、普通科甲型の廃止の問題が校内企画委員会で論議されている。高校紛争の火種となった型である。それに制帽の自由化に伴う諸問題も生徒指導部会で論議された。高校教育も変革を形に見せだした。

11月8日（日）に広島県高等学校教職員組合の第17次教育研究集会（西部ブロック）が広島であり、「職場の民主化と行財政」分科会で司会をした。地区の教文部長だったせいである。この頃、国語教育関係の本では、大河原忠蔵「状況認識の文学教育」を読んでいる。11月14日（土）・15日（日）には国語科の旅行で大阪に行き、新歌舞伎座で山本富士子主演「吉野太夫」を見た。21日（金）には尾道三原地区国語教育研究会が忠海高校であり、当時音戸高校校長だった大刀掛先生から漢詩の話を聞くとともに、漢詩の実作もした。次が私の作った漢詩である。

　　　　　秋日山行
　　秋天晴朗碧蒼蒼　喚起郷愁不可忘　　　秋天➡秋光・喚起➡今日・立
　　苔径寥寥紅葉散　楓林尽処立斜陽　　　➡映の三か所を添削された。

11月25日（水）には三島由起夫が自衛隊で割腹自殺をした。衝撃的なできごとであった。

12月になると、国語教育関係のものを読む月・水・金を「しばらく国語教育をはなれて基本的なことに思いをひそめたい」（12月1日・日記）ために、岩波講座「哲学」を読むことにした。岩波の古典大系は「今昔物語」三（通巻24）を読んでいる。

この年は1970年・40歳・教師生活20年。結婚10年と区切りのよい年であった。そして「激動の年といわれていたが、おだやかに、しかし、病根を少しずつあらわにしながら70年は暮れていく。」（12月31日・日記）と述べている。

1971（昭和46）年の新年を迎えての気持ちとして、人生の転機に臨んでいるととらえ、「四十才という年を確実にすぎた現在は、心の青春を保つことができるか、肉体と同じように、心もたるんでくるかの境界の年であろう。」（1月1日・日記）と思っている。また、心の安らぎや判断の確実さ、揺るぎない知識を持つこと、などを望んでいる。

　4日（月）に吹雪で7～8センチの積雪があったこと以外にあまり大きなできごともなく新年は過ぎていった。1月中旬には、「漢詩の学習指導」（仮題）のための準備として生徒が書いたものを記録している。この生徒作品がもととなって、この年の8月に開かれた広島大学教育学部光葉会国語教育学会で報告した「漢詩の学習指導—想像力を養うための翻訳」(注2)となる。「生徒の作品を全部写すわけにはゆかないから、いきおい一つの見通しをもって写しておくことを迫られる。実践と研究とがどこまで心の底でむすびついているかの実験である。」（1月19日・日記）といっている。

　この時期は学校も落ち着いていて、「去年の今ごろの緊張した学校に比べて、今ののんびりした空気はどうだと思う。いいとかわるいとかはいうまい。ただ、みごとな変わり方が気になる。」（1月30日・日記）と言っている。これは教職員だけでなく、生徒も見事な変わり方であった。あまり変わり方が手のひらが返しであり、私などは戸惑った。「近ごろの生徒の状況はいらいらしてくる。自分までが無気力、無関心、無責任に堕したくなる。」（2月27日・日記）とも述べている。

　2月には学校で「改訂高等学校学習指導要領の展開」（明治図書）を少しずつ読んでいる。なお、国語科の会合はとびとびではあるが、木曜日の4限に開いている。

　3月1日（月）は例年の通り卒業式であった。しかし、去年のような何かが起こる危機感はなかった。安心感と引き替えに空しさを抱え、卒業式を見ている私がいた。ここにも昨年とはうって変わった学校の姿があっ

注2　41　漢詩の学習指導—想像力を養うための翻訳—・1971年8月12日・広島大学教育学部光葉会国語教育学会

た。送辞や答辞にあったと思われる高校生活とはの問いかけに対し、私は、主役は「体制ということば、あるいは幻が主役ではないか。その幻を通して生徒は教師をとらえ、なじり、教師はその幻によって無気力になり、連帯を失っている。」（3月1日・日記）とまで言っている。こうした学校を構成する教職員・生徒以外のものが支配するような状況の中で私の考えたことは、「おのれの信じる生き方を生きてみせることしかないだろう。」（同）と言っている。3月12日（金）・13（土）と高校入試であった。この年は全員入学となった。それも、選考会議の日に県教育委員会から指示があった。一学級43名、301名の予定であったのが、314名となり一学級45名となった。本年度せっかく43名学級になったのもつかの間、また増員である。

　古典乙Ⅰの最後の授業が3月17日（水）・18日（木）にあった。この時、「古典と人生」と題して、時間・ものの見方・先達・第一義の四つの項目を立てて読んだ。伊勢物語（一九一段）・宇治拾遺物語（巻一13）・毎月抄（およそ歌をよく見分けて）・去来抄（先達の句を一筋に）・玉勝間（おのれ古典をとくに）・徒然草（一八八段）を読んだ。これは私が1960（昭和35年）年ごろから考えていたことであり、いくつかの古典の中で人生の指針となるものをカードに写していた。その中から選んだものである。

　3月20（土）日に終業式。この年に私が担任としてやったことがはっきりしているのは、放課後生徒といっしょに掃除をしたことであった。「掃除だけが今年の残したものとは思いたくないが、これが大きなものであったことはまちがいない。」（3月23日・日記）と言い切っている。同和教育の総括を何回もしたが、その中でたどり着いたところの生徒と同じ地平でやれることが掃除であった。25日には私の家にホームルームの生徒が三名話に来た。

22 悲しみのかげ
（昭和46年度：1971年4月－1972年3月）

　4月の人事異動で高橋校長は休職となった。後任は、元三原高校の教頭で3月まで広島市立基町高校の細見徹爾校長である。高橋校長は在任期間が七か月であった。私はこの4月で丸十年が過ぎた。「今年が最後と覚悟をきめた方がよさそうである。」（4月3日・日記）とも思っている。

　この年の4月、次男が小学校に入学した。長男は一昨年9月に新築した家のある尾道市山波小学校に転校していた。

　私は持ち上がりの学年で、3年2組の担任であった。学年主任は引き続きであった。私の担当した3年2組は文科系進学3クラスの中の一つである。男子16名、女子25名である。理科系進学は2クラス、甲型（女子のみ）1クラスとある。高校紛争後のあっという間の沈滞気分に落ち込んだ生徒であり「三無主義」（無関心・無責任・無気力）なることばを裏書きするような雰囲気がかなりあった。それに、問題を起こして生活指導（同和教育から持ち込まれた理念で、それまでは生徒指導といった）の係りにどうこうするというのではないが、あれこれ問題を持つ生徒が何名かいた。朝のホームルームも伝達だけよいと生徒の側から言って、一人ずつ何かを話すことは取りやめた。さらに、私の担任した生徒の中に、いわゆる「起こす」、地区出身であることを自覚させる取り組みをするために、「地域進出」（家庭訪問）をしなければならない生徒がいた。「進路保障」（自立できるための進学指導）に取り組むことが担任には課せられた。私は車を持たないので、夜の道を歩いたり、生徒の父親の単車の後に乗ったりして、何回か通った。

　本年度の担当教科は現代国語1年・3単位・2組・6時間、現代国語3年・2単位・2組・4時間、古典乙Ⅱ・4単位・2組・8時間、計18時間であった。この中で古典乙Ⅱの4単位を持つのは初めてであった。古文と漢文と分けず、交互に配列して学習指導をすることにした。

4月から5月にかけて毎日のように一名か二名ずつ放課後面接をしている。3年生なので、進路のことが中心ではあった。その後、あたふたと会議に行くのが大抵の日であった。会議は学年会・ホームルーム委員会・職員会議・組合会議・教務部会・同和教育の全体研修会などさまざまであった。6月に入るとこれに保護者面接が放課後や授業の空き時間まで使って行われた。

　5月20日（木）朝、勤務時間に20分（日本教職員組合の指令は29分）ストライキが行なわれ、私は参加した。この頃は、すでに参加しないと学校での仕事がうまくできないような状況であった。抗議内容は給与の4パーセントに相当する調整額をつけることにより、超過勤務を無定量にさせようという意図に抗議するものであった。このストライキの後、5月末にはいわゆる「教特法」は成立した。

　国語教育研究とも遠ざかっているのがこの頃であった。忘れているのではなかったが、進んでいないのである。一方、岩波古典大系を読むのは、「今昔物語集五」を読み終えて、やっと今昔全巻が終わった。6月の初めのことであった。6月末には広島大学教育学部光葉会国語教育学会で、「漢詩の学習指導―想像力を養うための翻訳」を報告することを考えている。この年の1月頃資料を集めた1970（昭和45）年度の学習指導である。

　「やっと一学期が終わる。長い長い一学期であった。」（7月20日・日記）と書いている。「今日で一学期の授業はおわり。やっとこぎつけた感あり。」（7月19日・指導日誌）ともあるので、こうした日記類には書かれなかったしんどさが毎日続いたのであろう。今私の記憶に残っているのは、単に3年生の担任というだけではなくて、この時のホームルームの生徒の沈滞した反抗心ともいえる空気である。その反抗は私に対してのものではなくて、生徒自身もつかめないような性質のものではなかったかと思う。いってみれば、高校紛争後の驚くような早さで受験体制へ変換する中から生まれた焦りのようなものだったのだろうか。

　夏休みとなったが、この年もホームルーム生徒全員の家庭訪問があった。全部で12日費やしている。

8月11日（水）・12日（木）は広島大学教育学部光葉会国語教育学会であった。「漢詩の学習指導―想像力を養うために―」を発表した。「この学会はわたしのよりどころである。第12回を迎えるが、この会とともに成長したといった感じがある。」（8月13日・日記）といっている。なお、この報告のもととなった実践は小さなものではあったが、忘れがたい実践であった。また、この報告も国語教育の根本問題について考える一つであった。「またそろそろ論説文の方へ向かって行きたい。」と同じ日にもらしている。

　8月19日（木）教育課程講習会が三原高校であった。ところが総則篇の説明が予定の午前中に終わらず、昼からも続き、各教科別の分科会はわずか一時間といった有様であった。そのどちらも、組合の交渉のような質問ばかりが続いた。

　8月20日（金）から26日（木）まで関東方面に妻と子供を連れて行った。忙しいといいながら長い旅行であった。妻の妹一家が埼玉県の浦和にいるのでそこを宿にした。子供とのつながりの時間が持てたことはありがたかった。

　こうして、夏休みが終わる中で考えたのは、やはり国語教育のことである。国語教育の根本問題から論説文へ回帰するのと並行して、言語について自分の考えと確かなものにしたいとも思い始めている。

　2学期になった。3年生も追い込みとなる。私は「今の3年生が1年生だったときのことが、現在とはるかにへだたった時のことのように思え、今の生徒とうまくむすびつかない感じである。」（9月7日・日記）と述べている。目の前にいる生徒の思考にあるものは、殊に、男子にあるものは、大学しかなかった。変化の激しさにはついて行けなかった。その時その時に一人ひとりと話をしたが、聞く耳を持たないと思われる生徒が何名かいたのもつらかった。この年度の後半は私にとっては、忘れがたい受難ともいえる半年であった。例えば、9月30日（木）のロング・ホームルームで

　注1　45年度にあげてある42と同じ。

「ロング・ホームルームをめぐる話し合い」をしている。そこでは「大学受験を前にひかえた生徒の心にある、あせり、無気力、回復へのあがきなどがでる。」（9月30日・指導日誌）といっている。一方、私自身は「事実の重さよりも心で自分の暗い世界を作りあげてしまうということを強く感じたのがこの一週間であろう。」（10月7日・日記）と思っている。

　何がどうだったのかは今となっては思い出さないけれど、絶えず生徒のことが頭を占めていたことは確かであった。こんなぐあいだから、今日は休もうかと思いながら学校へ行くことも多かった。私にしては珍しい時期である。自分の勉強も進まなかった。

　この頃、定時制に対する差別事件が提起された。「交換ノート」事件と呼ばれた。定時制と全日制との共用教室に生徒同士の交流を図る目的で交換ノートが置かれていた。そのノートに書かれていた文章が差別だと定時制教師から提起があった。書かれたのが9月20日（月）、提起があったのが10月15日（金）、書いたのは3年生であった。この事件は翌年の5月まで総括作業が続いた。年度内だけでも、大小五十数回の会合が持たれている。（71年度末の総括綴りによる。）私が1年生の時、担任をした生徒であり、クラス集会の時にも積極的に発言し、私ともよく話した生徒であった。それだけに、私の責任のようなものも感じた。しかし、交流をめざす目的のものがかえってお互いを閉ざすものとなるのも妙な気分であった。結局は書いた本人が卒業してけりがついたことになる。

　10月16日（土）国語科の旅行で山口県の川棚温泉に泊まり、翌日下関市内を観光した。赤間神宮・火の山・水族館などをまわった。

　11月4日（木）に県立高校新採用講習会のため国語科新採用の8名の人たちが橋本指導主事（後鳴門教育大教授）とともに来校して、授業参観やら懇談をした。ホームルームのことを考えると気分の重い時であった。薄氷を踏む思いの毎日を抑えて、新しい人たちに、カードによる教材研究のことなどを話もした。

　11月27日（土）から29日（月）まで福山市で全国同和研究会が開かれた。8000人の参加者という。この頃、部落解放同盟と日本共産党との対立は

激しく、全体会、分科会、どちらでも激しいやりとりがみられた。
　12月になった。12月9日（木）は2学期末考査の前日である。この日5限にロング・ホームルームがあった。ところが、欠席・早退合わせて十何名かの生徒がいた。無届けもいる。いってみれば、この年度の担任としてのふがいなさの思いの総仕上げのような時間ともいえる。私の教師生活の中でも唯一のできごとであったといえる。こうではあっても、私は担任として調査書を書かなければならなかった。こうしたことが生徒にわかっているのだろうかとも思った。ただ、こうした事態に遭遇してもあまりじたばたせず、イライラもせず、学期末の生徒・保護者との懇談会は誠意を持って話してみようとしている。
　この学期末の忙しさに輪をかけるように、定時制に対する差別事件「交換ノート」事件は12月中旬から毎日のように会議が開かれた。単に定時制差別だけではなく、解放運動に対する認識の誤りが指摘されたからである。このため、12月24日（金）には研修会があり、家に帰ったのが夜9時過ぎていた。6歳と9歳の男児二人はそれでも、クリスマスケーキのアイスクリームを食べずに待っていた。さすがに「胸に迫り、腹も立ってきた。なんで、こうわたしたちが生活を犠牲にしなければならないのかと。」（12月25日・日記）と腹に据えかねる思いがあった。しかし、25日（土）から28日（火）までは進路決定を前にした三者懇談であった。腹も立ってはおられなかった。
　1972（昭和47）年賀状の所感は、「涙は春の草木を育てるこやし／うめきは春の風を呼ぶ声／春は近い」（11月16日・日記）と一月半前に原案を書きつけている。
　元旦は妻の実家に行く。瀬戸田町へは船で行っていた。この船の中で、アガサ・クリスティの推理小説を読んだ。この短編小説集は学園祭の古本市に私のいらない本を寄付したので、その見返りとしてもらったものである。20円の値がつけられていた。ところが、読んでみて、格調の高さと批評眼の鋭さに驚いた。
　この年の初めの所感はやはり「国語教育実践者としてひたすら生きて行

きたい」(1月2日・日記) 思いであった。そして、さしあたっては論説文をまとめる仕事をしたいと思っている。3日にはNHK教育テレビで「オセロ」を見て、「悲劇というより恐劇とでも呼んだ方がよさそうである。」(1月3日・日記) と衝撃を受けている。仲代達矢のオセロ、河内桃子のデスデモーナであった。しかし、演じている俳優が誰であるかを忘れさせる同化力があった。岩波古典大系は「新古今和歌集」(通巻28) を読み、自然とのつながりの深さを感じている。自分の心の代弁者としての自然があり、伝達に複雑さが加わることが心の深さとなると私らえている。

　3学期が始まった。1月9日 (日) はサッカー部の引率で試合に行った。実は1年生のの時の担任だった何名か中心となって、サッカーの同好会を一年ほど前に作った。同好会にも顧問教師が必要である、そこで私に顧問になってくれということだった。サッカーについては何も知らないで、顧問になったのである。1年生のホームルームで激しく話し合った生徒の何名かがサッカーも好きだったのである。

　10日 (月) からは大学受験の調査書がどっと出た。11日 (火) は卒業式の答辞作成委員会があった。このころ答辞は各組から代表が2名ずつ出て内容を検討してしていた。さらにこの委員会は、答辞を読む代表者も選出し、卒業記念品の決定、証書授与の形態も検討した。

　こうした忙しさの中で、国語教育についてもう一度出直したいと思い始めている。過去の実践にすがりすぎていたのではないかという反省である。ことに、忙しければそれだけ過去に頼って学習指導を進める。「この生徒にこれだけの力をつけましたといわれる国語教師になりたい。」(1月14日・日記) といっている。

　この年の年賀状は全部で193通であった。この中、在校生が30通、卒業生が26通である。

　1月26日 (土) に3年生の授業は終わった。現代国語4時間、古典乙Ⅱ8時間の計12時間がなくなった。「現代国語」についていえば、私の担当した学習者は異動はあっても三年間、持ち上がりであった。三年間教科目を持ち上がることはあまりないことである。それに学習者の意識の変化を考

えた場合、これほど大きく三年間に意識が変化したことも特異である。それだけに考察に値する三年間の学習指導であった。一方、4単位の古典乙は、思った以上に多くの古典を読むことが出来た。ホームルームの生徒はいろいろ問題もあったが、授業の方は「そんなに辛い思いもしないですぎたことを喜びたい。」（1月26日・日記）といっている。授業がなくなったのでホームルームの問題も自然消えてゆくこととなる。3年生の学年末試験が済み、生徒が来なくなってしまうと、「それまでの苦しさというものもきれいさっぱりとなくなってしまったようである。」（2月2日・日記）とある。

岩波の古典大系「新古今和歌集」を1月末に読み終えた。この影響だろうか、同和教育の全体研修会の時、ふと次の歌が浮かんだ。「花もみじ散りゆく川のおもてにはただ悲しみの影ぞ見えける」と、私の新古今まがいの歌である。

2月になり、国語科の先生が今年も一人倒れた。四年間に三回も3学期になって代講することとなる。私は2年3組の現代国語の担当となった。もっともこの代講は2週間あまりで終わった。代替の講師が来たからである。2月13日（日）に何年ぶりかで読書会の二七会に出た。顔ぶれも変わっていたが、違和感はなかった。学校のあまりの忙しさ、気分のつらさで出る気にならなかったのである。

3月1日（水）は例年のように卒業式であった。しかし、この年の卒業式は格別の思いがあった。長い長い三年間であり、厳しい三年であった。三原高校での二度目の3年生のの担任だったということよりも、高校紛争をくぐった三年間の担任だったことが私を特別の思いにする。それにずっと後になって私が思い始めたことではあるが、高校生の言語生活が1970年を境として大きく変化したとする、仮説のよりどころの一つになる学年でもある。卒業式には担任としての最後のことばを、「思いやりを持つこと、視点の転換ができる人間になってほしいこと、知的な好奇心と持ち続けること」の三つについて述べた。

卒業式は終わったが、3月中は大学入試の結果待ちで気が落ち着かな

かった。3月になって出願をする相談も何人かあった。一方、地区出身の生徒は、ひとまず、本人が自立できる、希望した学校に合格した。この年の担当ホームルームの生徒の進学先は国公立大学（4年）4名、公立短大7名、私立大学（4年）12名、私立短大5名、各種学校5名、就職3名、浪人5名であった。

　3月13日（月）14日（火）と高校入試であった。今年も一科目20分学力検査であった。「これで合否をきめるということが問題である。」（3月15日・日記）といっている。

　苦い思いにさせた一年も終わった。表面に直接何かが表れて、そのことによって私が苦しい思いをしたというよりも、外からはそれほどには見えないのに、いろいろ問題があった一年であった。

23　しばしもやまずに
（昭和47年度：1972年4月－1973年3月）

　4月となり、1972（昭和47）年度が始まった。休職中の高橋校長は退職された。制帽の廃止などで私がかなりきびしく迫ったことなどもあり、私はこの人の心を痛めさせた教員の一人であったかもしれない。校務分掌の方は1年2組のホームルーム担任であった。3年の担任をした翌年は正担任をはずすことが慣例であったが、教員に病人が多かったり、尾三地区高等学校同和教育研究会の事務局がまわってきたりして、私には正担任をはずす恩典は適用されなかった。この当時、学年ごとに同和教育の主担者がおいてあった。その主担に私は進んでなった。H・Rの生徒指導、同和教育をふまえて、国語教育の分野でできるだけ大きな仕事をしてみたい。」（4月5日・日記）と思っている。

　この年度の担当教科目は現代国語1年・3単位・3組・9時間と、現代国語3年・2単位・2組・4時間と、古典乙Ⅱ3年・2単位・2組・4時間の計17時間であった。古典は選択であり、「徒然草」を演習形式で学習させた。

今まで「徒然草」を1年生で主として学習していたのをこの年は3年で演習形式をとり入れた。高校紛争後、広島県下でも様々な授業の改革が生徒の要求によってなされた。三原の場合その要望はなかったが、のんびりと構えておられるものではなかった。この古典も学年初めに学習者の希望を調査し、1学期中間考査までは『大和物語』四十段「身よりあまれる」百五十六段「姥捨」などを読んで、中間考査後『徒然草』に入った。偶然ではあったが、この『徒然草』の実践があったことが、翌年の有精堂「高等学校国語科研究講座」第九巻の一部を書くのに役立った。現代国語1年はこの年の学習指導のねらいを「1、作文指導の体系化。2、論説文を読む力をつけるには。」（4月26日・指導日誌）としている。そして格別問題もなく進められている学習指導を、「新しいきりこみを考えないとだめになっていしまう」（5月9日・指導日誌）と思っている。なおこの年度は国語科の会合は金曜日の4限であった。
　この年度から広島大学教育学部高校国語を卒業した笠井敬子さんが尾道市立南高校に勤めるようになり、野地先生の紹介で私のところに出入りすることとなった。5月31日（水）には三原まで来て私の授業を見ている。また、時々家に来ては、教材研究のカードを持って帰ったりしていた。この人は後に故郷の香川県に帰った。
　1年1組の担任となったが、この年度は、昨年度の3年の担任と比べると嘘のように手がかからなかった。男子25名、女子20名、計45名であり、気づかいをあまりしなかった。ただ、初めての私の体験として、神経症、当時問題になったノイローゼ症状の生徒が2名いた。一人は1学期が済んだ時、私の度々の説明で両親が重い腰を上げ、父の勤務している会社の勤務医に診察してもらったら、「強迫性神経症」ということであった。幸い学校を休むこともなく、徐々に治り、某有名私大に進学し、卒業後会社勤務をしているようである。もう一人は、1学期の中間考査では、組の半分よりもよかった成績順位が期末となり、最低になったので、原因を探って行くうちに家で自分の部屋の前にじっと立ったまま入ろうとしないことがしばしばだということで治療を勧めた。この生徒は年度内には回復はしな

かったが、次第によくなり、高校卒業後は、公務員となった。

　岩波古典大系は「平治物語」（第31巻）を読んでいる。「保元物語」とともに載せられているのだが、平治物語には「登場人物の息づかい、ことに源氏の人々の悲しみが身近によみとれる。」（4月13日・日記）とおもしろさを感じている。

　4月21日（金）、22日（土）と新入生合宿訓練があり、私は担任なので引率して行った。22日昼に帰ると、すぐ同和教育推進委員会があり、その後、総括を印刷した。土曜日とか、生徒引率の疲れとか言ってはおられなかった。この時の課題は前年度から続いている「交換ノート」の総括作業であった。さらに5月16日（火）日には部落解放同盟三原西支部の点検学習会が予定されていた。この点検学習会は夜7時30分から11時40分まで地区の集会所で行われた。教師も教育行政の末端であり、手先であることが明らかになったと思った。教師の役割を越えたところまで要求をされているのではないかの思いを持っていたのもこの頃のことである。7月18日（火）にも部落解放同盟東支部の点検学習会が午後2時から4時50分までであった。この方は比較的穏やかに行われた。

　5月19日（金）は1時間のストライキであった。「中教審（中央教育審議会）路線反対、大幅賃上げ要求」などが掲げられていた。教師として生徒に仲間作りを言いながら、多くの仲間の行動を傍観することもできなかった。ストに参加した。

　6月4日（日）に二七会5月例会で、実践報告をした。「問題作成にみられる論説文のよみとり意識―高二「都市空間」のグループ学習」（注1）であった。二七会での報告は1963（昭和38）年以来、9年ぶりのことである。野地先生の話を聞くのも久しぶりのことであった。

　6月中旬には教育実習生の指導があった。芸術科書道専攻ということもあり、1年生の現代国語「伊豆の踊り子」を学習指導の対象にした。69

注1　42　問題作成にみられる論説文のよみとり意識―高一「都市空間」のグループ学習・1972年6月4日（火）・二七会5月例会・広島国泰寺高校

年度の教材研究のカードを教育実習生を考慮して作り直した。そのカードを見ると板書を意識した教材分析となっている。板書事項と説明事項とを上下に分ける書き方をしている。

　岩波古典大系を読むことは『平家物語』となっている。「何がこんなにひきこむのだろうか。人の動きなのか、文体なのか。人々の悲しみや怒りが直接伝わってくるような思いがする。」（7月4日・日記）と感じている。

　会議、会議で1学期は終わったような感じだった。1学期の終業式があった7月20日（木）でさえ、午後1時50分から7時20分まで全日制・定時制の合同の同和教育関係の会議・研修会・部会と構成員が異なる会が続き、私は全部出なければならなかった。

　夏休みとなった。家庭訪問はこの年も行われた。私の場合、12日かけて回るよう予定を組んでいる。補習授業が行われていないので、家庭訪問もできたともいえる。

　8月9日（水）・10日（木）は第13回広島大学教育学部光葉会国語教育学会であった。二日とも出席した。大学関係の発表が多く、実践報告が少なくなった。

　12日（土）・13日（日）と家庭訪問をし、14日（月）は休みをとっていたら学校へよびだされて、盆は15日・16日・17日と休んだ。何もせず、ゴロゴロしていた。やる気もしなかった。

　8月20日（土）に尾三（尾道・三原）地区国語教育研究会があり、国語教材の自主編成が中心の議題となる。この頃、同和教育の観点から、国語教材の自主編成が考えられていた。22日（火）23日（水）県教育委員会の主催する「学校運営研究協議会」に学校長から出席命令がでた。私には縁がない会だと思っていた。校務の要にいないから意外だった。組合のいう「教頭候補講習会」である。ともかく出た。

　この頃、「作文・綴り方教育史資料（上・下）」（桜楓社・野地潤家編・昭和46年）を読んでいる。「いったい今のわたしにとって、普遍的な真実の教育をし、教師として誇りを持って生きることができるには、何を支えにすればよいか。」（8月24日・日記）と問うている。

8月26日（土）・29日（日）には職員旅行で小豆島に行った。この年には非常勤講師などを除いても、60名近くの職員がいる。その約3分の1しか参加者がいなかった。疲労・不信・倦怠などが学校に渦巻いていたのであろう。

　2学期になった早々9月2日（土）午後同和教育部会の時、体が熱っぽくて早退した。5日（火）まで休んだ。この後の一週間は長かった。この時、この頃の私の思考の粗雑さを思った。その精神の粗雑さは読みの場合、「とばしよみをしたり、ごく短い文章でさえおわりまで読むことに堪え切れない」（9月10日・日記）状態に気付いている。忙しく動いている間にできたものである。恐い精神のむしばまれ方であった。この9月は熱が出たし、歯の痛みがあったし、足も筋が軽く痛んだし、風邪気味でもあった、さんざんな月であった。そうした中で、9月末に「平家物語」（岩波古典体系33）を読み終えた。この「平家」を読んで、私は、平家の滅亡を主旋律と感じ、その悲の部分に心をひかれた。学校では「作文教育の探究」（野地潤家著・文化評論出版。昭和47年刊）を9月末に読んでいる。現代国語1年の作文単元を前にしているからであろう。

　10月8日（日）は運動会だった。この月は、日曜という日曜が行事で全部つまっていた。さらに10月19日（木）20日（金）は第17回広島県高等学校同和教育研究大会が広島で開かれ参加した。参加者1100名であり、県下の高校教職員の四分の一を集めた大会であった。なお19日は私が43歳になった日である。

　11月となり、1日（水）は文化祭であった。「文化をとって村をつけた方がよいといえる。」（11月3日・日記）とぼやいている。本気で取り組んだ催し物もあるのだが、が、それらは影が薄くなっている。生徒の気質の変容である。この頃現代国語1年で「緒方の塾風」（「福翁自伝」より）を扱い、「学習と密接な教材といえる。こうした教材がとりだされる必要がある。」（11月11日・指導日誌）といっている。

　この頃、12月にある大下学園祇園高校の国語科教育研究会で報告する実践報告がはかどらず苦しんでいる。一方、学校ではこの11月にまた、

同和教育の差別事件が起こる。差別事件もだんだん潜在意識にあるものがふと発言されるものになっていて、この時は、体育館でバスケットの練習中に冗談混じりに出た発言であった。こうした中で、教職員に病人や、事故が起こったのもこの頃であった。5名の教職員が入院や欠勤ということになった。私も相変わらず体の調子はよくなかった。その中で、祇園の発表、差別事件、県教育委員会指導課関係の仕事その他で、約二か月の間に11回広島に通った。よく体が持ったものだと我ながら思った。

12月3日（日）大下学園祇園高校第十七回国語科教育研究会で「論説文要約のテスト—田中美知太郎「幸福について」—」を報告する（注2）。この研究会では五年ぶりのことであった。この発表はろくに準備できないこともあり、論理がかみ合っていなかったと反省している。

12月9日（土）の午後から10日（日）にかけて、子供を母に託して、京都の南座の顔見世を見に妻と二人で行った。国鉄（現JR）の「顔見世エック」を利用したのである。9日に顔見世を見、10日は嵯峨野を歩いた。妻も私も学校でギスギスした感情になりやすい状況の中で過ごしていたので、心が洗われた日だった。しかし、帰ってくると、また会議・2学期末考査の採点、しかも、国語科の一人が病気なので私の担当7組分にさらに2組分多く採点をした。ともかく2学期は終わった。

12月25日（月）に二七会の12月例会と忘年会があった。26日（火）に学校で仕事、27日（水）は同和教育部会と、最後まであれこれあった。しかし、仕事を離れた28日（木）以後の日が「この上なくありがたいものに思えてくる」（12月31日・日記）と感じている。この年は、同和教育で明け暮れた一年であったといえる。その中で、6月の二七会、12月の大下学園と二回発表をした。発表の出来不出来を越えて、崩れずに国語教育に思いを寄せたことを喜んでよいと思う。

1973（昭和48）年1月1日、教会の元旦祭に参拝しての思いとして、「年

注2　43　論説文要約のテスト—田中美知太郎「幸福について」—第十七回大下学園祇園高校国語科教育研究会・1972年12月3日・同研究紀要18

にふさわしい内容のある仕事をしたいし、また年を越えた若さの体力や思考力を持ちたい」(1月1日・日記)といっている。昨年体があまり調子よくなかったところから生まれた願いであろうか。国語教育については「実践者でなければいえないことをうちたてたい。」(同)と述べている。

5日(金)になると早速、三原市同和教育研究会執行委員会の冬期研修に出席している。

この頃、広島県立学校校長会会誌の編集の依頼、大下学園国語科教育研究会研究紀要の原稿書きなどをしている。これがすむと、有精堂「国語教材研究講座」の一部「徒然草」の原稿書きがある。これは、増渕恒吉先生の推薦によるものであった。

この頃「教育の正常化」をめぐって、校長会・PTA側と教職員組合・解放同盟側とが対立していて、混乱状態にあった。この中にあって、私は「1、教育への外部団体の介入。2、教師の無気力・分裂状態。3、生徒の集団意識の欠除。」(1月25日・日記)を感じている。そうした中で私は国語教育実践者としての腕と誇りを持ちたいと願ってもいる。

この年の年賀状は、全部で216通あった。この中、在校生が24通、卒業生が50通であった。

2月16日(土)から20日(火)までこれという目的もなく、東京に行く。しいて理由をつければ、妻の妹が、浦和にいて、次女を出産した祝いに行くこともあった。芸術座で菊田一夫作「女橋」を見たり、五島美術館に行き織部の茶碗と古伊賀の花立てに感心したりしている。19日には増渕先生の所に行き、今書きかけている「徒然草」について疑問点を聞いたり、国語教育について話したりしている。そして、この日、泊まる芝パークホテルで最初に教えた尾道東高校1953(昭和28)年3月卒業の人たち12名と食事をした。翌日帰った。この頃は新幹線がすでに岡山まで延びていて、東京・尾道間は5時間30分になっていた。こうした、目的もなく東京をぶらぶらすることが私にとってどれだけ心を和らげたことだろう。私にとって、旅は鎮静剤であった。

3月半ばに、高等学校教職員組合竹原支部長になるように打診があった。

しかし、到底無理なので断った。私の生き方から見て、一番苦手な方面のことであるし、戦闘的にならざるをえない役割はできそうもなかった。

3月20日（火）は終業式だった。あまり生徒のことで気を使わずに過ごすことができた一年間であった。「ほんとうに気を使わせないですむ生徒であった。感謝したい。」（3月23日・日誌）と書いている。学年末には珍しく3日間学校に行かない日ができた。その中でも、三原高校にすでに12間在任していることではあるし、周囲の年度末人事がとりざたされるにつけて気になる何日かではあった。

24　本邦初公演「野宗睦夫伝」
（昭和48年度：1973年4月－1974年3月）

1973（昭和48）年度となった。私の三原高校での在任年数が13年目に入った。

私は2年1組のホームルーム担任となった。持ち上がりとは言っても顔ぶれは変わった。男子23名・女子23名の計46名である。担任に加えて、三原に来て6回目の学年主任にもなった。この年から教職員組合の主任制拒否闘争の一つとして校務分掌が一人一役ということになり、その分掌を決めるのに、例年よりももっとお互いの利己主義があらわになった。平等の仕事などあり得ないのを同等とみなして配分するのだから、無理が生ずるわけである。私はこの年も進路指導部に属した。

私の教科目担当は、現代国語1年・3単位・2組・6時間、現代国語3年・3単位・2組・6時間、古典乙Ⅰ2年・3単位・2組・6時間、計18時間であった。国語科の会合は今年度は水曜日の6限であった。この年は、自主教材の発掘と、一年生の「現代国語」の学習指導の二点を主として話し合うことにした。これは「現代国語」の教科書がこの年の1年生から筑摩書房版を使用することとなったためである。この筑摩書房の教科書は鋭いとらえ方をした教材が多く、私はいろいろ勉強させられたが、当初は「むず

かしすぎるのではないか。」（4月19日・指導日誌）と感じていた。

　この頃ずっと有精堂の「高等学校国語科教育研究講座」の『徒然草』の原稿書きに追われている。そして、4月22日（日）に400字詰60枚に書きあげた。4月27日（金）にはいわゆるゼネストがあり、日本教職員組合は半日ストの指令が出ていた。27日は、結果的には一日ストライキと同じこととなった。金曜日ではあったが、2校時以後打ち切り、臨時休校となったのである。

　5月に入ると、PTAと教職員との話し合いが続いた、話し合いはPTAから提起されたものであり、その内容は、私のメモによると、学生運動、組合運動による学校管理力の低下、ストライキ参加の問題などであった。同和教育、組合活動などによる学校体制の変化が管理組織の混乱とみられ、あわせて学力低下や大学進学率の低下とみられた。なお、6月に入ると、4日（月）から保護者会があり、空き時間や放課後面接をしている。16日（土）までかかった。

　5月末に「徒然草」の原稿書きのために中止していた岩波の古典大系を読むことを再開して、「太平記」を読み始めた。また、23日には夜行寝台「あさかぜ」で東京に行く。「徒然草」のことで有精堂へ行った。25日（火）の17時の「ひかり」に乗ると岡山乗り換えで尾道には22時半頃には帰ることができた。

　6月28日（木）には、広島県教育センターで「国語科教育の実践と研究―作文を中心に」という題で1時間30分の話をした。これは、教育センターの中学・高校の国語科担当者の長期研修（B）として、この年度何日か集まって研修をしている人たちへの講義であった。参加者は中学11名、高校5名であった。なにしろ長い時間の話なので、準備も「少々戸まどい気味であった。」（6月12日・日記）といっている。この報告は、個体史的な視点から、作文を見ていったものである。その中核になったのは、カー

注1　44　国語科教育の実践と研究―作文を中心として―・1973年6月28日・広島県立教育センター

ドであった。この時配布した資料によれば、71年までに作文関係の実践報告が10篇ある。B4版1枚であり、それ補うため教材研究カードを持参して、話した。私の報告の中では資料が最も少なくて、時間が最も長いものだといえる。

　6月は、18日（月）から教育実習生として、昭和女子大の戸田さんが来た。高校在学中のかかわりはなかったが私が指導した。また、国語科の一人が休職のため代替の戸光さんが来た。若い女性だったが、熱心で馬力もあった。この人の指導も私がすることが多かった。教生の研究授業を見て、「時間を頭に入れずに授業を進めると歌の理解が深まることはたしかのようである。」（6月29日・指導日誌）と感じている。与謝野晶子の歌を扱った学習指導を見ての感想である。この頃休む暇もない日々であった。教育センターの報告が終わってすぐ、7月1日（日）には、読書会二七会で「徒然草の学習指導─第四十一段─」(注2)を報告している。二七会で約束した後、教育センターの報告が入ったので、こうなったのである。もっとも、「徒然草」の方は、有精堂の徒然草の一部の報告だった。

　忙しくしていたが、7月に入り一段落ついたようであった。今年の新年からずっと続いた忙しさであった。ろくに本も読めなかった。7月19日（木）はまた29分のストライキであった。半日のストライキを4月にした後の29分なので緊張感はなかった。

　1学期が終わった。私の教師生活の社会的な側面からいえば、一つの学期に2回のストライキがある労働運動の激しさがあり、為政者、管理者と労働者の対立は深まる一方であった。この対立の中で、教育労働者ということばもこの頃はさして抵抗感もなく、私の耳に入ってくるようになったことも事実である。また、こうしたストライキなどによる、力の対決は、戦後経済の発展の中で、生活の豊かさをある程度達成させた。またこの数年の中で、例えば日宿直の廃止一つを考えて見ても、労働条件はよくなった。しかし、こうした前進を巻き返そうとする動きも生まれるわけで、勤

注2　45「徒然草の学習指導─第四十一段─」1973年7月1日・二七会6月例会

務評定のよいものに特別昇給をさせるというようなことが画策もされていた。
　夏休みとなった。相変わらず家庭訪問は行われた。私の場合、9日かけている。
　8月10日（金）11日（土）と広島大学教育学部光葉会国語教育学会があり、11日の午後、第三分科会「古典教育の諸問題」で司会する。参会者は清水先生や記録それに私を合わせて10名であった。この時期の国語教育関係者の問題意識が現代文にあったせいか古典は少なかった。しかし、古典教育の本質に触れる話し合いであった。私がまとめた分科会報告用のカードによれば、当日の問題点は次の六点であった。そのままあげておく。

　1　制度の障害　中学とのつながり、甲と乙とがいずれもⅡへ
　2　教材の発掘　再検討、学年配当、作品全体での位置づけ、教材の密度
　3　学習指導者（教師）の姿勢　偏見、基礎知識の不足
　4　学習指導法の工夫　音読・文法・口語訳
　5　学習者の意識・学力の低さ　図書館・興味、漢文・漢字が読めない
　6　古文と漢文とのずれ　古文は日本のもの、漢文は中国のもの
　　　訓読の不統一、いずれも日本語を育てたもの

　当日急いでまとめたものであるから、今日（1997年）になると、まとめた本人にも明確に意味がわからないものもある。しかし、ここで、問題となったものは、その後も依然として課題となっている事項が多い。
　8月20日（月）から23日（木）まで妻と子供二人を連れて、名古屋、岐阜、長野、妙高高原と行った。妙高高原の笹ヶ峰牧場へ行くバスの中で、高校野球の決勝戦で広島商業が優勝したラジオ放送で聞いた。
　23日（木）に長野から帰ると、26日（日）には、二七会の合宿で、福岡県の英彦山(ひこさん)に行った。ここの国民宿舎「ひこさん」で二泊した。

2学期となり、「国語教育についてもっと理論的に知りたいと思う。模索し、悩み、その中から動かないものをつかみたい。」(9月6日・日記) といっている。こういいながらも、実際はなかなか読むことはできず、学校では相変わらず会議が続いている。岩波の古典大系「太平記」も9月に入ってからはほとんど読んでいない。

　現代国語の3年は7月から、現代国語の1年は9月の初めから作文の単元に入っている。3年生は文章の組み立て、1年生は書くことの基礎に目標を置いて指導した。

　10月に入り、10月1日(月)から5日(金)まで修学旅行に行った。信州方面であったが、従来と違っていたのは、新幹線を利用して岡山から名古屋まで行ったことである。そして、名古屋からバスで木曾路を経て、松本市内の美が原温泉に泊まった。二日目は黒四ダムから志賀高原に行き泊まり、三日目には小諸から蓼科牧場に抜け、10月3日(水)は蓼科に泊まった。さらに、10月4日(木)は、雨で予定変更し富士スバルラインを通って五合目まで登った。この旅行は各ホームルームから修学旅行委員を出して、コース決定、旅行の心得、班編成、部屋割りなどをした。

　10月11日(木)には広島県教育センターの研究協力員会議で、教育センターに行った。続いて10月17日(水)から宮崎市に行った。西日本地区国語国字問題研究協議会が18日(木)から20日(土)まで開かれたためである。20日に宮崎から人吉に行き、泊まり、博多を経て、22日早朝家に帰り、すぐ学校に行った。

　10月は、出張が一ヶ月に十日以上あった。こうした中で、汽車やバスのごくわずかの待ち合わせの時間を利用して読んでいた本があった。この頃読んでいたのが石牟礼道子「苦海浄土」であった。講談社文庫300ページの本だったが、三か月かかってやっと読んだ。これをこの時期読んだことは貴重な体験だった。区切り読みの欠陥を越えて私を動かした。

　11月9日(金)10日(土)と文化祭であった。ホームルーム企画の催しとして、劇があった。この劇で私が担任している2年1組は「野宗睦夫伝」を上演した。内容はたわいもないドタバタ喜劇のたぐいであったが、生徒

が私の生き方に関心を寄せていたことが嬉しかった。ロング・ホームルームの時間に、私の今まで歩んだ道を話したことがあり、それが心に残っていたらしく、9月13日のロング・ホームルームが文化祭の劇をどうするかの話し合いだったが、「先生の自伝にしよう」ということになった。これによれば、私は65歳で、退職し、その祝いの席で、餅をのどにつまらせて死ぬことになっている。彼らの予言は当たらなかったわけである。この劇を見た細見徹爾校長は私に、「あんたはしあわせじゃのう。」と言ってくださった。なお、この文化祭では、部落解放研究部が狭山裁判をとりあげた映画「おれは殺していない」、映画研究部が「戦艦ポチョムキン」を上映した。村祭的な軽い気分のものが多い中で、硬派の出し物であった。ただし、モンタージュ理論の先駆となるエイゼンシュタインの「戦艦ポチョムキン」はわいわい人が動いているしか印象にない。

　11月17日（土）18日（日）は国語科の旅行で滋賀県の大津・彦根方面に行った。この頃は石油危機だと騒がれていた時期でもある。

　12月2日（日）に第18回大下学園祇園高校国語科教育研究会があった。ここで毎年話される大村はま先生の講演から私は「こどもの未来にむけて方向を持たせること、学習のよろこびを体験させることが教えることだといえる。」（12月2日）を学んだ。

　12月4日にストライキが指令されていた。しかし、中止指令が出たことは出たのだが、当日の朝8時30分に出たので、間に合うはずがなかった。

　冬休みになった。しかし、2学期の慌ただしさが気持ちの上では続いていて、何かにせかされている感じがぬぐい切れなかった。

　1974（昭和49）年となった。この年は「新しい年を迎えたのではあるが、どうもあたらしく決意するとか、抱負をもつとかいった気持ちも格別起こらない。淡々とした気持ちといったら嘘になるようだし、大きな決意といっても嘘になるような心境である。」（1月2日・日記）といっている。こういいながらも、「しっかりした実践研究をしたい。実践を研究にまで高めるための努力をしたい。」（同）といっている。この頃、野地先生の「読解指導論・琴線にふれる国語教育」（教文社・昭和48年10月20日発行）を読

んでいる。実践者でなければいえないことをいおうと考え、それは、「実践から創りだされたものが体系の中に正しく価値づけられる、あるいは新しい体系を打ち立てる」（1月10日・日記）ことだと思いをめぐらしている。

年賀状はこの年、204枚来ている。在校生39枚、卒業生34枚である。27日（日）は二七会であり、漱石「虞美人草」第十八章の担当で報告をした。

この時期の国語教育に対する意識として基本的と思えるのが「指導目標をどう指導過程に展開していくか、このことが要のように思える。」（1月10日・指導日誌）ということである。それから、教材研究については、「教材研究のあつみについて考える。」（1月17日・指導日誌）といっている。これは、現代国語1年で福沢諭吉「学問のすすめ」の教材研究を考えていた時の感想である。「学問のすすめ」の背後にある大きな歴史の転換の流れがある。これを指導者がどう受けとめ、どう学習指導の中で生かすかを考えていたのである。

2月2日（土）に私は新幹線で東京に行った。「大村はま先生のお話を聞く会」に出席するためである。3日（日）国立教育会館で行われたこの会は、私には「ずっしりと重い会であった。」（2月6日・日記）と感じさせた。この重さは、大村先生の実践のすばらしさを私の実践の中にどう生かすかがつかめないあせりから生まれたようである。この会に出てしばらくは、国語教育のことについて思いをめぐらすことが多かった。「国語科の学力とは何か、研究と実践とのつながり、どういう題目をとりあげて追求していくか、」（2月21日・日記）とも言っている。

この頃、岩波の古典大系を読むことは依然として、「太平記」のままである。半年近く抱えたままである。3月11日（月）にやっと読み終えた。続いて「義経記」（岩波古典大系・37）に入る。国語教育関係のものでは、「世界の作文教育」（野地潤家編・文化評論出版・昭和49年2月発行）を読んでいる。

3月7日（木）は最後のロング・ホームルームであった。この年度は朝のホームルームで順番に一人ずつ話をすることになっていた。まだ順番が回ってこなかった生徒の全員の話を聞く時間にした。「長い話、短い話と

あるが、それぞれ個性があり、準備された話としておもしろくきけた。」（3月7日・指導日誌）とある。このこと一つを考えても、この年のホームルームはうまく運営されたといえる。二年前の昭和46年度には生徒が拒否したことである。

　例年のように高校入試が13日（水）・14日（木）とあった。この年も選考委員として慌ただしく動いた。3月20日（水）は終業式であった。私の教員生活24年目が終わった。「安らぎに似た気持ちと痛みに似た気持ちとが入りまじる。」（3月21日・日記）と言っている。人事異動をめぐり、この月末はごたごたした。結果は、国語科は一名減の七名、体育科が四名から五名になった。

　人事が決まって、私は校務分掌の割り振りの委員であるため3月30日（土）に出勤する。この割り振りも教職員組合側の発案で、民主的な運営とはいいながら、しんどい部分を組合選出の委員が管理職の肩代わりしているように思えることが度々あった。

25　去り行く者の
（昭和49年度：1974年4月－1975年3月）

　1974年（昭和49）年4月となった。2日（火）に職員会議があり、部長や学年主任の選挙をした。この選挙を私は「見ものであった。スト参加者と不スト派との対立はかなりきびしいものがあると受けとれる。」（4月3日・日記）といっている。この頃になると、対立は思想や理論の違いではなくて、感情がむき出しになっていたようだった。実は私もそのあふりを受けて、教務部長に選ばれた。1年生・2年生とホームルーム担任をしてきたのだから、3年生まで持ち上がるべきだと思っていた。選挙とあれば仕方がなかった。教務部長であり、3学年の副担任であり、クラブ活動も名ばかりのもので、この年は書芸部顧問だった。そういえば三原に来て、ろくにクラブ活動の面倒をみたことがなかった。

授業は現代国語2年・3単位・1組・3時間、現代国語3年・3単位・3組・9時間、古典乙Ⅱ3年・2単位・3組で6時間、合計18時間である。この年度は3年生は7組編成なので、3年1組以外は全部出ることになった。この私が授業に出ない3年1組が後に問題になるとは、思いもしなかった。2年生の現代国語は1組だけだったが、それだけに思い切った学習指導をすることができた。この年度は3年生に「書く力をつけたいと思う。古典は現代とのつながりを考えさせたいと思う。」（4月6日・日記）といっている。この年は木曜日の4限が国語科の会合となっていた。一方組合の要求から生まれた研修日は、私の場合は土曜日だった。したがってこの日は授業がなかった。研修日といっても私の場合休むよりも学校に出ることが多かったが、授業がないとなると、さすがに金曜日が終わるとほっとした。
　現代国語2年の教科書は筑摩書房のものであった。この教科書は、私としては初めて扱うものである。「はじめての教材で、教材研究の見通しをつけるのに手間どる。カンでやっている。」（4月22日・指導日誌）といっている。
　11日（木）はゼネストで、学校は臨時休校であった。ストに参加しても、あまり罪悪感もなくなっていた。続いて13日（土）は2時間のストライキであった。17日（水）に歓送迎会があった。この会の後、現在三原高校のPTA会長をしている誠之館中学校時代の同級生が飲もうということで二人で飲み歩いた。しかし、実は私にストをおりるようにとの話であった。おそらく学校長あたりの話を受けてのことであろう。ストライキ参加者は管理職に登用しないことが人事面では明らかであった。それに私は、すでに県教委に入ることを断ったという前科がある。今さらどういわれてもどうにもならないと思った。年齢では教頭などの適齢期が迫っていたのである。かといって、いまさらストをおりるといえなかった。
　4月26日（金）に午後から出張で県北の東城高校まで行った。三原高校25周年記念誌編集の参考にするためである。細見校長が以前校長だった縁で記念誌の事を聞いてくるようにとの指示だった。伯備線経由で行き、その晩、東城の古い格式ある旅館に泊まり、翌27日（土）難波先生という

方からあれこれ聞いた。その後、若山牧水の歌碑、「幾山河」の歌が刻んである二本松峠に連れて行ってもらった。帰りは、芸備線・福塩線経由で帰った。

　5月4日（土）は読書会の二七会に行く。この頃は毎月続いて出ていた。日曜をつぶして広島まで行くのはきつかったが、収穫も多かった。岩波古典大系は「御伽草子」（通巻38）に入る。「義経記」（通巻37）は「よみやすくおもしろかったので比較的短い期間に読み終えた」（5月8日・日記）とある。

　5月23日（木）は放課後ではあるが、ストライキがあった。教頭法制化反対、反弾圧抗議が旗印であった。ストライキをして、その処分がある。それに抗議するのが反弾圧である。この頃は教職員組合と県教育委員会はことごとく対立していた。中間考査が5月22日（水）から25日（土）まであった。この時、「考査の問題作りはいつまでたってもなかなかすっきりとした問題ができない。」（5月18日・指導日誌）といい、「問についてやはり精密に表現することが必要である。」（6月7日・指導日誌）とも言っている。また、この頃、相変わらず、「要点・主題・要旨など用語の混乱があるようだ。」（6月14日・指導日誌）と、昨年からの私の悩みを書き付けている。

　6月18日（火）から2年4組の現代国語は作文の単元に入った。2年生で唯一私が担当する組であった。思い切って、グループで作文を書くこと(注1)にした。7月を前にすると、二七会、教育センター、光葉会国語教育学会と三つの発表が気になり出した。二七会では、教育センターで扱う作文に(注2)ついての予備報告をし、ここであれこれの意見を聞いてみることにした。光葉会の方は会員の栗林さんが出版した国語教育論集の感想を述べるようにとの学会からの依頼があった。

　夏休みとなった。副担任なので家庭訪問をしなくてよかった。しかし、

　　注1　47　単元「文章を書く」・二七会7月例会・1974年7月21日
　　注2　広島県教育センター・1974年7月30日・国語科教育研究講座長期研修（B）

この年は就職補講を7月23日（火）から27日（土）までした。それに7月は21日（日）が二七会での報告であり、30日（火）には教育センターでの長期研修（B）の人たちに対する報告もあった。
　8月10日（土）11日（日）は広島大学教育学部光葉会の国語教育学会であった。この年は第二日目の午後特別発表として、会員の出版した国語教育の実践論稿を三冊取り上げて感想を述べることが行われた。私はその中で、栗林三千雄さんの「国語教育のめざすもの」(注3)（文化評論出版・昭和48年6月出版）をとりあげて自分の感想を述べた。栗林さんの実践を通して、私の国語教育実践への思いを吐き出してみた。「本気になって生きてきた人のありさまを語ることは、感想を述べる者の生き方や国語教育観を問われることでもある。」とこの発表の要旨冒頭に述べている。
　いわゆる盆休みの頃に休んで、墓参りをしたり、妻の里に行くことにしていた。この年は15日（木）には家にいて発表した資料やら原稿を整理している。そして論説文関係のものをまとめて出版したい思いを持っている。
　18日（日）夜、夜行寝台で別府に旅行した。妻と子供二人を連れてである。翌19日（月）は由布岳に登った。他人が見たら驚くような軽装で登った。1583メートルの山ではあったが、途中霧がかかったり、下界で雨が降るのを見たりで変化があった。その日も前夜と同じ共済組合の旅館豊泉荘に泊まり、次の日は、中津から耶馬渓へ行ってその日の晩に家に帰った。8月24日（土）から25日（日）にかけて、読書会二七会の夏季合宿を尾道でした。参加者は24名であった。
　2学期早々台風が来襲した。9月1日の午後から2日の朝にかけて通過した。幸いわが家は物干しのビニールの屋根が一枚飛んだ程度で済んだ。9月20日（土）の夜行寝台特急「あさかぜ1号」で上京する。第27回全日本国語教育研究協議会に参加するためである。二日目の午後、講演に安東次男氏の講演「奥の細道の芭蕉」があった。これは奥の細道の編集について

注3　48　愛情と情熱のめざすもの―栗林さんの「国語教育のめざすもの」を読んで・1974年8月11日・広島大学教育学部光葉会国語教育学会

新しい角度から追求したものであり、今度の会の収穫だったと感じた。翌日上野の国立近代美術館で「ヨーロッパ絵画名作展」を見て、午後東京を発って帰る。

　9月28日（土）の午後、尾道三原地区高等学校同和教育研究会・高等学校教職員組合の合同教育研究集会が三原東高校・三原工業高を会場として開催された。ここで、国語教育分科会の発表として、「古典教材の新しい視点を求めて」と題して、三原高校国語科の提案を私が代表で発表した。国語科が共同研究をしたものである。よほど科の人の気持ちがそろわないとできない。討議を重ねた共同研究は初めてであった。その後は一つの研究主題を分担して考えたことはあったが、討議しての研究はなかった。

　10月になった。職員会議で三原高校25周年記念誌のことが問題となる。職員会議で内容について諮（はか）らなかったという抗議であった。ここにもストライキに参加した者としなかった者との対立があった。記念誌ができ上がる頃になっての抗議なので、どうこうできるものではなかった。編集に携わった私は身をすくめていた。

　10月は三原高校25周年記念の準備に追い回された月であった。例えば、2年生が修学旅行に行っている間に1年・3年の中間考査があり、この期間ぐらいはは会議がないと思っていたら16日（水）などは、25周年の打ち合わせで、校長室に昼前から4時過ぎまでいた。また、記念式典が迫った10月末は、ほとんど毎日のように、記念誌の校正、展示会の準備、委員会と何かがあっている。「採点をする時間をひねり出すのに苦労」（10月26日・日記）した。この中で1学期末に学習指導をし、2学期初めに提出させた2年生の現代国語のグループ作文を読み、評価をし、発表会の準備、発表会と進めた。発表会は10月22日（火）、中間考査が終わり、2年生が修学旅行から帰って直後の授業であった。「内容がいろいろあっておもしろい。」（10月22日・指導日誌）と言っている。この忙しさの中で、私は10

注4　49　古典教材の新しい視点を求めて・1974年9月28日・尾三地区高同教並びに高教組尾道竹原地区合同教研

月19日（土）に45歳を迎えた。

　三原高校25周年記念式典は11月8日（金）である。記念誌もやっと間にあった。この記念式典の時、三原高校の卒業生でオリンピック体操の選手池田敬子さんの「この道一すじに」と題した記念講演があった。話題が豊富で、話術が巧みでひきつける話であった。この日記念の祝宴があった。教職員の参加者はストライキに不参加の人ばかりであり、ストライキ参加者で祝宴に出たのは、25周年の記念行事係の宇田さんと私ぐらいであった。私はこの晩、家の近くの溝に落ちて右足を打撲した。しんどい思いでしばらく登校した、三原高校25周年記念式が終わり、ほっとする暇もなく、大下学園国語科教育研究会での発表準備にかかった。この年は15分の持ち時間なので、時間内におさめるのに気を遣っている。岩波古典大系は「連歌集」（通巻39）を読み終えている。ただし、「おもしろさを理解する読みができない。」（11月8日・日記）といった読みである。

　11月20日（水）の午後、東京へ行く。21日（木）に大村はま先生の研究会が石川台中学校であったのである。「外国の人は日本（日本人）をこのように見ている」の授業であった。「圧倒的な重さ」（11月25日・日記）と感じている。済んでから、教育センターの大西さんといっしょに夜行寝台急行「銀河」に乗り、京都に降りて、高尾の紅葉を見て、その日22日（金）に尾道に帰り、翌日は読書会二七会に出ている。土曜日が勤労感謝の日であり、翌日がに日曜ということから、こうした日程をこなしたのであろう。

　12月1日（日）は大下学園国語科教育研究会であった。ここで私は50回目の実践報告をする。「遠藤周作『ヴェロニカ』の学習指導」である。指導講師の大村はま先生からは「事前指導に注意を」と、野地先生からは「生徒の学力を過小評価していること、型から抜け出すように」との講評がある。50回目の発表はきびしいものであった。翌日2日（月）は第2回広島県国語教育連盟研究会が広島舟入高校であり、ここで高校部会の助言者を

注5　50　遠藤周作「ヴェロニカ」の学習指導・1974年12月1日・第19回大下学園国語科教育研究会および同研究紀要

した。初めての経験である。これらの研究会をすませて、じっくりと腰を据えて勉強したいと思い、「国語教育の理論を勉強しなければならないし、授業の質を高めることも必要である。」（12月4日・日記）とも考えている。

　12月の初めに3年1組の担任が休職するという事態が起こった。3年生であるから、進路決定、調査書作成など気持ちを張って処理しなければならないことが控えている。担任の代行を誰がするかで問題になった。私に白羽の矢が立ったのであるが、実は私はこの年度、この組だけ授業を担当していなかった。授業を担当していれば否応なく引き受けざるをえなかっただろうが、実質一月の担任をあまり生徒を知らないまま引き受けるわけにはいかないので、学校長に任していた。結局は副担任をしている家庭科の本田さんが代行となった。気の毒ではあったが、やりようがなかった。

　12月28日（土）に二七会の12月例会と忘年会があった。

　この一年は私にとって初めてのことがいくつかあった。8月に光葉会の国語教育学会で栗林さんの著書の感想を発表したこと、教職員組合の地区教育研究集会で共同研究の成果を報告したこと、県の国語研究会で助言者をしたこと、そして共同で作文を書かしたことがそれである。忙しくもあったが充実した年だったといえる。四、五年前のガタガタがうそのような年でもあった。国語教育で忙しくすることの幸せを感じた年である。

　1975（昭和50）年45歳の元旦は雨であった。この中で、社会情勢と同じようにすっきりとしない中で、国語教育の実践者として大きく飛躍する年としたいと思った。実践のことを考えると、自分の年齢のことなど考えておられず、「絶えず新人であるはずである。」（1月1日・日記）といっている。

　岩波の古典大系は「謡曲集上」（通巻40）になった。これを読みながら謡曲の作者たちに古典の知識がどういうふうに息づいていたのだろうかを思った。一方、昨年の大下学園国語科教育研究会で報告した「ヴェロニカ」の原稿も書き始めた。また、この頃は国語教育の基本的な問題についてあれこれ思いをめぐらせていた。例えば学力とは何か、読書指導をどう位置づけるか、などがそうである。

1月25日（土）で3年生の授業は終わった。「大体において気持ちよくできた。」（1月25日・指導日誌）ともいっている。現代国語と古典乙Ⅰと共に3組ずつあったのだが、古典の方は、最後に学習した感想を書かせた。これをざっと読み、「この感想を中心として、発表をまとめてみたいと思いがする。」（1月26日・日記）といっている。「古典の学習意識―古典の学習指導を前進させるため―」と題まで考えついている。ここで思いついたことが、この年の広島大学教育学部光葉会での発表になった。3年がいなくなったので後は2年4組の現代国語が3時間だけ残ることとなる。授業が少なくなって時間がゆとりがあったので、教育センターで報告した「文章を書く」と、組合の教育研究集会で報告した「古典教材の新しい視点を求めて」を原稿化することができた。

　2年の現代国語は残り少ない時間ではあるが、最後に自主研究を計画した。2月25日（火）から3月18日（火）まで5時間を使った。教科書の授業で取り上げなかったものを自由に選ばせて、研究させた。今考えてみても、この年の現代国語2年は私の学習指導の中で、最も充実したものではなかったかと思う。

　年賀状はこの年、243通であった。卒業生から44通、在校生は22通であった。なお、この年のお年玉くじは10枚が当たった。

　2月4日（火）に三原市同和教育研究会があり、教育内容分科会「自然認識」分散会で記録をした。日ごろあまり聞くことがない小学校・中学校の学習について聞いたのはそれなりに驚きもあり、傾聴すべき意見もあった。ただ、発表者がともすれば、助言者・講師口調になり、他の参会者は惰性的な姿勢のように思えたのが気がかりであった。

　2月8日（土）と9日（日）にかけて、国語科で白浜温泉に行った。20年ぶりであった。開発が進んでいた。翌日は紀三井寺や和歌山城に寄って帰った。

　この旅行から帰り、学校長に転任の話をした。実は少し前から誠之館高校への転任の話があったのである。母校ということもあり、三原に14年間いたこともあって、転任の潮時とは思っていた。新しい環境で私の国語

教育を考え直すのがいいと決断して、転任の意志を固めた。

　3月1日(土)は卒業式である。おそらく三原における最後の卒業式となるだろうと思った。この日の午後、3年生の学年会で松山市の道後温泉に行く。「どこかで意識がさめていて、ばかばかしい騒ぎをさせないものがあるような宴会である。」(3月3日・日記)と帰ってから記している。これもストライキ参加・不参加でどちらにも気を許せないものがよどんでいたからであろうと思った。2日(日)は伊予大洲に行った。「静かで、山と水と昔があったのがいい。」(3月3日・日記)と思った。

　この頃、星野芳郎「瀬戸内海汚染」(岩波新書)を読み、想像以上に公害に侵されている瀬戸内海を知り恐ろしくなった。こうした新書や文庫は通勤列車の待ち合わせの時間などを利用したり、土・日の空いた時間に読んだ。12日(水)13日(木)は高校入試である。この年からは5教科となり、時間も40分となる。今までのように、9教科一科目20分か15分よりはいいかもしれないと思った。

　3月20日は終業式であった。三原における最後の終業式とあって、思いは重いものがあった。「わたしの国語教育に対するさまざまな思いを育ててくれた教室での最後の授業であった。わたしがねらったことがどうやら生徒に正しく通じるようになった今、新しい実践の場に移ることはつらい思いもする。いい年をしてかわらなくてもという声も聞こえてくるようである。」(3月20日・日記)と書きつけた。こういいながら、22日には少々転任は雲行きがおかしくなったとのことであった。しかし24日になると、転任はほぼ確定した。こうした人事異動は何がどうなっているのかわからない点がある。

　30日(日)は読書会の二七会に出席する。転任したため、3日ばかりぽっかり空いた日となった。三原で過ごした時のいろいろなな思いも、今となっては気にもならず、またこれから行くであろう誠之館での不安もあまりなかった。

三　広島県立福山誠之館高等学校

26　母校とはいうけれど
（昭和50年度：1975年4月－1976年3月）

　1975（昭和50）年4月3日（木）に広島県立福山誠之館高等学校に初出勤した。私の母校ではあるが、学制が変わって高校となり、男女共学となって、その上場所も高台に移転しているので、懐かしさもなかった。昔をとどめているのは、藩校誠之館玄関である記念館が移転後も移築されていたことぐらいであった、私にとってはこの高校は、広島県東部の指折りの大学進学校であり、その高校で私がどういう国語科教育の実践を展開するかが気にかかることであった。3日は新任者全員が集まり、対面した後、各科の会合に出た。私の場合、国語科の人の何人かは知り合いである。さらに学校長は三原高校でいっしょだった沢井一男校長であり、教頭は高等師範学校の先輩で誠之館中学校の先輩である数学科の長谷行雄教頭であり、その上、誠之館中学校で同級生だった者が私を含めて五名いたので、全くの新参者ともいえない気楽さがあった。

　4月5日（土）には、全日制・定時制・通信制の合同職員会議があり、新任者の紹介があった。定時制は三原高校にもあったが、通信制は初めてのことであった。合同職員会議の後、全日制だけの会議となる。

　なお、この4月は、妻が尾道市立栗原中学校から高西中学校に転勤し、長男は山波小学校から久保中学校に進んだ。

　4月9日（水）は三原高校での離任式があった。この時に私は、「生徒に与えることはしたが、引き出すをしなかったことを残念に思う。」という意味のことを言った。翌日の10日（木）からは誠之館高校での授業が始まった。この年は、現代国語1年・3単位・2組・6時間、古典乙Ⅰ2年・3単位・2組・6時間、現代国語3年・2単位・3組・6時間であった。1年生の現代国語の教科書筑摩書房「現代国語Ⅰ」は三原でも用いたものであったから、気が楽であった。「1年が一番雰囲気が柔らかい。2年3年は新参

者なので警戒しているのであろうか。」（4月12日・日記）と感じている。

　11日（金）は遠足で尾道市の対岸向島にある高見山に行った。1年生の副担任だからである。私は自宅のある尾道から国鉄で福山に行き、尾道に引き返し、再び福山に帰り、学年会の宴会をして、やっと尾道のわが家にたどり着いた。

　誠之館高校は他の学校の文化祭に当たる「記念祭」を4月の終わりにしていた。新入生は入学するとたちまち、校歌や応援歌をいくつも覚えなければならない。昼休みには講堂に集められ、上級生が叱咤する中で歌わされる。これらの歌の中には、太平洋戦争中に学んでいた私どもが歌っていたのもあった。『応援歌』は昔のままであり、『遠征歌』は、私どもが歌っていた時には「見よ我が誠之健男児」となっていたのが、「見よ我が誠之我が友よ」と改めてあった。第一校歌・第二校歌は、歌詞・作曲とも変わっていた。応援練習をする声を聞くと、蛮カラな気風がまだ残っていると感じた。一方、放課後になると、フォークダンスの練習が1年生の教室で始まる。2年3年の体育委員が教えに来るのである。また、出し物の準備も始まっている。これらが、ほとんど全て生徒の手で混乱もなく行われているのも驚きであった。

　記念祭は4月27日（日）28日（月）と行われた。圧巻は最後を飾る、「ボーンファイアー」であった。全学年が夕闇の迫る運動場でフォークダンスをする。やがて、夕やみの中で、高く積み上げられた木材に火がつけられる。応援歌などが何回も繰り返し歌われる。歌による連帯感が頂点に達する頃、火が消される。その後は、すざまじいばかりの叫び声、泣き声、体の寄せ合い、走り回りである。初めて見た私はたまげた。ものを作り上げたことの歓喜か、青春のほとばしりか、火の魔力かと、いぶかった。

　誠之館高校での校務分掌は1年4組の副担任と、図書課に属していた。この図書課は視聴覚や放送も含まれていて、いってみれば情報課とでもいうものであった。係りとして希望図書係などという係もあり、生徒から希望が出たのを選択するのである。私は図書館報係と読書指導係であった。この図書館運営も生徒の活動が積極的にみられた。

国語科の学習指導については、現代国語は学習者を積極的に活動させることを考えた。このため、課題作業報告書を作ったりしている。古典については、「口語訳をどうのりこえるかが問題」（4月15日・指導日誌）と考えている。この学校に来て、間もない時、完了の助動詞「り」が命令形に接続する説があることを知った。国語教師の基本的な学力不足について考えさせるできごとである。

　4月下旬に岩波古典体系の「謡曲集下」（通巻41）を読み終えた。

　記念祭が終わり、5月の連休になった。3日（土）には誠之館高校国語科の歓送迎会があった。全日制・定時制・通信制も一緒であった。これ以外にもなお連休中は毎日何かの行事があった。この時期から、3年生の現代国語の教材に触発されてか、日本、あるいは日本人の心について考えを深めてみたいと思うようになった。講談社現代教養新書など比較的読みやすいものを取り上げて読もうとしている。

　5月8日（木）・9日（金）・10日（土）は国鉄ストライキのため休校であった。9日は日本教職員組合のストライキであり、中止指令が朝になって発令されたため、三原から通っている同僚の車でわざわざ学校まででかけることをした。5月上旬は2日だけ授業があった。14日（水）は校内大会陸上の部があり、1時間目だけ授業があった。この後、校内大会は放課後など使ってひっきりなしに行われていた。新任者には驚きであった。文武両道の伝統かと感心した。

　5月24日（土）午後福山地区国語教育研究会があり、講演で大分県立大分工業高校教諭の仁木ふみ子さんの「読書指導における国語科の特権とはなにか」を聞いた。翌日25日（日）は誠之館の同窓会総会であり、ひさしぶりに出席した。1200名以上という出席者の多さに、自分の卒業した学校ながら、同窓の絆の強さを感じた。記念講演は藤原弘達氏。この人は誠之館の出身であり、尾道市の生まれである。毒舌で名高い人であった。今後の日本の進むべき道は教育の改革にあることの趣旨の話であった。

　この年は福山地区高校国語教育研究会の会長が府中東高校校長であり、事務局も府中東の国語科の人が担当していた。しかし、本年は県の研究大

会が福山で開かれるということで私に事務局員の依頼があった。私以外に、高等師範時代の同級生である葦陽高校の小林達治・吉田功の二人も加わった。

　7月に入ると、学期末の考査の作成、処理以外に、県国語教育研究会の県大会へ向けての会議、理事会、「年報」編集委員会、などと重なる。成績の処理も、三原高校とは方法が異なっていて、初めての者には面倒であった。三原の場合は中間・期末の考査に平生点を加えて100点満点で出せばよかった。3学期末に5段階にすればよかった。ところが、誠之館の場合は、得点の分布表を作り、10段階に切るのであった。もっとも、正常分配の10段階ではなくて、10・9の段階が合わせて10%であり、これを等分する。さらに8・7を45%、全体で言えば、上から55%で切り、これも等分する。次いで、6・5を40%上から言えば95%を切る。同じく等分である。残りの5%が4～1である。大学進学の調査書を意識した区分である。3学期になると、10・9を5にし、8・7を4、6・5を3、4・3を2とする。

　こうして1学期は終わった。この転任最初の学期を「馴れない中で意欲だけが空回りしはしなかったかと反省している。ほんとうに生徒の学習力をひき出す方向で指導が行われたかどうか。方法が先走っていただけではないか。」（7月19日・日誌）と書いている。学習者の実態をつかみ切れないまま過ごしたことへの戒めもある。

　夏休みとなった。7月28日（月）・29日（火）と、1年生のキャンプの引率で、神石郡仙養が原（現神石高原町）に行った。それ以後、私の関係している団体のあれこれの行事があり、冷えたりぬくめたりでとうとう耳下腺炎になった。

　8月11日（月）12日（火）に広島大学教育学部国語教育学会があった。この会で、16人の報告の中、実践報告は7人と半数以下であった。他は大学関係の研究である。私はこの会で「古典の学習意識—74年古典乙Ⅱの実践と反省—」について発表した。私の実践報告は少ない実践報告の中で、唯一の古典に関するものであった。この会の大学関係者が育っている

ことを示すものではあるが、これでいいのかとも思ったりした。

19日（火）から22日（金）まで、福岡、日田、久住方面に妻と子供を連れて旅行した。27日（水）から29日（金）までは、二七会の合宿で三重県の赤目に行く。29日は伊賀上野を見学する。芭蕉と忍者の見学である。

学校のこと、生徒のことをあまり考えないで過ごした夏休みであった。精神の休暇とでもいえた期間である。

2学期になった。この頃思っているのは、国語教育の理論を勉強することについてである。「実践屋にならないためにも、また他人にわかってもらうためにも、他人の意見を批判、吸収するためにも理論がいる。」（9月9日・日記）と考えている。9月20日（土）に福山地区教科別研究大会、いわゆる組合の地区教研に出る。24日（水・秋分の日）には読書会の二七会で実践報告をする。「高校二年の作文単元『文章を書く』―グループで作文を書く―」の報告である。これは昨年度の実践である。私にとっては思いが深い作文単元であった。

誠之館には夏休みの宿題としての読書感想文があり、400字詰5枚の長さであった。これに対して、「五枚という長さの評価はなかなかしんどい。」（9月4日・指導日誌）といっている。なおこの9月4日は50分かけて15名の感想を読んでいる。

学習指導は1年生が短歌の単元となる。この中に斎藤茂吉の「死にたまふ母」がある。この教材研究をしながら、「絶唱である。教材研究をはなれて読んでも胸を打つ。」（9月6日・指導日誌）といっている。

10月に入り、5日（土）に高等学校教職員組合福山地区教育研究集会の問題別集会があった。平和教育に出席する。10月15日（水）には広島カープが初優勝をした。9月に入り快進撃で、三年生は受験勉強が手につかない生徒もあると担任が苦笑いしていたぐらいファンをやきもきさせ、広島

注1　51　「古典」の学習意識―74年度古典乙Ⅱの実践と反省―・1975年8月11日・第16回広島大学教育学部光葉会国語教育学会
注2　52　高校二年の作文単元「文章を書く」―グループで作文を書く―・1975年9月24日（日）・二七会9月例会・広島国泰寺高校

近辺の人々をひきつけた末の成果であった。この四日後の19日（日）は、私の46回目の誕生日であった。
　10月29日（水）の夜行寝台特急「あさかぜ」で大村はま先生の国語科実践研究発表会に行った。第四回の会であり、「読む人を読む」の主題であった。私は、「一人一人の子どもに差別を感じさせないように力を伸ばしていくための方法」（11月3日・日記）ととらえている。愛情と方法とが切り離しがたく存在していて、表面的に方法をとらえてみても所詮はまがいでしかないと感じた。
　11月になった。1日（土）には鍛錬遠足があり、これは生徒と一緒に約20キロ歩いた。4日（火）に広島県国語教育連盟大会役員の打ち合わせ会、6日（木）午前ストライキ、14日（金）40分授業の放課後に校内弁論大会の審査員（14日）などがあった。私の中学生時代も「弁論大会」であり、太平洋戦争下とあって、悲壮、発奮調の印象が強く残っている。しかし、30年の歳月は「弁論」の呼び名は変わらないけれども、内容はくだけたものが多かった。審査員一人の持ち点20点で、素材・構成・声・態度がそれぞれ5点であった。
　11月12日（水）の職員会議で学校長から、来年度より実施の福山地区の総合選抜制度に関する説明がなされた。この制度はいくつかの変遷はあったが1997（平成9）年まで続くこととなる。
　18日（火）の広島県国語教育研究大会は福山市を会場とした。事務局員としてだけでなく、高校部会第三部会の司会をした。尾道・三原地区の分校・定時制・私学の共同提案があり、参会者は十数名ではあったが、熱のある部会であった。
　11月26日（水）は公務員関係労働組合共闘会議統一ストライキのため列車が全面的に止まった。12月3日（水）まで、知人の車に乗せてもらったり、バスに乗ったり、旅館に泊まったりの、大変な一週間であった。
　11月30日（日）大下学園祇園高校国語科教育研究会で「読むことと書くことの関連指導の実際─その学習指導の類型─」（注3）について報告した。
　12月となり、学期末の成績処理の忙しさが加わった。体調の悪さから、

今日休暇をとろうか、明日休暇をとろうかと思いながら、遂に休暇をとらずに過ぎた。2学期末の考査は3年生には行われなかった。大学受験を控えての配慮らしいのだが、他校から転任したばかりの私にとっては、「考えてみれば、どうかと思う。」（12月5日・指導日誌）と感じるのも無理からぬことであった。

　12月10日（水）には新しく実施されようとしている主任制に対する反対のストライキが午後半日あった。この時には主任制といっても切迫感はなかった。一方総合選抜実施に伴う職員会議が17日（水）にあった。誠之館高校に転任して初めての勤務時間延長の会議であった。さらに、20日（土）は本年3月までいた三原高校の国語科で実践研究会と忘年会とがあり、これに私も招かれた。実践研究会は全員が実践報告をした。こういう集まりは国語科の全員の気持ちが揃わないとできるものではない。その後、場所を変えて忘年会をした。忘年会はこの後、26日（金）に学校の忘年会、27日（土）に読書会の二七会の忘年会があった。学校の忘年会は全日制・定時制・通信制合同で行われ、総勢百名を越す大宴会である。この会で、私は転任後初めての同僚会の幹事をした。こうして、新しい学校、そして母校に転任して最初の年末とはなった。しかし、それに対する年末の所感は何も書きつけていない。

　私の周りの状況は平穏だったわけではない。ストライキの回数の長さ、激しさ、主任制などの実施の画策、など国内の情勢に加えて、福山地区には総合選抜制度が来年度から導入されようとしていた。そうしたことに対して、私が無関心だったわけはない。風雲を潜めながらの年末だったはずである。

　新しい年1976（昭和51）年になったのだが、「改まった感慨もない。ただひたすら行けるところまで行くのみ。」（1月1日・日記）といっている。年末の感慨も記さず、年頭の決意もないところをみると、私は極めて冷め

　注3　53　読むことと書くこと関連指導の実際—その学習指導の類型・大下学園祇園高校国語科教育研究会・1975年11月39日・同研究紀要21・22・23合併号

た（覚めているわけではないのだから）気持ちでいるらしい。これは三原高校でのきびしさから離れ、責任の重さから遠ざかり、学習指導は生徒の優秀さに支えられてうまくゆくということで、気抜けしたせいだったのだろうか。

　1月3日（土）には三原高校の昭和45年度（1970年4月～1971年3月）の2年5組のクラス会があった。3年生のクラス会でなく、2年生のクラス会であった。いわゆる高校紛争時の時の2年生であり、四年制の大学に進学した者はこの年の3月に卒業を控えていた。目まぐるしく変わった時代の流れの中で、本音をぶつけた高校時代を懐かしく感じたのであろうか。なお年賀状はこの年225通であった。誠之館高校に転任して一年目であり、副担任ということもあって、在校生からは8通であった。ちなみに卒業生からは48通あった。

　1月25日（日）に二七会があり、出席した。今回から夏目漱石作品の輪読は「草枕」となる。1月29日（木）には誠之館中学校の同期生会があった。母校に勤めているからには出ないわけにもゆかなかった。この年は5月に開かれる誠之館同窓会総会の当番幹事をする学年であり、なおのこと欠席するわけにもゆかなかった。四十歳半ばの年齢は、ギラギラとした自負心や功名心が溢れているし、旧交を温めるといっても、暗い時代を懐かしむという思いもなかった。

　2月に入ると、3年生の授業がなくなって、私は週12時間の授業になった。気分は楽になったが、思うようには勉強はできなかった。この頃から主任制の導入が組合活動の重大問題となっている。「競争の原理を教育の場に持ってくるべきものではあるまい。」（1月29日・日記）と考えている。誠之館高校の場合校務分掌は課制であり、教務課とか図書課などと呼ばれ、それぞれに課長が選ばれていた。これらの課長も3学期に入ると返上された。

　3月1日（月）は卒業式であった。学校が違えばやり方も違ってくる。誠之館高校の卒業式は音楽が多いのが特色であった。それに、全日制・定時制・通信制の三課程が一緒に行なった。誠之館高校は、他の高校と異な

り、講堂が体育館とは別にあった。それだけにせり上りの構造は平面の体育館で行うのと違って、厳粛さを感じさせた。

　私が誠之館高校に転任して一年が過ぎようとしている。この一年間で、私につけられた異名は「ガリ魔、現国の鬼、プリント狂、受験屋」（3月6日・日記）などであった。この異名は、おそらくプリント類が他の人より群を抜いて多かったのであろう。複写する機械がこの時代はまだあまり簡易でなかったときであるから、手書きのプリントを次々と配布したことに対して驚きがあったのであろう。

　現代国語1年の場合で言えば、この年度は学年担当者の協定もあって、私独自の学習指導計画で進めるわけにはゆかなかった。しかしその中で、いくつかの教材をまとめて、主題単元の形をとることができた「人生における様々な出会い」「文章を書く」「論説文の研究」の三つの単元は、グループ研究をし、資料をつくり、資料に基づいて発表をする形をとった。こうした中から生まれた資料が約30枚ある。このグループ学習の場合当然学習の手引きや報告用紙も必要である。さらに、それ以外の教材や単元の場合にも、学習の手引きや課題が必要である。こうしたプリントが23枚あった。この実態を学習者がとらえて「魔・鬼」とかいったのであろう。

　2年の古典乙Ⅰでも年間15枚のプリントを配布している。これは、口語訳や学習の手引きなどである。3年の現代国語となると、学習の手引きなど16枚のプリントがある。私の意識では、三原時代と比べて「問題（解決）学習の手引きを何の新鮮味もないと考えて作成したにもかかわらず、生徒にはずいぶん驚異に思えたものらしい。そのことから考えても、いかに先生の独演会、あるいはひとりよがりの授業が行われていたかがわかる。」（3月6日・日記）と述べている。

　3月12日（金）・13日（土）に高校入試の学力検査があった。この入試から福山地区も普通科5校による総合選抜制度が実施された。15日（月）には国語の答案は大門高校に持ち寄り採点した。翌16日（火）には葦陽高校で学力検査の科目の得点集計があった。私は集計委員だったので行った。

　3月19日（金）は終業式だった。この一年は「楽しい一年というわけに

はゆくまいが、しかし、つらい一年というものでもない。」(3月19日・日記)と述べている。さらに「生徒のよさに助けられて、国語教育の面で思い切った試みがいくつかできたことがうれしかった」とも言っている。

　学校を変わり、新入りとなっても、やはり人脈の複雑さから逃れることはできないようである。「複雑さの中をかきわけながら教育の理念を通さなければならない。」(3月24日・日記)と言っている。もっとも今(1998年現在)となってはどんなことがあったのかは思い出しもしない。

27　伝統くずしの槌音が
(昭和51年度：1976年4月－1977年3月)

　1976(昭和51)年4月、新学年度となった。福山地区総合選抜制度のもとで、新1年生が入学した。総合選抜制度のうたい文句である学校格差をなくすることの具体的な方策の一つといえる教職員の人事異動は大幅であり、転退職合わせて10名ぐらいの人が誠之館高校を去っていった。「単なる母校愛というようなものでなくて、もっと広い立場で誠之館という長い歴史を持つ学校をみつめ、伝統からの創造をめざす教育をしたい。」(4月1日・日記)と私は思っている。こうした思いが出てくるとは自分でも思いがけないことであった。大幅な人事異動に加えて、主任制を強行して導入したせいで、新学期の仕事はろくにできていない。前教頭が校長として転任し、誠之館出身の村上亘(わたる)新教頭が着任した。担任以外の校務分掌は全くできていない状態であった。「今までのような批判的・異端的立場で見られなくなっていることは確かである。」(4月17日・日記)と私は感じ始めている。

　4月2日(金)にNHK総合テレビで「教える」と題して大村はま先生を取材した番組が放映された。45分番組なのでまったく大村先生を知らない人にどういう感銘を与えたかわからないが、私は「教育の荒廃を救う道を示した」(4月3日・日記)ととらえた。

主任制の導入反対で新年度の準備が遅れに遅れたが、ともかく始業式はできた。私は２年９組のホームルーム担任となった。持ち上がりが原則のようだが、旧一年の担任だった人が転任したので、私が飛び入りをしたらしい。

　担任となったことよりも、主任制の導入による校務の停滞が知らずしらずに私の心の重石となって、落ち着かない気分にさせていた。

　「国民春闘」と名づけられたストライキが４月20日（火）から３日間あった。列車は動かなかった。この頃になると、何のためのストライキかはわからなくなっていた。私の感覚がストライキになれて、麻痺していたのであろう。

　本年度の私の担当教科目は現代国語２年・２単位・３組・６時間、現代国語３年・２単位・３組・６時間、さらに古典乙Ⅰ１年・３単位・２組・６時間、計18時間であった。この中、現代国語２年は、顔ぶれは入れ替わりもあったが前年度からの持ち上がりであった。私としては連続の気持ちで指導計画を立てた。現代国語３年は昨年度担当していた科目なので、気分が楽だった。古典乙Ⅰは総合選抜になって最初の１年生であり、学習者の実態がわからなかった。それに、古典の１年生担当は1967（昭和42）年に三原高校で担当して以来のことであった。

　ホームルーム担任となったので、新学期にかかわる事務が次々にあったし、その上記念祭が５月８日（土）９日（日）とあるので、これの準備もあった。記念祭のだしものの一つに各組が主張を絵にして展示する「立て看板」略称「たてかん」があった。この話し合いを、「なかなか一つのことがはかばかしくきめられないようだ。集団思考について指導の要あり。」（４月23日・指導日誌）と書きつけている。

　４月28日（水）の職員会議でやっと校務分掌とクラブ部長が決定した。私は昨年と同じく図書課であり、クラブは文芸部、フェンシング部の担当であった。こんな運動部があるのも意外であった。高校総体の名残らしい。２年９組の担任の外に、学年選出の同和教育推進委員にも加わった。図書課ということで、私の席を図書館に移した。

27　伝統くずしの槌音が

この頃私の国語教育の課題としては、実践のまとめとして、「単元『論説文の研究』の展開」および「高校生の現代国語に対する学習意識」を考えていた。一方、岩波古典文学大系を読むのは「中世近世歌謡集」44巻が5月7日（金）に終わっている。続いて「芭蕉句集」45巻に読み進めている。これらの書物は忙しい中でつらい思いをしながら少しずつ読んだ。「やっと四月がおわった感じ。」（5月1日・日記）といい、さらに、「ろくに仕事はしないのだけど、時間はやたらと経ったような気がする月であった。」（同）ともいっている。

　5月初めの連休は、ばたばたしている中で終わる。5日に国語科の全日・定時・通信の三課程合同の歓送迎会が鞆であった。連休が明けると、8日（土）9日（日）と記念祭があった。この頃、教職員の健康診断で血圧測定をし、最高184、最低94あり、高血圧症だった。確実に成人病へ足を踏み入れていたことになる。忙しさや緊張が原因とは思っても、その忙しさを捨てることはできない。総合選抜制度の導入により、誠之館高校は総合選抜五校の一つとなったが、同窓会は依然として健在であり、5月23日（日）の同窓会総会には千名を越す参会者があった。ことにこの年は私どもの学年（昭和22年3月卒業・一部は昭和21年4年生で卒業）が総会の当番幹事であり、母校に勤めている者としては手をこまねいているわけにはゆかなかった。半年がかりで準備した総会の前日は午後から準備、夜は同期生の会、当日は準備・片付けと大忙しであった。翌日からは中間考査であった。この考査中も、26日（水）などは、11時30分から、図書館運営会議、同和教育推進会議、生活指導・2年担任合同会議、2年担任会、組合会議、組合旧役員慰労会議と午後7時30分まで続いた。翌日はPTA総会であり、学級懇談会があった。

　6月に入るとやっと、教科指導の方に時間をかけることが多くなった。6月は比較的ゆとりのある日々であった。しかし、1年生の古文については「授業にのってこないような感じ。こういうものであろうかとも思うが、まだまだ工夫を要する。」（6月9日・指導日誌）と述べているのは、総合選抜制で入学した学習者をとらえてのことであろう。

5月末からホームルームの生徒の面接を始めている。6月3日（木）放課後には、校内の放送コンテストの審査をした。始めてのことであった。
　6月末から風邪ぎみで調子が悪いまま7月に入る。この7月は学期末試験や学期末の処理以外に、組合活動が忙しさを強めた感じであった。教職員組合の動員で火力発電所建設の反対交渉に出たり、教育研究集会の専門委員長会議があったりした。さらに、7月12日になると、主任制をめぐる校長交渉が夜8時30分まであった。こうした中ではあったが、7月18日（日）の読書会、二七会では研究発表をした。「単元『論説文の研究』の学習指導—その一—」(注1)である。
　総合選抜になったせいで、成績の評定も総合選抜五校が統一の方向に向かっていた。さし当たっては、統一の線ができるまで、5＝10％、4＝25％、3＝40％、2＝25％ということになった。従来の規定よりも3や2が多くなった。
　夏休みとなった。保護者との懇談が夏休みに入った翌日の21日（水）から23日（金）まであり、27日から31日までは修学旅行があった。
　修学旅行は27日（火）に新幹線で名古屋まで行き名古屋からはバスで高山に行った。高山泊であった。その後は28日（水）に平湯峠を越えて、上高地に行く。上高地から松本を経て、美ヶ原高原荘まで行って泊まる。朝起きて周囲の山々が見渡されたのは驚きであった。29日（木）は松本まで引き返し、松本城、平出遺跡、霧ケ峰に行く。白樺湖に泊った。30日（金）は富士五合目に行き、引き返して富士急ハイランドホテルに泊まる、遊園地でたっぷりと自由行動する。最後の日である31日（土）は東京タワーへ寄り、新幹線東京発12時24分で福山着17時24分で無事修学旅行は終了した。
　修学旅行から帰ると、主任制をめぐる教職員組合と学校長との交渉が3日（水）4日（木）とあった。結局は強行実施であった。これから先ずっ

　　注1　54　単元「論説文の研究」の学習指導（その一）—課題の設定を中心として—1976年7月18日・二七会

と教育の現場の低迷・混乱を引きずることになろうとは、予測もしなかった。なお3日には現代国語の一年の教材、井伏鱒二「黒い雨」についても国語科で話合いを持った。11日（木）・12日（金）は第17回広島大学教育学部国語教育学会であった。「発表が類型化してきてはいないか」（8月15日・日記）ととらえた。20日（土）・21日（日）と学校の同和教育推進委員会の合宿が鞆の浦山荘であった。26日は教育センターで、長期研修Bの人たちに「単元『論説文の研究』の学習指導—学習の手引きを中心とした考察—」（注2）を報告した。さらに28日（日）・29日（月）は呉の近くの野呂高原ロッジで二七会の合宿があった。この会で夏休みも終わったということになる。

　2学期となり、「西尾実・国語教育全集」（全12巻・教育出版）を第一巻から読み始めた。月・水・金の国語教育関係の書物を読む日に少しずつ読んだ。「国語教育の根源的なもの、普遍的なものをつかみながら、しかも、自分の実践の原理となるものをひきだしたい」（9月3日・日記）と思っている。なお、火・木・土に読む岩波古典体系は「芭蕉文集」（46巻）になっている。

　学校の方は主任制闘争が泥沼の様相を呈し、校長・教頭を職員会議からはずすなどという戦術がとられるようになった。9月15日（敬老の日）に二七会があり、漱石「草枕」第八章を担当して発表した。9月20日（日）には教職員組合教育研究問題別集会があり、図書館教育分科会に出た。

　学習指導の方は現代国語の3年で島尾敏雄「春の日のかげり」を扱い、課題学習の形で課題を分担させ、黒板に書いて発表させている。その中で、「いったい何の力をつけているのだろうか。」（9月17日・指導日誌）「委せきりにあぐらをかいている点がある。」（9月20日・指導日誌）などと、個人指導の不徹底を反省している。一方現代国語2年は夏休みの宿題として課した読書感想文を読んでいる。一時間に十数名の速度であった。

　　注2　55　単元「論説文の研究」の学習指導—学習の手引きを中心とした考察—1976年8月
　　　　　26日・広島県教育センター・長期研修B講義

10月となった。「気候はとっくに10月になっていたといえるが。」（10月1日・日記）とあるようにこの年は秋が早かった。4日に県高校国語部会「年報」編集委員会と理事会があった。16日（土）は福山地区教職員組合教育研究集会教科別集会があった。図書館利用指導分科会で「教科推薦図書」(注3)について私が報告した。この報告は26日（火）に行われた県の教育研究集会でも報告した。当時誠之館高校では各教科で推薦図書を選定していた。教科推薦図書は複数購入して推薦コーナーを置き、授業にも活用するようにしていた。私の発表は実践例として「現代国語一年」の井伏鱒二「黒い雨」を取り上げた。19日（火）・20日（水）は広島県高等学校同和教育研究大会が誠之館高校を主会場として行われた。参会者は800名であった。私は会場準備の係であった。翌日は、夜行寝台の「あさかぜ」で上京し、大村はま先生の第五回実践研究会に出た。「胸が迫るような思いがあった。」（10月24日・日記）と述べている。「枕草子」「読書指導」「ことば遊び」と性格のまったく違った学習指導が続いた。

　東京から帰ると、26日（日）には教職員組合高等学校教育研究集会の県大会で地区大会でした報告をした。この第23次教研集会では国語教育と図書館とは同じ分科会であった。私としては初めて読書指導の実践報告をしたことになる。

　10月の終わりから11月の初めにかけての10日程は、来る日も来る日も採点の日であった。中間考査、校内模擬試験とあった。ほとんど毎日家に持ち帰って採点したことも私にとっては珍しいことであった。11月1日（月）には広島県だけが賃金問題でストライキを朝2時間した。翌2日（火）は鍛錬遠足であり、芦田川の西にある彦山へ行き帰った。約20キロ歩いた。10月が過ぎ、いつの間にか、私は47歳になっていた。

　11月13日（土）の午後、福山葦陽高校で図書館主催の合同読書会をした。北杜夫「夜と霧の隅で」を取り上げた。この頃、毎日忙しくしている

注3　56　教科と結びついた図書館利用指導―教科推薦図書の実践について―・1976年10月26日・第23次広島県高等学校教職員組合教育研究集会（問題別）・広島皆実高校

からであろう、「忙しさの正体は何なのか」（11月19日・日記）と思い、具体的に指導日誌を通して実態を見ようとした。会議の多さが一つの原因である。そして「いつ教材研究をするのかという思いが生まれてくるのである。」（同）とぼやいている。こうした忙しさの中ではあったが、11月19日（金）午後には福山地区の国語教育研究会が神辺工高であり、翌日20日（土）には教職員組合のストライキ批准大会があった後、三原高校の人たちと国語教育についての雑談会を三原で持った。11月末にはやっと西尾実国語教育全集一巻を読み終えた。勉強がしたいと思いながら思うにまかせぬ日々が続き、「このまま行けばだめになってしまうのではないかと思うことがある。」（12月4日・日記）と述べている。それを打破するために、「読むことは多くなくても、考える時間はどこにでもあるのだ。」（同）とも考えた。

　12月5日（日）には大下学園国語科教育研究会があったのだが、参加しなかった。7日（火）に廿日市で広島県国語教育連盟の研究会があり、高校部会で司会をすることになっていたし、さらに12日（日）には二七会で広島に行くことになっていたからである。全部を消化することは無理だった。

　12月22日（水）はマラソン大会であった。授業はなかった。その晩には2年の学年会の忘年会があった。24日（金）が終業式であり、翌日から二日間は保護者懇談であった。26日（日）は誠之館高校の忘年会であった。全日制・定時制・通信制の三課程がいっしょにするので、日曜日にするのである。

　この年はずいぶん忙しい年であった。その中で国語教育に関していえば、単元「論説文の研究」を中心として報告が展開した。75年度に学習指導した単元を中心に据えて、二七会、教育センター、さらに年末から書いている、広島県教育研究会国語部会の機関誌「年報」18に載せる報告と取り上げた。「これだけこの単元は愛着があるといえる。」（12月31日・日記）といっている。

　1977（昭和52）年になったが、この新年は決意のようなものは書きつけ

ていない。日記も1月4日から始めている。「何をしたかを考えてみても、ぼんやりしているぐらいである」（1月4日・日記）と述べているのだから、平素の疲れがどっと出ていたのだろうか。そういいながらも、同窓会やそれに類する会合が年のはじめに数回あった。この年の年賀状は256通であった。この年は在校生が24通あった。

　1月末には国語科で旅行をすることを決めた。今まで科の旅行などしたことがなかったようである。私が来て、旅行をいい出し、ようやく実現の運びとなった。他教科から「有史以来のできごと。」といわれた。2月19日（土）には、国語科の旅行で、京都に行った。妙心寺の塔頭大心院に泊まった。朝鐘の音に驚いて目を覚まし、勤行にも出た。朝食をすますと仁和寺・竜安寺・等持院などへ行った。午後は青蓮院・知恩院・円山公園などに行った。福山に午後8時前に着いた。国語科で初めての旅行であり、言い出した私が一切世話をした。

　3月1日（火）は卒業式であった。この頃、私は来年度の組合の分会長候補にあげられ、どう断るかに悩んでいた。この決着がついたのは3月19日であった。決選投票で私はかろうじて逃れた。ところが、これで終わりにならなかった。月末になり、来年度の次の年は組合地区支部が誠之館にくるということで、来年度は副支部長を受け持つ取り決めがあり、私がねらわれた。これは引き受けた。名前ほど仕事はあるまいと判断したからである。

　3月14日（月）15日（火）に高校入試であった。綜合選抜2回目である。3月19日（土）は終業式であり、「ともかくも忙しくすごした一年であった。」（3月25日・日記）という年度のホームルームが終わる日であった。また24日には次男が小学校を卒業した。

　この年度も終わった。忙しい一年であった。転勤二年目とはいっても遠慮会釈なく仕事が回ってきた。年齢も働き盛りであり、私の母校に勤めていることもあって忙しさは加わったのであろう。しかし、ホームルーム担任としてはそれほど気づかいもなく、過ごせた。

28　至福の帽子
（昭和52年度：1977年4月－1978年3月）

　1977（昭和52）年4月6日（水）は始業式や新任式があり、その後新編成のホームルームがあった。私は3年8組の担任となった。7日（木）は入学式だった。綜合選抜2年目の1年生である。8日（金）は離任式・対面式・ロング・ホームルームなどがあり、9日（土）から授業は始まった。

　この年度の私の担当教科目は、現代国語2年・2単位・1組・2時間、現代国語3年・2単位・3組・6時間、古典乙Ⅰ1年・3単位・9時間と、合計17時間であった。現代国語は2年3年とも、二七会の文集に載せる「犬吠岬」を、刷り増しして、最初の時間に読んだ。自己紹介を兼ねて、旧制中学の1年生の教科書がどれぐらい難しいものであったかを知らせたのである。この時期、現代国語の方は2年も3年も表現力をつけなければと考えている。2年の場合、島崎藤村「桜の実の熟する時」は、問題点を学習者が提出していたが、それを整理しながら、「問題の提示よりも表現の方が気がかり。」（4月23日・指導日誌）といっている。3年の方は柳田国男「清光館哀史」を最初に扱い、掘り下げて考えてみたい点を提出させた。これに対して、「かっちり書いている生徒が少ない。解説的な文章が弱いのであろう。」（4月27日・指導日誌）といっている。説明的な文章の表現力の弱さはかねがね思っていた。

　4月20日（水）は、年中行事となった感のある国鉄のストライキで臨時休校であった。生徒は休みでも、教職員は出勤しなければならない。この年からは三原高校で一緒だった尾道在住の菅野（かんの）さんが国語科の一員となったので、尾道から車に便乗させてもらった。いわゆる黄金週間も毎日何かがあって終わった。歓送迎会、三原高校時代の教え子の結婚式、尾道東高

　注1　犬吠岬・1977年12月発行・「松籟」1号・二七会

校時代に一緒だった人の退職慰労会、読書会の二七会と次々にあった。

　そしてこれが終わると、5月7日（土）・8日（日）と誠之館高校の記念祭であった。記念祭の呼び物の一つに、3年生の各組が出す劇「マイ・ディアー・フレンド」（MDF）がある。この劇に私も出演した。台詞はなく、女房に敷かれている旦那の役であった。記念祭の最後を飾るものとして、暮れなずむ運動場で、全員が踊るフォーク・ダンスがある。そして薄暗くなった時に、踊りの輪の真ん中に積まれた木に火がつけられる。後は応援歌・校歌の絶叫である。火が消されると、3年生は号泣する者、何か叫びながら走り回る者、肩を組みながら泣いている者と青春の感激を煮つめたような場面となる。転勤早々の年は異常さに驚き、二年目はどうしてこうなのか、日常がしらけているので、せめてこうした自分で作ったものの終わりに出す感激の涙か、受験勉強に入る決意の涙か、などと思っていた。ところが担任をしている生徒たちに泣かれてみると、傍観者として見ていることはできなかった。いつの間にか私も生徒の涙の中に入り込み、こちらまで泣いているのであった。私にも誠之館生の血が流れていたのだろうか。

　5月6月は学校の方では忙しくはあったが、特に変わったこともなく日が過ぎている。逃げようもなく引き受けた教職員組合の地区支部副支部長といっても、何もせずに過ごしていた。

　6月23日（木）に、三原時代の教え子が東京で結婚式をした。その披露宴に招待された。この生徒は母子家庭であり、母親とそりが合わなかった。面接の時家出まで思っていたことがわかり、私の体験をまじえながら、父のいない家庭で、母親がどんなに世間の偏見にさらされながら、苦労して子供を育てるかを話した。それ以後、母親との関係がうまく行くようになり、母親からも感謝された。高校卒業後上京して働いていて、恋愛し、結婚することになった。私のことを忘れていなくて、招待されたのである。

　7月3日（日）に、読書会二七会6月例会で「グループ作業の指導計画と実践―76年度現代国語二年の学習指導」について報告した。きびしいとらえかたをするのではなく、客観的、冷静なとらえ方をするようにいう野

地先生の助言があった。この頃から学期末の業務や考査が加わり、次々と仕事を処理しなければならない日々が続いた。7月6日（水）から期末考査が始まり、7日・8日と尾道市を会場に開かれた広島県同和教育研究大会に参加した。分科会は言語認識に出た。「言語認識といいながらその周囲の状況が多過ぎる。」（7月8日・指導日誌）と感じている。11日（月）には高校教育研究会国語部会の会誌「年報」の編集委員会で賀茂高校に行き、14日（木）には、国語科の非常勤講師として来てもらうようになった二人の人の歓迎会もあった。国語科の一人が病気で休職のためである。また、18日（日）には尾道東高校の同窓会浦曙会にも出席している。

　1学期は終わった。ホームルームに関しては3年生であるにもかかわらず、ほとんど手がかからなかった。面接も記念祭が終わった五月中旬から時間を見つけてはしていた。大半が国立大学志望であった。受験を前にしてはいるが、大体が明るくて、素直であった。この点ではずいぶん私は恵まれていた。忙しさもこうした生徒があったので救われたのであろう。

　夏休みとなり、7月21日（木）から23日（土）までは、通知表渡しであった。この後、大村先生の実践研究会のテープを文章化することなどがあった。大下学園を通して依頼があったのである。私が受け持ったのは、1975（昭和50）年の授業1・2と授業後の座談会であった。一時間の授業が、400字詰め原稿用紙40数枚となり、約10時間かかって文章化できた。さらに座談会の録音があった。これは人によっては、話が聞き取りにくかった。録音されたものを文字化することは大変なことであり、「はっきりとした発音で話すことの重要さをいまさらの如く感じた。」（8月1日・日記）と、私自身の言語生活をふまえた反省をしている。この作業が全部終わったのは9月1日であった。

　8月3日（水）・4日（木）と妻・子供と一緒に、名古屋・伊勢に旅行した。11日（木）・12日（金）は広島大学教育学部光葉会国語教育学会であった。

　　　注2　57　グループ作業の指導計画と実践―76年度現代国語二年の学習指導―・1977年7月3日・二七会・広島国泰寺高校

この年は参加しただけである。

　8月の半ばに、三原高校で一緒だった人たちの人事異動があった。教頭だった人が他の高校の校長になり、三原高校にいた人が昇任して教頭になった。いずれも私と同じ年齢である。私の胸の奥で波立つものがあった。自分で管理職への道は断ったと思いながら、そうも言い切れぬ思いがあったといえる。

　この頃、山本茂実「ああ野麦峠」を読んだ。「聞き書きという方法が、日本の歴史の底流を明らかにしたといえる。」（8月23日・日記）と述べている。この頃から私はいわゆるノン・フィクションに、特に聞き書きに関心を寄せるようになった。

　8月26日（金）に、二七会の合宿が群馬県赤城山であった。誠之館高校の菅野さん・小川さんも一緒に参加した。27日（土）午後、二七会の人たちと合流して、赤城緑風荘に行く。この夜、輪読会があり、私が担当であった。28日（日）は前橋に逆戻りして、朔太郎の墓や山村暮鳥の詩碑などをみて、群馬大学の教授で二七会の創設者の一人、北岡さんの家で昼食をいただく。夕方、榛名山の吾妻荘に行く。大村はま先生も来られた。4時半頃から研究発表一名。夕食後も研究発表一名。その後、大村先生への質問をして、それに対する先生の話があった。翌29日（月）は、朝、朗読を北岡さんの教え子である群馬大学教育学部4年生の人がした。その後、昨夜の続きで大村先生の話。朝9時過ぎには吾妻荘を全員出発した。私は高崎駅で二七会の人たちと別れて、尾道に帰った。

　忙しくしていたが、気分は比較的ゆっくりとした夏休みであった。休みがあることのありがたさを感じた四十日であった。

　9月になった。3年生は大学受験の追い込みの日々である。私の担任している3年8組の場合、模擬試験の志望別申し込みでいえば、46名中、国立文科系21名、国立理科系14名、私立文科系8名、私立理科系1名という状態であった。申し込みをしなかった2名の中、1名は家業を継ぐ決意し、もう一名は今となっては理由不明である。ただ、8組を見る限り、ホームルームの生徒は、大学受験といっても意外な程のびのびと学校生活を過ご

しているのはありがたかった。

　9月27日（火）には広島県教育センターで、中・高等学校教科指導講座の「学習意欲を高めるために―国語科の場合―」を報告した。

　10月になると、担任した3年8組は年間を通して、12種目行われる校内総合大会に3年生の九つあるホームルームの中で、総合優勝した。10月19日は48歳の誕生日であった。この誕生日は、広島大学交響楽団の第26回演奏会を聞きに行った。ところが学校で職員会議・組合会議とあったために、6時半開演直前にすべり込み、飲まず食わずで聞いた。演奏会終了後ラーメン一杯で、わが誕生日を祝った。

　この頃、週刊読売に「現代の名門校」なる連載記事があり、10月22日号に誠之館が取り上げられた。この内容が同和教育の点からも、また現在誠之館高校で教育に携わっている者から見ても杜撰な記事であり、問題になった。背後には綜合選抜による名門没落を嘆く意図があるように私には思われた。

　10月21日（金）は、第25回広島県国語教育連盟国語教育研究大会が豊田郡瀬戸田町であった。高校部会の助言者ではあった。2時間の間に3名が発表し、その中の一名が1時間発表に使ったので、「助言も話し合いもあったものではなかった。」（10月22日・日記）という始末であった。運営のまずさである。

　10月22日（土）から26日（水）までは中間考査であった。この期間中珍しく会議もなく、映画「人間の証明」を見た。久しぶりに映画である。

　11月4日（金）夜、寝台特急「あさかぜ」で上京する。5日（土）に、石川台中学校で大村はま先生の第六回国語科実践研究発表会があった。今回のこの会では、「何を受け取ればいいのかという思いが底によどんでいて離れなかった。」（11月7日・日記）といっている。そして、たどり着いたのが、私は大村先生の実践を拒み、形を追うのを捨てて、それでもなお影

　　注3　59　学習意欲を高めるために―国語科の場合―・1977年9月27日・広島県教育センター中高等学校教科移動講座

響せずにはおかないものを受けとるしかないのではないかと言うことである。

　11月21日〜26日の放課後に行われる恒例の誠之文化週間では、催しの一つである合唱コンクールに、三年生は出なくてもよいのに8組だけが特別参加をして、第一位にもなった。まとまりの良さか、気分のゆとりか担任の私が驚いた。

　11月15日（金）は年次休暇をとった。「体より気分が先に参っていたので思い切って休んで寝ることにした。」（11月15日・日記）といっている。大村先生の研究会から帰って、毎日のように学校の会議以外に何かの会議があり、疲れたらしい。この会議の中には、教職員組合の福山地区副委員長であることから出席する「国民の足を守る会」とか、交通委員会とかもあった。こうした状態では、ろくに本を読むこともできなかった。11月の終わりになって、ようやく「近松浄瑠璃集」（岩波古典文学大系）を読んでいる。上・下のどちらかは不明である。救いは、毎日の学習指導が気持ちよく行われていたことである。

　学習指導の方は、現代国語2年で大岡昇平「野火」を扱っていた。総合選抜になっての学習者ではあったが、「思い切ってグループ学習にふみ切る。」（11月1日・指導日誌）と決意した。そして、11月8日からグループ作業に入り、3時間かけて、各グループが資料を作成した。11月22日の授業の時資料12枚を渡した。この時の「生徒の反応・緊張はよかった。」（11月22日・指導日誌）と述べている。現代国語の3年は、永井荷風「新帰朝者日記」を、10月の中旬から扱っている。この教材は虚構を用いて明治時代末の日本の社会状況を巧みに描き出し、興味深い作品であった。現代を考えることができるものであった。

　11月16日（水）のロング・ホームルームは「同和対策審議会答申」を扱う。翌日17日（木）の午後全国同和教育研究会（全同教）委員長西口敏夫氏の「高校生と部落問題」と題する講演を講堂で全校生徒が聞いた。11月25日（金）は誠之文化週間の一環として校内弁論大会があり、審査委員長をした。「思ったよりしっかりしたものが多い。ただ聞き手のざわめき

が気にかかる。」（11月25日・指導日誌）といっている。

　会議や学校の勤務が終わってからの会合が多いのは、12月に入っても同じであった。その上、3年生のホームルーム担任であるので、成績が出た12月13日以後は、調査書作成のための資料作りが加わった。この頃、広島県内の高校の六つの分校の生徒募集停止が県教育委員会から示されていた。この反対の集会も12月17日（土）午後県庁で行われ、動員で行った。

　12月末の日程も、毎日何やかやで過ぎた。その中では、進路決定に関するものが気を使うことであった。22日（木）に、校内マラソン大会が午前中あり、午後は進路の「読み合わせ会」といわれる、生徒が志望している学校の適否を相談する会議があった。24日（土）が終業式であり、25日（日）・26日（月）と二日間で、私と生徒・保護者との三者懇談をした。これがすむと、年末の家事をあれこれした。年末はあわただしかったのであろう、日記も毎日一行程度の記述である。31日のNHK「紅白歌合戦」は大学出願に提出する調査書を書きながらラジオで聞いた。

　1978（昭和53）年1月1日になった。「これからのわたしの人生、わたしの一家がどう開けて行くのか、どう展開して行くのか、わたしには分からない。」（1月2日・日記）といい、さらに、「底抜けに明るく、馬鹿になる、これが目ざす生き方である。／といっても手をこまねいているわけにはいかないのである。」（同）とも述べて、「国語教育は勉強し、くふうしなければならない。」（同）と、概念的にしか述べていない。年賀状は245通であった。在校生は入試を控えている生徒の担任ということもあって16通と意外に少なかった。

　あっという間に過ぎた正月ではあったが、調査書はひとまずできた。調査書は1月19日現在で262通、ホームルームの生徒が46人なので、一人平均5・7通ということになる。受験にうずもれたような私の生活の中に、突然、来年度、新学年度が始まる4月からの教職員組合福山地区支部の支部長をやれ、という話が持ち込まれた。もっとも、言う方からすれば、本年度副支部長を引き受けた時から、そのふくみはあったと考えていたのかもしれない。私は組合の役員は最もふさわしくない人間だと考えていた

が、他人の目から見ると何をやらせてもできる、そして、体制側には批判的な人間だとみられていたのかもしれない。県教育委員会に入ることを断ったという話がどこからともなく伝わり、そういう見方ができたのかもしれない。

　1月23日（月）で3年の授業は終わった。3年生は私とともに誠之館高校に入った生徒であり、担当した生徒は変動したが、3年間現代国語を担当した学年である。そして、すぐれた能力と人柄を持った生徒の中であった。私はその中で、3年間を通した学習指導計画を貫くことができた。このことについては、後の私の著作「高校国語科教育の実践課題」の中、"「現代国語」のめざす学力"などで考察したところである。

　1月24日（火）から1月28日（土）までは3年生の考査であった。1月30日（月）からはホームルームに行かないでよくなった。しかし、大学受験の出願期であるので、生徒の出入りは多かった。

　2月4日（土）午後「主任手当反対批准大会」が開かれた。主任制が実施され、主任に手当てがつけられようとしていた。この反対闘争は厳しくなることが目に見えていた。そうした時期に、よりによって教職員組合の支部長の話が出ていたので、どうやってこれを逃げるかが、私の頭を去来していた。校内に選考委員会ができ、そこで複数の人が候補に上り、その一人の候補が私であった。現在副支部長であるのは、支部長への最短距離にあるとみなされていた。この話は2月の終わりになっても切れなかった。

　2月18日（土）19日（日）と国語科で福岡方面に旅行をした。福岡に泊まった翌日は太宰府へ行った。雪をかぶった枝に咲いた梅の花も風情があった。九州歴史資料館へも行った。昼食後は天候が回復したせいもあって、貸し自転車で観世音寺・都府楼などを回った。

　3月1日（水）は雪の舞う卒業式であった。誠之館高校に転任して初めて担任として卒業生を送り出す卒業式であり、綜合選抜前の最後の学年のそれであった。「予想外に入試がきびしく、暗い卒業式ではあるが、この一年、恵まれた一年であった。」（3月1日・日記）といっている。卒業式が終わり、各組に入り、卒業証書を各生徒に渡し、別れの挨拶をすまし、で

はお別れという時に、ホームルーム委員が「ちょっと待ってください。」といって、私に大きな円形の箱を渡してくれた。「開けてみてください。」と言うことで開けてみると、茶色のハンチング・ベレーであった。かぶると拍手が教室内に起こった。箱には、全員の名前が書いてあった。帽子の大きさもちょうどよい。後で聞くと、こっそり職員室の私のところに来て、私が通勤にかぶっていた帽子の大きさをはかって、求めたという。この帽子は現在（1998年7月）も時々着用している。この帽子とともに、「1978、1、19　LHR ～お別れ会～」と「1977、11、24　合唱コンクール」と表題のあるテープが私の手元にある。テープにメモが入れてあり、「われらの／のそー先生へ」とあり、「野宗先生／ほんとにほんとにお世話になりました／どうも　ありがとうございました／3の8・やんちゃ坊主、やんちゃ娘」とある。お別れ会の方には、一人ひとりのことばが録音してある。今聞いても楽しく、そして一人ひとりの本気の気持ちが述べられている。この人たちを担任したことは、私にとって教師生活の最高の担任をした喜びであった。ありがたいことであった。このお別れ会は、全員が腕を組み、輪になって歌った「卒業写真」の合唱で終わっている。

　3月13日（月）・14日（火）と高校入試学力検査であった。14日（火）は午後葦陽高校で国語科の採点であった。学校の学年末考査は10日（金）12日（土）とあり、入試と、翌日15日（水）は入試の処理のため生徒は休みで、16日（木）・17日（金）・18日（土）と考査であった。入試の合格者発表は18日であった。入試の委員にでもなれば、学校の採点処理は、合格者発表がすんでから大急ぎでしなければならない。今年は入試選考の委員ではなかった。

　教職員組合の地区支部長は3月23日（木）になってやっと決定した。私は逃れた。しかし、この二、三日後の組合会議で、分会長は逃れることができず、選挙で選ばれた。この選挙もいわゆる根回しがしてあり、どうしようもないことであった。3月28日（火）には早速座り込みが広島県庁ロビーで行われ、県警察、県職員のものものしい警戒の中で、教育委員長室まで押しかけた。この日以後、完全に組合分会長としての毎日であった。

組合校内新執行部の編成、校内人事委員会、地区常任委員会と、次々と会議があった。新学期は混乱しそうであった。

29　誠之館分会冬景色
（昭和53年度：1978年4月－1979年3月）

　新学年度が始まった。1978年4月1日は終日会議であった。主任手当支給を阻止する闘争をどうするかの会議であった。三原高校で一緒だった沢井校長が誠之館高校を退任され、新しく桑田五郎校長が発令された。わが家では、妻が長江中学校に転任した。長男は近畿大学付属福山高校に入学した。新聞発表の異動やら、身近な人からの伝聞による異動の話で、母は機嫌が悪かった。私が教頭になれなかっただけでなく、組合活動でこのところ毎日動きまわっているからである。教会の信者で、私と同じぐらいの年齢の二人の人が、それぞれ小学校、中学校の教頭になったり、三原高校時代に何年か一緒に勤務していた人が教頭になったりということは当然母の耳目にふれる。私に、ヒラで退職したのでは格好が悪いとか、組合に入らない方が得をするとか、母にしては珍しく愚痴を言った。親の目から見て、一生懸命やっている息子が、損な役割を担っていると思ったのであろう。子供としては、情けない思いであった。しかし、母のこの愚痴は、後になって思ったことではあるが、この年が最後の愚痴となったようである。翌年には私の日記に記録はなく、その次の年にはすでに肝硬変で入院をしていた。

　4月2日に新校長とひそかに福山駅前のキャッスルホテルで会った。私としてはできるだけのことをして、学校を「めぎたく」（破壊するの方言である。組合でよく使った。）なかった。これが私のやれるせめてもの道だと思っていた。

　4月3日は一日中会議であった。「新年度の授業計画を考えるひまがない。今年の国語教育は前途多難。」（4月3日・日記）と言っている。情勢は

なかなか進展しなかった。このままでは、入学式や始業式はともかく、正常な学校の営みができるかどうか危ぶまれた。もちろん、誠之館高校だけのことではない。県下全体がそうであった。始業式の前日、4月5日（水）の夕方に新一年生の組み分けはやっとできた。6日（木）始業式、7日（金）入学式、8日（土）離任式、対面式、最初のロング・ホームルームと、ともかく表面的には平静に行なうことができた。この間、分会長の私は、あちらに指示し、こちらと交渉し、敏速に対応しなければならなかった。8日（土）になって、やっと正常な営みに向かって動き出すこととなった。会議会議の連続であった。4月3日から4月8日まで学習指導日誌によれば、私が出た会議は11会議、1840分（30時間余り）となる。この中で、4月6日（木）の職員会議の如きは午後2時30分の始まり、夜の9時20分に終わっている。10日（月）は時間稼ぎのねらいもあって、遠足を設定してあった。

　4月11日（火）からともかくも授業は始まった。校務分掌の方は、当分昨年のままで主任制闘争を続ける指令が出ていた。私は、11日は高等学校教職員組合の県の委員会のため、広島に行き、11日は学校にいなかった。ところが11日に1年生のオリエンテーションで図書館の説明が組まれていた。旧分掌で説明をするといっても私以外に人はいない。仕方がないので、忙しい中をテープに録音して、委員会に出た。なお、この年は教職員組合の福山地区支部が誠之館高校にあったので、分会長としては、なにかにつけて、便利がよかった。

　4月14日（金）の日記に学校でどう過ごしたかを記している。これによると、午前中ストライキがあり、学校の近くで集会を持った。分会長であるから、気は抜けない。12時半に学校に帰り、15分間2年9組の授業をした。この組は主任制闘争のあふりで、臨時時間割のため、この日で私の担当は終わり、次からは他の人が受け持つことになった。かつてないぶざまな、生徒のことを考えないやり方である。午後は、組合関係の会合や校長交渉などで、午後7時30分まで休みなしであった。

　この年の授業は現代国語2年・2単位・3組・6時間と、古典Ⅱ3年・4単

位・8時間、計14時間であった。時間数がいつもの年より少ないのは、分会長ということで持ち時間が例年より少なかった。時間数のやりくりがあったはずである。もっともこれぐらいの時間減少では軽減にならないことは思い知らされることとなる。どれだけ分会長として時間を費やしたかについては、後に学習指導日誌の記録からまとめることとなる。分会長として、分会会議の議案作りにはじまり、分会の執行委員会、福山地区常任委員会、県の委員会、決起大会、など次々と会合がある。ことに、4月27日が主任命免の日であり、これを控えての動きは、激しかった。命免があった二日後に恒例の全日制・定時制・通信制合同の歓送迎会があった。この時、新任者代表として挨拶を桑田新校長に同僚会の幹事は指名した。ところが、通信制の闘争の司令塔と目されている人が、挨拶をさせない発言があり、これをその場にいる者は私を含めて全員が黙って見過ごした。そのため、PTA副会長がかんかんとなり、後日私がおわびに行くことになった。この副会長は誠之館出身で私の3年先輩である。

　さらに、命免時に学校の玄関に命免反対の大きな立て看板が立てられた。通信制が立てた。しかし、「福山誠之館高校分会」とある。五月に入っても撤去されなかった。PTAや同窓会でも問題となり、その処理は私のところに持ち込まれる。全日制の分会会議にかけても、「執行部一任」という無責任な結論しか出ない。通信制に申し入れても聞き入れない。そうこうしているうちに、同窓会総会が28日（日）にあり、それまでにはなんとしても撤去しなければならない。私と書記長とが直接通信制に行き、撤去を申し入れた。さらに、撤去をめぐっていざこざもあったが、結局24日の夜何者かによって持ち去られた。不思議であった。様々な憶測が流れた。ミステリードラマ仕立てであった。撤去した人物は何人か推測は可能であり、分会長説もその一つになり得る。「主任制闘争はどろ沼になりそうである。希望の持てない闘争である。」（5月8日・日記）といっているが、まさしく泥沼の様相であった。

　この中で、学校の方は記念祭が5月7日（日）8日（月）とあり、8日の晩に生徒が新聞ざたになるような失態を起こし、「誠之館落城」と騒がれ

た。総合選抜制による生徒の質の低下を皮肉ったのである。授業の方は、5月の中ごろ、古典Ⅱで、私と同じ科目を持っている人が欠勤続で、2時間ばかり80名の合併授業をした。生徒数は絶対的だと思った。また、5月19日（金）には、福山地区の国語教育研究会があり、高等師範時代の友人である、大阪教育大学教授森一郎さんに「源氏物語の理解と鑑賞」と題して講演をしてもらった。忙しい中ではあるが、国語教育を忘れないためにも世話を買って出た。

　相変わらず会議、会議の連続の日々であった。私の学校生活は主任制闘争を中心に動いているようなものであった。しかし、5月末に主任手当実績報告がなされなかったことで、闘争は6月初めは小休止の状態であった。6月4日には、読書会の二七会にも出席した。きびしい中にあって、この読書会は救いであるともいえる。一方小休止の気分のゆるみからか6月14日には疲れがはげしく、休暇をとった。4月の健康診断で血圧が高いといわれていたのに、医者にも行けなかった。やっと、行くことができた。

　7月2日（日）の二七会で「国語の学習意識―高校国語科教育の学習指導を考える―」(注1)を報告した。これは10月に松江で行われる中国地区国語教育研究大会でのシンポジューム提案を意識したその準備の発表であった。中国地区大会の提案は、広島県の高校国語教育研究会会長から学校長を通して、依頼の話があった。私は「分会長である前に国語教師ですから。」といって、引き受けた。国語教育に生きる者の意地であった。大変な時だから、それだけ根本が見えるのではないかと思った。

　高等学校教職員組合の26回定期大会が7月14日に広島労働会館であった。「日共系の人たちの発言が目立つ。いつも同じことをいっているようだ。」（7月15日・日記）といっている。この頃は組合内部で社会党系路線を歩む主流に対して日本共産党系の人たちの反発はことごとくに行われていた。ことに同和教育に対して目立った。

注1　60　国語の学習意識―高校国語科教育の学習目標を考える―・1978年7月2日・二七会六例会・広島国泰寺高校

一学期は終わった。主任制で明け暮れた日々であった。「主任制闘争から何が生まれたか。表のかけ声の勇ましさの裏では、お互いの虚脱感のようなものを見せ合っただけではなかったか。」（7月20日・日記）とぼやいている。こうした感じは、組合も終わりに近づいたのかもしれないという思いにもつながる。本部が指導性を失い、一方では多くの組合員に熱がなくなっているのである。実りのない闘争の連続によるものであろう。

　7月26日に学校長から主任の実績報告をしたとの電話連絡が私のところにあり、これをめぐって、8月5日まで右往左往することとなる。結局は出さざるを得ないのである。残るものはいわゆる面子だけの問題だけであった。何回も会議を持ち、校長交渉を持ち、空しさをかみ殺しながら、分会長を演じた。分会長としての役割は、この夏休みも遠慮会釈なく起こり、次々と闘争はあった。8月12日にはストライキの処分反対の集会が広島であり、光葉会国語教育学会には11日しか参加しなかった。8月末には県教育委員会の職員課・管理課が主任制の実態調査に県下9校の一つとして、誠之館高校に来るとのことでまたばたばたする。このために、読書会二七会の合宿が県北の帝釈峡で行われることになっていて、私が輪読の担当になっていたのだが、行けなくなった。国語教育学会と二七会に出席できなかったことで、腹立たしかった。29日は県教育委員会の来校をめぐっての会議や交渉やで、朝8時半から昼過ぎの2時20分まで立ち回る。「分会長なんてやるものではない。」（8月29日・日記）といっている。

　組合にばかり時間を使ったような夏休みであった。この中で、家族旅行は8月20日に秋芳洞・山口に日帰りで行った。また三年生の古典の学力補充も8月21日から25日までやった。

　二学期が始まった。「カラカラ天気で心もカラカラの新学期。」（9月1日・日記）といっているのは、この夏は雨らしい雨が降らなかったのである。7月8月と干天であった。主任制闘争の方は新学期が始まった9月1日には校長交渉をして、実績報告阻止をしようとしたのだが、どうしようもないことをしているに過ぎなかった。雨は9月3日から5日にかけて降った。私の住んでいる所は4日に24時間断水があっただけに、干天に慈雨で

あった。水不足の心配がなくなったのは9月21日になってからである。

　分会長ではあったが、図書館係であり、国語科の教員でもあったので、例年のように、夏休みの課題として読書感想文を提出させ、それを校内で審査し、福山地区図書館協議会に送った。国語科の担当者から選ばれたものを、図書館関係者でさらに選ぶ作業だけでも3時間ぐらいかかった。選び方は、生徒が出したものを、読んだ本と字数でふるいにかけ、それを、ごく大ざっぱに読んで、いくつか選び、最後に、評価項目を決めて、地区に送る3編を選んだ。「この選び方でまちがいはなかった。」（10月4日・指導日誌）といっている。

　この頃、「仮名手本忠臣蔵」を岩波文庫本で読んでいる。「筋の意外性があり、おもしろい。」（9月15日・日記）といっている。かといってゆとりがあったわけでなく、組合関係の会議、模擬試験の採点、教科別教育研究集会（組合教研）など次々と行われている。そして10月1日には、読書会の二七会で、輪読の担当をした。この時は8月と逆に組合の問題別教育研究会に出ず、二七会に出た。さらに10月6日（金）では、組合の福山地区賃金学習会で問題提起をした。何年かのストライキについて、整理して報告した。整理してみると意外に計画されても、突入しなかったことが多いことがわかった。また、一方では、中国地区国語教育研究大会のシンポジューム提案の原稿も作成している。5分の持ち時間、補足3分でどこまで言えるかが最大の問題であった。

　10月20日から22日にかけて、松江市である中国地区国語教育研究大会に行った。20日の午後は高校部会であった。作文の分科会に出た。翌日21日の午前がシンポジューウムであった。「人間性の育成に果たす国語教育の課題」(注2)が主題であった。1時間で三名が問題提起するのだから、討議もろくにできなかった。終了後の午後は、松江をぶらぶらして、玉造温泉に泊まった。組合活動を忘れたひとときであった。22日は日御碕や出雲

　　注2　61　人間性の育成に果たす国語教育の課題・1978年10月21日・第11回中国地区国語教育研究大会・松江市

大社に行った。

　10月25日の夜中にわが家のすぐ裏で火事があった。火の怖さを目の前に見た、夢のような時間であった。50歳の誕生日も組合に紛れて忘れたようである。

　11月になって日がどんどん過ぎて行く感じがした。「時間がすぐ経つというよりは、時間の方でぐんぐん隔たって行くという方がよいのか。」（11月1日・日記）といい、10日前の松江行きさえ思い起こすも困難なほどの隔たりを感じている。

　11月12日は日曜日であり、珍しく家でごろごろして過ごす。推理小説を読んだり、昼寝をしたりする。推理小説はいわゆるトラベル・ミステリーをよく読んでいた。そして作家が現実と異なる土地のありさまを描くことにあきれたり、だまされたりした。こうした日曜日があったことで、救われていた。この日曜日の前も、月曜日が組合の常任委員会（5時間半）、火曜日が分会の執行委員会、水曜日が学年会・組合会議をして、78秋季年末闘争決起集会が地区労働組合主催であった。11月9日（木）は全国高等学校国語教育研究連盟広島大会が広島市で行われるので、午後その打ち合わせに行った。そして翌日第四分科会で助言者をした。公立高校の一教諭が全国大会で助言者になることは珍しいことであった。この頃、現代国語2年は単元「文学作品に表れた戦争」（注3）の学習指導をしていた。組合活動にかまけて、国語教育の実践がないがしろにならないようにと思って、設定した単元であった。これは、三年後に広島大学教育学部光葉会国語教育学会など報告することとなる。準備段階では、まず俳句に戸惑った。戦争を読んだ俳句が予想外に少ないのである。私の見通しの甘さであり、また短詩形の限界なのかもしれないと思った。きびしい状況の中で実践しただけに今も記憶に残る単元ではあった。

　11月18日（土）には国語科の旅行で、奈良方面に行った。誠之館高校

注3　72　単元「文学作品に表れた戦争」の展開・1981年8月11日・第22回広島大学教育学部光葉会国語教育学会、広島大学教育学部

国語科始まって以来とひやかされた科の旅行も三回目になった。移転改築した公立学校共済組合の春日野荘に泊まった。新幹線で2時間たらずで京都に着き、京都から30分で着いた近鉄奈良駅が地下にもぐっていたりしたことなど考え合わせると、この頃世の中が大きく変わっていたのであろう。その中で、変わらないものを探したともいえる、山の辺の道を19日（日）は柳本から桜井まで歩いた。しばらくは現実の思いを捨てて、万葉へ思いをたぐりながら過ごした。午後は、今井町へ行った。ここでは、時間を二、三百年昔へもどしたひとときを過ごした。

　11月30日（木）に78賃金確定五者共闘（県内の公務員組織である）のストライキが予定されていたので、私は人間ドックに入るのを取りやめにした。しかし、このストライキは中止になった。

　12月5日（日）に第23回大下学園国語科教育研究会があった。この年も発表はしなかった。75年（昭和50）年に発表してからこの研究会ではしていない。というのも他の会での発表があり、できにくかったせいもある。7日（木）には、三原高校国語科OB会があった。相変わらず、組合関係の会議は多く、おまけに、私が組合の行き方に不信の念を持っていることもあってか、分会の弱腰を批判されることがいくつか起こっている。時には分会員からどなられたりもした。こうした状態の中で、この頃しきりに巷で歌われていた石川さゆりの「津軽海峡・冬景色」をもじって、「三月末分会長になったときから／連日連夜主任制」で始まる替え歌を作って一人口ずさんでいた。2学期も終わり、組合の分会長としてのしんどさは変わらなかった。国語教育の面では、中国大会での提案、全国高等学校国語教育研究会での助言者など、私の本来の仕事もし、二七会でも漱石「我が輩は猫である」五章の輪読を担当をしたのだから、「むしろ充実した国語教師の生活であったといえる。」（12月23日・日記）と慰めている。

　こうした組合と国語教育のせめぎあいの中で揺れ動いていたせいか、組合活動に対して、「国語生活の上からみた組合」をとらえている。すなわち、対話・会話が成り立つ壁としての立場の拘束、論理以外の要素の多いこと、情報量の過重さ、カード方式が分会長生活でも役立っているなどを

あげている。年末の家事の忙しさも、私には、疲れても気分がよいと感じた。それぐらい、組合のことをしばらくでも離れることは気分の転換になったのであろう。

　例年のごとく、10時からの教会の元旦祭に参拝する。ただし、母は足が痛いということで、留守番をし、子供たちは教会のボーイスカウトが参拝者の交通整理にあたるため、早く行ったので、夫婦だけの参拝となる。

　「地位も名誉も縁遠い人生であれば、自分で納得できる形を残したいと思う。」（1月1日・日記）と年頭の決意らしきものを書きつけている。50歳を迎える年での見通しであろう。国語教育の実践研究を形に残すことを考えているのである。

　これも例年のことではあるが、あっという間の正月休みである。6日には早速組合の常任委員会で闘争の現実に連れ戻された。さらに、始業式が8日にあると、定時制・通信制検討委員会が県教育委員会で設置されるということで、統廃合反対の職場会議だ、校長交渉だと次々と行われた。あと分会長の任期は三か月というけれど、なかなか道は険しいといえる。この年はいわゆる全逓と呼ばれる、通信関係の組合が闘争中で年賀はがきが遅配し、1月10日過ぎても私のところへは10通あまり来る状態であった。

　1月中ごろは、岩波日本古典文学体系54「浄瑠璃集・下」を読んでいる。その中の『鎌倉三代記』に対して、「実に文章に迫力がある。この語り口はいったいどこから生まれるのだろうか。」（1月17日・日記）と言っている。授業の方は、現代国語2年で読書記録を提出させている。読書即感想文の指導意識を変えて、気楽に読める記録にした。9月から1月にかけて、多くの生徒は一人平均5～6冊読んでいた。

　1月20日には高等学校教職員組合の委員会が広島であり、定時制・分校などの発言のしきりになされ、その多くが組合本部の闘争方針を補強するものであった。定時制・分校通信制などの統廃合が企図されていればその防衛策を講じるのは当然であろうが、その方針が全県下におりると、本部不信や組合離れになりはしないかと思った。今までも全日制と定時制・通信制などとの意識の格差は折りにふれて見られた。今後ますますこの格差

が広がるのではないかと思い、「組合運動にまき込まれた者からみた場合、教育、広島県の高校教育の前途は暗い。」（1月23日・日記）ととらえている。この私の心配は、日数を経ないで、誠之館高校で実際に体験することとなる。

　1月30日に3年の試験が終わった。総合選抜制度になってから初めての学年だったが「素直に古典をうけとってくれたようだ。」（1月24日・指導日誌）と思った。3年がなくなると、2年の現代国語を週6時間担当するだけとなる。しかし、授業時間は減っても分会長の仕事は、三月末の人事異動を控えて、一段ときびしくなる。28日（日）には読書会の二七会に出席した。この会の前に、妻・次男と一緒に広島三越で開催されていた伝統工芸展を見た。

　1月末に、県教育委員会の主催した採用5年経過した教員の研修会の欠席者、学校調査（主任制の実施状況の調査である）の妨害者などに処分が出て、組合と県教育委員会との対立は激しさを増した。分会長はきりきり舞いである。

　2月に入ると、組合分会は通信制と全日制との闘争方法に対する格差からごたごたが続いた。いってみれば、本部方針を越えたところで通信制側が闘争を組んでいるのに対して、全日制はついて行けないとして反対したところからごたごたは生まれたのである。具体的には、定時制・分校などの統廃合反対に対して、校長室前に座り込みをするとか、立て看板を立てるとかといったことをめぐって対立した。この時期には、全日制と通信制との間は埋めようもない溝ができていた。定時制は少数なので、通信制の陰であまり目立たなかった。しかし、この問題も、2月16日の校長交渉で一定の成果はでることとなる。この頃、指導日誌で分会長としてこの一年間に使った時間を調べている、4月だけで103時間あった。

　また、この2月には国語教育研究会の機関誌「年報」に寄稿する、「高校国語教育における学年の基本視点」の準備をしている。組合でやたらに気を使うだけに、こうした国語教育に思いを潜めることは、私の精神を安定させることになったようである。

2月22日（日）に、県高校フェンシング新人大会兼中国大会予選に生徒を連れていった。私もフェンシング部の顧問だったのだ。「ことにフレールなんて種目はコードをひきずり、電気がついたり、消えたりで、宇宙人、もしくはロボットの試合のようである。」（2月22日・日記）と驚いている。
　2月も瞬く間に終わった。あったこともほとんど頭に残らないように過ぎた。残らなかったのがよいのであろう。
　3月1日は卒業式であった。総合選抜制度が導入されて、最初の卒業生である。担任でないのであまり感慨もないが、次々と問題を起こした、そのことによって、誠之館に対する世間の評価を変えた学年であった。しかし、式は厳粛に行われ、「誠之館の心が集約された式であった。」（3月3日・日記）と見直している。また。この年度の始めの歓送迎会では学校長に挨拶させないなどの事件があったので、卒業式の祝賀の宴はどうかと多少心配したが、福山グランドホテルで行われた祝宴は盛大で、楽しそうな雰囲気であった。
　3月になり、新分会長の選出が始まった。しかし、おいそれと思うようには運ばない。その上、この時期は、高校入試業務をめぐって、組合側がかなり強い闘争を組んでいた。そのため、入試の業務が停滞し、校長側と組合側のはざまに立って、いらいらするばかりであった。12日（月）13日（火）に行われる入試に対して、9日（金）になってやっと、内申の転記をすることを決定する始末である。この間、私は本部指示を頑固に守る地区支部とやりあい、最後は私が独自に判断して業務を始めることにしようとして、分会会議を開く中で、やっと地区支部の指示が出された。すでに午後5時であり、翌日の土曜日に内申転記をし、入試の会場整備などもしなければならない。
　高校入試はともかくも終わる。この入試から合格者発表の約一週間の間にも、大詰めに近づいた組合分会長の仕事は次々とあった。例えば入試第一日12日（月）には地区常任委員会が午後、2時間30分、続いて校内人事対策委員会が40分、さらに春闘総決起集会が午後5時30分から6時30分まで南小学校であった。翌13日（火）は採点日ということでさすがにな

かった。15日（木）には職場会議があり、次期分会長の選出を協議したがこの場ではまだ決まらなかった。「これだけきらわれる分会長、組合とは何なのか。」（3月16日・日記）といっている。17日（土）人事をめぐっての話や、校内人事委員会があった。人事をめぐる問題は、個人の事情があるので、学校長も分会長も気を遣うこと甚だしい。一夜にしてひっくり返ることも従来あった。19日には広島で高等学校教職員組合委員会が広島であり、帰って、地区常任委員会が午後4時から10時前まであった。学校の方は終業式であったがほとんど私の意識にはなかった。最後の胸突八丁であり、人事異動と次期分会長選出がある。分会長の方はある程度の見通しがついてはいた。その人の属している教科内での話し合いが残されていた。結局はその人は引き受けることとなった。人事の方はどうしようもないことだと思うのだが、本人が不当人事ととらえれば組合としては守らざるをえないということである。長くおれば転任は当然という世間一般の見方が通用しないところが教職員組合にはある。

　3月28日は人事異動に関して、人事委員会、職場会議、校長交渉と9時頃から午後4時過ぎまでめまぐるしく動いた。「どうしようもないと知りつつ行動する人事闘争。疲れるばかりである。」（3月28日・日記）と嘆いている。この時の人事もがたがたいってみただけのことであった。29日に人事闘争に関する職場会議、30日午前10時に人事委員会があり、午後2時から地区常任委員会が開かれて、私の役割は終わった。地区の常任委員会だけでも、この年度は40回あった。ということはこれに応ずる職場会議が開かれたということである。できるだけ学校を壊すまいと心に秘めた思いを持ち続けて毎日を過ごした一年であった。なお、この年度分会長としての感じたことは、読書会二七会発行の文集「松籟」2号（1980年1月）に載せた。この原稿は、1月頃から書き始めている。年末に大体の構想は生まれていた。書き上げた日付けを79年3月としている。気持ちの上で切りをつけたかったのであろう。

30　嵐は過ぎたが
（昭和54年度：1979年4月－1980年月3月）

　1979（昭和54）年4月になった。主任制実施をめぐって県教育委員会と教職員組合との対立は深まるばかりである。その中にあって、権利を守る組合員であり、生徒を目の前にする教師でもある多くの人たちは戸惑うばかりであった。

　私にとって、分会長の役割は終わったとはいうものの、完全に責任がなくなったわけではない。新しい分会の体制ができるまでは気持ちをゆるめることはできなかった。「深い疲れがわだかまっているのではないかと思われる。」（4月4日・日記）中で新年度の日々を過ごした。4月6日（金）に始業式、翌7日（土）は入学式であった。ここに至るまで、人事委員会、職場会議、校長交渉、教科会議、職員会議など、会議の連続であった。

　7日（土）の午後は教職員組合福山地区支部の定期大会であった。ここで、やっと私は、分会長の任務が終わった。終わってみると、意外に淡々とした気持ちであった。

　4月9日（月）は離任式、対面式（新入生と2・3年生）、さらに生徒会集会があった。10日（火）は遠足であった。3年生副担任なので、3年生について、備中国分寺・吉備へ行った。

　本年度の教科目担当は現代国語1年・3単位・3組・9時間、古典Ⅰ乙・3年・1組（理科系選択）・2時間、古典Ⅱ3年・4単位・2組（文科系選択）・8時間と計19時間担当した。古典Ⅱは昨年度と同じ教科書であり、更級日記、源氏物語を3時間は読み、1時間は漢文であった。

　忙しさにまぎれて整理できなかった今年の年賀状をやっと分類した。総数253枚であり、国語教育関係33枚、同僚78枚、卒業生57枚などであった。西尾実先生の死亡記事が4月18日（水）付け新聞に出ていた。私にとっては、法政大学通信教育の「徒然草」のレポートできびしい叱責を受

けたことが一番強い思い出となっている。この頃「西尾実国語教育全集」12巻の中、8巻を読み終わっている。22日（日）は統一地方選挙をすませて、広島に行く。読書会二七会の例会のためである。

　4月28日（土）・29日（日）と誠之館の記念祭であった。昨年記念祭後に新聞ざたになる飲酒事件があり、心配していたが、生徒会を中心とした熱意で無事に終了した。記念講演は松下竜一氏であり、「暗い青春の中で、思考を築いていった感動の話であった。」（4月28日・日記）と述べ、さらにこの人の「一語一語をさぐり出すような間の長い話である。」（4月28日・指導日誌）と述べ、訥々とした語り口の内容が感動させたことを書きつけている。

　5月2日（水）が記念祭の代休であり、3日（憲法の日）と連続した休みとなった。この二日を利用して、神戸・大阪に行った。白鶴美術館に行った。その後、西宮まで行き、尾道東高校時代の教え子数人と会い、夜は西宮の義妹の家に泊まった。翌日は大阪のコマ劇場で山田五十鈴・三橋美智也主演の「津軽三味線ながれぶし」を見た。分会長から解放された私の休日であった。5月20日（日）は誠之館の同窓会総会であった。記念講演は将棋の内藤国雄氏の話であった。その道の達人の話としておもしろかった。例えば九段位獲得戦で二局続けて敗れた時、相手から教えてもらう気になったら、三局連勝して、九段位を得など、心の機微に触れたのが私には印象深い。

　翌日は福山地区国語教育研究会春季総会が大門高校であった。翌日は分会長慰労会が例年通り行われた。今年は私が主賓であった。挨拶で78年度に分会長として年間469時間使ったことを言った。

　23日（水）からは中間考査であったが、最初の日に、職員会議、学年会が1時間ずつあった以外、後の三日間は会議はなかった。この中間考査で古典Ⅱのロ組（1組から9組までの混成41名）は「90点以上が4名。89～80が8名。珍しい組ともいえる。」（5月29日・指導日誌）と記している。ことに男子に熱心な学習者がいた。総合選抜制度になり、学力の低下を嘆く声が多い中でうれしいことではあった。

この頃、昨年度の緊張の連続の疲れのせいか、「精神も体も活力がない。」（5月25日・日記）といっている。しかし、全くぼんやりとしていることもできず、7月1日（日）の二七会の発表の準備をしている。6月6日（水）には福山地区図書館協議会の総会のため、松永高校に行き、8日（金）は放送コンテスト朗読の練習を見たり、9日（土）には県高校総合体育大会のサッカー準優勝戦が誠之館高校で行われ、世話をした。この年度は、3年2組の副担任であったが、その代わり、3年学年会の代表として同和教育推進委員会の一員であり、図書館係であった。放送部の顧問であり、サッカー部も顧問に名を連ねていたのである。

　6月16日（土）に国語科歓送迎会があった。23日（土）24日（日）は図書館の送別会として、大阪に行き、三越劇場で船橋聖一原作・岡田茉莉子主演「雪夫人絵図」を見た。

　7月1日（日）には読書会二七会で、「『現代国語』の学力―習指導目標を中心とした考察―」(注1)を報告する。「学力なるものを、具体的なものからつかもうとして見事にとらえ損ねた。」（7月3日・日記）といっている。しかし、ここでとらえたものが、筑摩書房「国語通信」に載せた"「現代国語」のめざす学力―論理的思考力の場合―"となる。13日には広島大学教育学部光葉会から発表の依頼があった。研究協議の「高校生の文章理解力をいかに高めるか」についての提案者の一人になった。

　副担任なので、成績原票を提出してしまうと、通知表も作ることなく、保護者面談もないと期待していたのだが、担任が病気で入院し、通知表や、学期末のホームルーム関係の処理をすることになった。保護者面談は三年生ということもあり、退院後、八月になって、担任がするということであったので、これはしなかった。

　夏休みとなった。高校野球の応援とか、図書館の当番で勤務とかがあった。25日（水）から31日（水）まで三年の補習授業もあった。

注1　62　現代国語の学力―学習指導目標を中心とした考察―・1979年7月1日（日）二七会六月例会・広島国泰寺高校

8月に入ると、図書館の本の整理と本の移動とで毎日追われた。この間に模擬試験の監督（4日）、プールの監督（6日）、図書館当番（7日）とあまり家にいることもなかった。10日（金）11日（土）は広島大学教育学部光葉会国語教育学会があり、協議会で「高校生の文章理解力をいかに高めるか―説明・論説を中心に―」を提案した。これは77年度における現代国語3年の教材「『標準語』公害」の実践を考察した問題提起であった。翌日12日（日）には尾道東10回生（1954年3月卒業）が昼、誠之館の78年3月卒業が夜クラス会をした。20年ぶりと、1年ぶりであった。

　18日（土）からは、筑摩書房「国語通信」の依頼原稿を書き始めた。「現代国語のめざす学力―論理的思考力のばあい―」である。20日（月）、夜行寝台で日本文学協会夏期研究集会に出席のため、上京する。ただし、会の前に、次男が宇宙博などを見たいというので連れて行く。宇宙博を見せ、帝劇で「ロメオとジュリエット」を見た。翌22日（水）、上野の科学博物館に連れて行き、昼の新幹線に次男を乗せた。私は横浜に行った。午後2時から石川町の勤労会館で日本文学協会の研究集会があった。この日は児童文学者今江祥智氏の講演があった。23日（木）は五つの実践報告と分科会があった。24日（金）は分科会報告と討論、午後大村はま先生を招いての講座「国語教育の実践的課題」があり、朗読の実演や漢字の指導の実際など聞きごたえがあった。この晩豊橋まで行って泊まった。25日（土）は伊良湖岬へ行った。灯台や藤村詩碑を自転車で巡る。ここでの感想を、夏休み明けの授業で述べたところ、この年度の最後の授業に書かせた感想にこの話が心に残ったといった学習者がいた。おそらく、この流刑の地にまつわる芭蕉の句とか、柳田国男と藤村の詩とのつながりとかにひかれたのであろう。夕方の新幹線で尾道に帰った。

　帰って27日（月）には同和教育推進委員会の合宿、29日（水）には、二七会の夏期合宿が兵庫県竜野市であった。輪読の「我が輩は猫である」

注2　64　高校生の文章理解力をいかに高めるか―説明・論説を中心に―・1979年8月11日・広島大学教育学部光葉会国語教育学会

第十一章を担当報告した。翌日は姫路城、さらに足を伸ばして、福崎の柳田国男記念館に行く。
　8月下旬は旅ばかりしたようなものであり、この後新学期が始まって、「寝ても寝ても寝足りない感じがある。」(9月4日・日記)といっている。
　夏休みの宿題である読書感想文を5年ぶりに1年生の現代国語の担当者として提出させたことで、誠之館高校転任直後の、総合選抜前に担当した現代国語の1年と比べて、「力の差が歴然としていることがわかった。」(9月13日・指導日誌)といっている。書く力の差がことに大きいことが、「何を心がけて書くかを指導したい。」(9月21日・指導日誌)へと思考して、2学期の単元「高校生活について考える」の指導計画と展開している。
　9月16日(日)には三原高校時代に担任をした男子生徒の結婚式に出席した。「高校時代に教えたということは通過駅のようなものなのに、招待されるのは、ありがたいと思う。」(9月17日・日記)と感じている。
　10月19日は私の誕生日であり、50歳になった。「ありがたさと恥ずかしさの同居」(10月19日・日記)といっている。病気もせず、また、教師生活をそんなにたいぎがらずに過ごしてきたことでの感慨である。「野地先生還暦記念論文集」(「国語教育研究」特集号)に載せる「カード法による教材研究」の準備を始めた。
　11月2日(金)は恒例の鍛錬遠足で約20キロ歩いた。4日(日)は日本シリーズで広島と近鉄の第七戦があり、「息詰まる戦いというのが本当にあるのだなあと思ったし、劇的な転回が現実に起こり得るのだとも思った。」(11月6日・日記)と広島県内全部が興奮したような日の県民の一人となっていた。11月7日(水)は第23回広島県学校図書館研究大会が尾道市であり、出席した。学校間に図書館運営の差があることを強く感じた。21日には母が尾道農協病院に入院した。肝硬変との診断であった。しかし、この時はまだ随分元気であった。この入院により、わが家の生活は変わった。母が家のことをほとんどしてくれていたので、それぞれに重荷がかかってきた。私も妻も学校の帰りに、大体毎日病院に寄って帰り、子供は子供で、夕食が遅くなるので、腹が減れば自分で何か手を動かして食べ

ねばならなくなった。

　母が入院した日の夜行寝台で私は上京して、大村はま先生の第八回実践研究発表会に行った。

　12月になり、2日（日）には大下学園祇園高校国語科教育研究会に行った。「母が入院中ではあるが、国語教育を捨てるわけにもいくまいと考えた。」（12月3日・日記）からである。

　2学期は終わった。今度は成績原票を出せば後は楽だった。しかし、母の入院による生活の試練は続いている。25日には学校の忘年会、28日には読書会二七会の12月例会と忘年会であった。この日の読書会で野地先生が理論的研究の重要さを激しい口調で言われた。「理論的な裏付けを学ぶことは迂遠な道のようであって、決して迂遠な道でないと説かれた。」（12月31日・日記）とある。学力とは何かについて考えている私であったので、よけい先生のことばはこたえたのであろう。この日は母が正月のため、一時帰宅した。久しぶりのわが家であったが、完全暖房の病院に比べると、寒いらしく、新年になるとすぐ病院に帰った。そして、これが母が我が家で過ごした最後となるとは、思わなかった。

　年が明けて、1980（昭和55）年となった。

　野地先生還暦記念論文集に載せる「カード法による教材研究」を書き始めた。この報告は母の病気を頂点とする、生活の苦しさの中から生まれた、そして、私の国語教育の中心的な仕事を取り上げたものとなった。忘れがたい論稿となった。

　9日夜、教育関係者のある人にぜひともといって、さる県会議員の家に連れて行かれた。いうまでもなく、私の教頭昇任の依頼である。「独りよがりの話に相づちを打ちながら、一時間ばかりをすごす。」（1月10日・日記）といっている。この訪問の成果が実らなかった。当然ともいえる。

　1月16日（水）の6限のロング・ホームルームの時、担任と話し合って、読書速度の測定をした。この測定方法が、『高校国語科教育の実践課題』の「読書指導にかかわる問題点」読書速度の測定につながってゆく。

　この頃、国語教育については50歳を迎えて、残り10年の間に、論説文

の学習指導を理論化すること、読書指導に見通しを持つこと、自主編成を目指すことなど考えている。また広島県東部同和教育研究大会があり、言語認識部会での報告を聞き、「まとめ方が十分とはいい難いが、力がこもっていると思った。力みもてらいもないのがよい。」(1月24日・日記)と、珍しく感心している。1月27日(日)に読書会の二七会があり、急に司会をした。この時野地先生から三点注意された。一つは司会者が笑いながら発言を指名することは司会者の品位にかかわり、相手を見下していることになるということであった。もう一つは、発言者にまとめをもとめるのはよほどのことでない限りしないということであった。さらに、司会の時間配分が終わりを急ぎ過ぎたと注意を受けた。

「カード法による国語教材研究の実態」(注3)(最終の名称である)を書き上げた。「三十年間の国語教師をした証しとしての報告でもある。」(1月29日・日記)といっている。毎日病院に通い、くたくたになって帰る生活が続く中で書いたものである。

年賀状は総数が245枚あった。国語教育関係45通、元同僚67通、教え子50通などであった。

2月14日の夜行寝台「あさかぜ2号」で上京した。大村はま先生の在職最後の実践研究会である第九回実践研究発表会があった。70名ぐらいだった。懇親会に出席して、その晩は泊まり、翌日は朝の新幹線で新大阪まで行った。ここで国語科の人々と合流し、白浜に科の旅行をした。白浜で泊まり、翌日午前中に観光バスで白浜をめぐり、午後は白浜から紀三井寺に行き、さらに和歌山城を眺めて、福山に帰った。

2月26日(火)の夕方から28日(木)まで人間ドックに入った。結果は糖尿病があり、さらにもう一つ胃の再検査をするようにとのことであった。初めて病気と向かい合うこととなった。3月6日に来た結果通知によれば、20項目中、13項目は異常がなく、3項目が治療を要するとのことで

注3　68　カード法による国語教材研究・1980年11月4日発行・国語教育研究(広島大学教育学部光葉会第26号下・野地潤家先生還暦記念特集)

あった。医者通いを考えねばならなかった。

　3月1日（土）に卒業式があった。10年前の学園紛争の頃を思うと、嘘のように静かで厳粛な卒業式であった。3月10日（月）には来年度開催される全国国語教育研究協議会の提案者、授業者連絡会が広島で行われた。私は提案者になっていたので出席した。12日（水）13日（木）は高校入試であった。次男も尾道地区綜合選抜を受験した。私は私で総合選抜委員になっていたので、落ち着かないこと甚だしい一週間であった。次男は無事に志望通り尾道東高校に合格した。

　3月の終わりは歯医者と胃腸科のかけもち通院をする。人間ドックの検査結果の胃の再検査の方は、異常がなかった。糖尿病の方は、約一月後に血糖値が正常になり、病院から解放された。3月28日に人事異動の申し渡しがあった。私の方は異動はなかった。ないことも私にとっては気分のよいものではなかった。ただ、「異動がなくてよかったですね。」と知り合いが気楽に言うことばに内心では腹を立てていた。3月末が締切だった小学館『総合教育技術』の大村はま先生特集に載せる原稿、「大村教室に学んで二十五年」(注4)を書き上げた。400字詰原稿用紙3枚であっただけに、何を取り上げるかには苦労した。

31　菊に包まれ
（昭和55年度：1980年4月－1981年3月）

　4月になった。いわゆる春休みは、人事委員もなく、組合の関係もなかったので、春休みはゆっくりできた。それに、主任制闘争もすでにさしたるものでなかったので、ひさしぶりに気分がゆっくりした春休みであった。ただし、母は病状にさして変化はないにしても、入院中であり、私は糖尿病、高血圧、高脂血症の治療を要していた。そうした中で、国語教育

注4　66　大村教室に学んで二十五年・1980年・小学館・総合教育技術6月号

の実践研究において、「生徒の国語の学力をつけるための確かな見通しを立てること。」（4月1日・日記）を思っている。そのためには「目標と方法とのつながりが有機的なものであるよう考えたい。」とそれに続けて述べている。また、最低三つの実践研究をまとめたいとも思っている。

　4月2日に職員会議があり、担任の発表があった。私は1年の正担任の一人であった。主任制とのからみもあり、担当するホームルームは学年団での話し合いで決めることになっていた。また、学年主任なども、複数であった。学校長が命免する学年主任と、実際に活動する学年主任（学年窓口と呼んでいた）は異なっていた。このことは、他の分掌、教務・保健・生徒指導（生活指導と呼んでいた）・進路指導にあっても同じであった。こうした中で、校務運営の混乱、停滞がおのずと生まれていた。私は1年6組の担任となった。1年生の担任となるのは久しぶりのことである。1972（昭和47）年度の三原高校以来のことである。私が勤め始めた頃には五十歳を越えて担任をするなど考えられなかった。だんだん時代が変わり、仕事が忙しくなってくると、年長者を敬い、いたわる意識は給料の額が多いのだから、仕事を多くするのが当然の意識になり、主任制反対は、新任も経験者も対等だという考えを生んだ。「五十才で担任して、どこまでできるか可能性の実験をするようなものである。」（4月10日・日記）と、8日の入学式当日に述べている。

　この年度から、図書館から職員室に座席を移動した。図書係から庶務係に校務分掌が変わったからである。教科担当は、現代国語1年3単位を2組、古典Ⅰ乙2年3単位を2組、それに、現代国語3年の選択2単位を3組担当した。18時間である。選択の現代国語というのは今までなかったことであり、いってみれば、大学受験対策の国語といってよい。一学期は森鷗外『舞姫』を読むことにした。各組とも女子が多かった。4月8日の入学式後、ごく短い時間ではあるが他の担当者と打ち合わせをしている。

　新学期早々学校の忙しさに加えて、三原時代の教え子の結婚式に13日（日）に招待されたし、16日は国鉄のストライキ、日本教職員組合のストライキがあった。さらに、入院中の母は17日に一時的にぼけの状態になっ

た。この頃から確実に肝硬変は進行していたらしく、間もなく付添を必要とするようになった。20日（日）には、午後ずっと私が病院にいた。

　4月27日誠之館高校の歓送迎会があった。120名ぐらいの人員の会なので、気を使う。ことに私は庶務係で、欠席した人の餞別を預かっていたので、二次会も行かずに、金を抱いて、会が終わると家に帰った。28日（月）・29日（火）は記念祭であった。新一年生を入学して20日あまりで記念祭に参加させるのは大変である。ホームルームはひたすら記念祭に向けられる。5月2日から5日まで連休であった。この時大村はま先生の研究会があったのだが、母が病状が気がかりなので参加は中止した。この会は、退職記念の会だったようである。8日には病院から電話があり、母の状態がよくないとのことであった。家政婦をつけることにした。

　記念祭が終わり、やっと授業が軌道に乗った感じであった。「授業そのものに大したよどみもないが、生徒の持っているものをひきだすことになっていないのではないかという思いがすることしきり。」（5月1日・指導日誌）といっている。この頃、学級通信を生徒に作らそうとして、ホームルームにはかり、否決された。しかし、生徒のものぐさをどうしてなくするかについては別の方法を考えてみたいと思っている。また、教材研究がなかなか時間がとれないことも相変わらずの悩みであった。庶務係として、「学校要覧」の作成、野球部顧問として野球部父兄会の会計の整理などがあった。野球部の顧問の話は、経費の面で同窓会、ことに野球部OBとのつながりが深く、どうしても、卒業生の顧問が必要ということで口説かれたのである。この会計の仕事が結構手間のかかるものであった。この年度は国語科の会合が、火曜日の3時間目にしてあった。特別何かまとまったことを話し合っていたのではないが、なにかと話題はあった。例えば、5月9日は中間考査の問題作りの割り当て、16日は歓送迎会を6月にすることを決めたり、地区の国語教育研究会総会のことを話題にしている。

　5月24日（土）から28日（水）まで中間考査であった。この期間に母の病状は思わしくなく、妻も私も忙しさに加えて、気遣いもあり、気分の重い日々であった。5月25日（日）は誠之館高校の同窓会総会であった。記

念講演でマキノ雅裕監督の話と、浜星波活弁弁士による無声映画「高田の馬場」を見た。忙しさの中でつかの間の安らぎだった。母は月の終わりに少し持ち直し、ようやく廊下を歩くことができる程度にはなった。

　試験終了後はホームルームの生徒面接を放課後数名ずつしている。また、6月2日から二週間教育実習生を指導した。この年度は全部の教科で12名の実習生がいた。卒業生なのでむげにことわるわけにもゆかず、指導が大変であった。しかし、私の担当した女子学生の場合、本人が準備をしっかりして授業をしたので、たいした混乱もなく学習指導ができた。「教材研究が基本であることをまたしても思う。」（6月10日・指導日誌）と記している。6月5日（木）には野球部後援会総会もあった。次々と雑用を片付けて、その合間に教材研究をしているような毎日であった。庶務係として「学校だより」の編集などもあった。

　この頃、珍しく時間が空いたと思ったら、必ず突発的な依頼や、できごとでのんびりできなくなっている。その上、母のところに寄って帰るのでくたくたの毎日であった。妻も同じであった。国語教育もほとんど考えるゆとりはなかった。「5分でも10分でも考えを遊ばすことを心がけたい。」（6月25日・日記）と思っている。二七会にも4月、5月、6月と出席していない。母は一進一退というより、急変して悪くなり、少し持ち直す状態であった。意識が混濁することがあり、点滴もうけていた。6月の終わりには重体となったこともある。

　7月になると、母の病状はめまぐるしく変化し、目が離せなかった。母のそばで試験の問題を作ったり、採点したりした。「一学期がようやく終わる。一年の担任だとか、学校の仕事が多いとかいうよりも、母の病気によってしんどさをひきおこした一学期であった。」（7月19日・日記）といっている。

　夏休みとなっても、しばらくは保護者懇談、高校野球広島県予選、教育課程講習会（県教育委員会主催）とあり、さらに、私は、福山地区教育研究会国語部会の教育課程検討委員会（教職員組合）の準備、11月に行われる全日本国語教育研究協議会広島大会での提案の準備、8月末の教育実践

講座（県教育委員会主催・六年目研修）での提案などがあった。母のことも気がかりであったが、これらの準備も逃げるわけにはゆかなかった。7月27日（日）には、読書会の二七会に久しぶりに出た、その後、広島県高等学校国語科教育実践研究会の会合があった。この会は県内の実践者の何名かの集まりで、グループ研究をすることになっていた。この後、大村はま先生から、「酔心本店」でご馳走になるということがあった。どんな会合だったか記憶はない。「最近では珍しい国語教育で全ての一日が過ぎた一日であった。」（8月3日・日記）といっている。

　学校に出ることが一段落ついた7月29日夜には病院から電話で、母が騒ぐのですぐ来てほしいとのことであった。いつもの母でなく、今まで私が聞いたこともないようなことを母は口走っていた。若い時に押え込んでいたいくつかの思いを吐き出したようであった。「みんながよってたかってだました。」などということを母の口から聞くとは予想もしなかった。その上、暴れてベッドから落ちるということもあった。明け方やっと静まった。思えばこれが母の最後の生きる力の発現だったようである。これ以後、意識が混濁したまま、ベッドにおとなしく寝ている毎日であった。

　母は8月3日に大出血を二回した。血の便であった。そうした中ではあったが、8月20日までに提出する全国大会の発表要旨の見通しをつけることができた。また11日には広島大学教育学部光葉会国語教育学会と、野地先生還暦記念祝賀会に出た。この会で、私にとって野地先生とは何なのかとの思いがうず巻いていた。そして、確実なのは、「記録の重要性を教えこまれた」（8月12日・日記）ことと、繰り返し先生の話を聞く中で、実践を研究に高めようとする意識を私が持つようになったということではないかと思った。この思いが、半年の後の『松籟』（3号）に載せた感想になる。

　盆休みといわれる期間も、母に手を取られて滞りがちであった家の中の掃除や片付けをし、その中で、全日本国語教育研究大会の発表要旨を書き上げた。資料をつけないで、400字詰め原稿用紙8枚に、参加しなかった人にもわかるようなものを書くのは至難のわざであった。それをしあげる

と、すぐに、8月末にある六年研の資料作成にかかった。そうした中ではあったが、西尾実国語教育全集全13巻もどうやら読み終えた。21日には広島高等師範学校文科第一部卒業30周年のクラス会が広島市の「酔心」であった。母のことがあり、さらに、私には校長だ、教頭だという地位もなく、また子供がどこの大学にいっているとか、どういう企業に就職しているとかの話の種もないので、すねたような出席の仕方だった。石田民生君の骨折りでできた文集も、私のものは、「大荒野想」と題されたもので、今出してみると、とても読むに耐えない泣き言の文章である。母は18日から食事を止められていた。おびただしく血便が出ているからである。点滴だけの毎日であった。

　26日には昭和55年度公立学校教育実践講座（六年目研修）で、「授業改造を志向した学習過程のあり方－基礎作業としての記録生活の実践－」を報告した。広島県教育委員会の主催であり、私のものは、高等学校課題別研修会でのものであった。教職員組合と県教委との対立もあり、報告も気を使うものであった。その上、国語科の枠を越えた提案であった。質疑応答で数学科の教諭をしている、三原時代の教え子から、質問を受けるということもあった。

　夏休みは終わった。母の病状が目に見えて悪くなった夏であったが、この年の夏休みは不思議なぐらい学校に出ることが少なく、母の側にいることができたのが、せめてものことであった。もちろん、旅行も行かなかった。

　二学期が始まり、冷夏は残暑に変わる。母は依然として悪い状態が続いている。3年の現代国語の選択は、いまだに森鷗外『舞姫』が続いている。3年生に実施する校内模擬試験問題の古文を出題するために問題作成にかかったが、なかなか思うように作れず、結局4時間かかった。どこかの問題集によって作れば手間はかからないのにと思う気もしていたが、私は自

注1　67　授業改造を志向した学習過程のあり方―基礎作業としての記録生活の実践―・1980年8月26日（火）・広島県教育委員会・高等学校課題別研修会第5分科会・広島国泰寺高校「高校国語科教育の実践課題」Ⅳ―学習指導を記録する方法

分で作ることを通した。この時の問題は、『徒然草』の九十二段と百九段とを並べてだした。弓の名人と木登りの名人とを比較することをねらった。以前から授業の中で取り上げていたことを問題にしたのである。なおこの頃から複写が容易になったので試験などもしきりに本文を複写し、切り貼りして、さらに複写することが行われていた。私の問題はまだまだいわゆるガリバンによる手書きであった。

　岩波古典大系は「川柳狂歌集」（57巻）を読んでいる。「どちらかというと川柳の方が分かりにくいのに読んでおもしろい。わさびがよく利いているからであろうか。」（9月19日・日記）といっている。

　9月23日（秋分の日）は珍しく畑仕事をし、野菜の種をまいたりした。午後病院に寄り、母をみてすぐに広島へ行った。二七会出席はつけ足しに近くて、大分大学に転出する橋本暢夫さんの送別会であった。「古い会員が一人去り、二人去りして行く中で、依然として出席常ならぬわたしは存在する。」（9月24日・日記）とぼやきを述べている。この二七会から何人が大学へ出ていったことであろう。野地先生に教えを受けた人たちは全国に広がっていた。

　10月に入ると、母の病状は悪化した。月初めから三日ほど昏睡状態が続いた。教会は教会で先代先生の後を継がれた奥様が母と同じ病院に入院中で、危篤状態であった。こんな具合だから、毎日毎日が辛かった。その中で、福山地区の国語教育研究会での提案、全国大会で提案、実践研究のグループの課題と処理しなければならなかった。逃げ出したいと思うこともままあった。10月10日（体育の日）午後、高校国語科有志による実践研究会が広島であった。この会で野地先生から学習指導目標の立て方について私は厳しく直された。11日（土）は教会の奥様の告別式があり、帰ったら、病院から電話で、母が危篤だからすぐ来るようにとのことであった。母は一晩に数回息が切れたが、看護婦や医師の手で再び息を吹き返した。生命力の強さをみた思いがした。12日（月）には小康状態になった。そうした中で、私は51歳の誕生日を10月19日には迎えた。母の状態が心配ではあったが、妻は修学旅行の引率で北九州方面に出かけた。私は母の心

配、子供の食事、学校の中間考査と自分をムチ打ちながらの数日であった。「どうやら妻にすぐ帰れと電話しなくてすんだ。」と思いながら10月27日（月）、私が学校に行くと、危篤だからすぐ帰れと病院から電話があった。急いで帰っても間に合わず、10月27日午前9時26分母は命が絶えていた。妻がいないまま、叔母や知人の助けで、葬儀の準備をした。妻には電話しても宿は出た後であり、全部の旅程をすませて、生徒を親に渡した後、帰った。母の葬儀やその後始末などあわただしく一週間は過ぎた。11月4日（火）から学校に出た。「さびしいでしょう。」とあいさつをされるが、実のところ忙しさからか、寂しい感じはなかった。本当に寂しく思い始めたのは、一段落ついた、百日忌が過ぎた頃からであった。

　11月6日（木）の午後は第26回全日本国語教育研究協議会広島大会の発表者となっているために、打ち合わせに広島に行き、7日（金）は高校第2分科会で、「論説文読解の学年目標の設定」(注2)を提案した。提案の方は、助言者の人にはなじみのない分野のせいかあまり問題にしてもらえなかった。この日の午後はシンポジュウムであり、司会の梅下さんから頼まれて、発言のない時の質問者になった。高校の抱えている基本的な問題、例えば生徒と話が通じなくなっている現状などを取り上げて提案と結びつけて質問した。会の終了後、この会に指導者として見えていた、大村はま先生が慰めてやろうとおっしゃって、いつもの「酔心」で野地先生をはじめとする何名かがごちそうになった。

　学校の方は、11月4日から誠之館高校の出身で、早稲田大学大学院で中国哲学を学んでいる仁田峠さんが教育実習に来た。前からの約束であったので、母の死の直後ではあったが、指導した。中間考査が10月24日（金）に終わり、1年の現代国語は作文単元「高校生活を考える」の作文検討となり、続いて井伏鱒二「黒い雨」が予定されていた。2年生の古典Ⅰ乙は『大鏡』の「花山天皇」の中途からであった。3年の現代国語選択は「舞姫」

注2　69　論説文読解の学年目標の設定—高校一年のばあい—・第28回全日本国語教育研究協議会広島大会・広島大学付属高校・1980年11月7日

が終わり、問題集をやり始めた。

　11月19日には母の弟で、長い間寝たきりになっていた叔父の葬儀があった。尾道市内に住んでいたのでよく行き来していただけに、母に続いての悲しみであった。

　あれこれあわただしく過ごしているうちに、12月になった。いつまでも母の死に寄りかかってはいられなかった。国語教育のことへ思いが傾いた。原稿化しなければならないものが三、四編あった。また評価や学力のことで理論的な勉強をしなければならないと思っていた。さらに、毎日の授業が過去の実践に寄りかかり過ぎていないかとの反省もあった。また、ホームルームはことがなければいいという怠惰な気持ちで過ぎていた。

　12月7日（日）にある大下学園の研究会も、母の四十九日が14日（日）に控えているので出席しなかった。茶の子だとか、形見分けとか準備があったのである。

　12月22日（月）から24日（水）までは午後が生徒・保護者同伴での通知表渡しであった。寒い教室で、連日17名・14名・14名の面談であった。こうした日程のため、12月5日（金）から10日（水）まで期末考査、16日に成績原票作成、20日（土）までに通知表作成と続いた。この中で、9日（火）には、修学旅行研究会（広島錫峰高校）があり、総合選抜委員会関係の会合が10日（水）・12日（金）とあり、さらに、二七会の文集『松籟』（4号・野地潤家先生還暦記念特集号）に載せる原稿「私の中の野地先生」を作成した。12月25日（木）は、野地先生が中国文化賞を受賞された祝いと先生から『話しことば研究史』をいただいたお礼ということで、関係者9名が会合を持った。先生の中国文化賞の祝賀会は、29日の二七会12月例会の後の忘年会でも行われた。26日（金）には血糖値の検査に行き、その後転入考査、総合選抜委員会があった。27日（土）は結婚二十年と、母の葬儀などの慰労とで、妻と京都に行き、一泊した。27日は宇治方面、翌日は大覚寺、錦小路などに行った。また、29日（月）に血糖値の結果を聞いた。血糖値はまずまずということで、一安心であった。これが午前中のことで、午後は二七会の12月例会であった。引き続き行われた忘年会は、

野地先生の中国文化賞受賞の祝賀会であった。こうして、あわただしく年末は過ぎていった。

　なんといっても、1980年は母の死が一番のできごとであった。死の前後の緊迫した日々は今（1999年7月）となっては、さすがに遥かの思い出になったが、いくつかの場面は今も鮮やかに思い出すことができる。また、母が一人息子の生き方の不器用さをみてもらしたとも思える、「国語教育で生きたらええ。」は、今も私には悔恨に近い思いでふと胸の底から浮き上がって来ることがある。

　母のいない正月である。教会は教会で先代の奥様がなくなられて初めての正月であった。午前10時から教会で行われた元旦祭に家族四人でお参りし、午後は瀬戸田町にある妻の実家に行ったのは例年通りである。この年は、今までの疲れのせいか、年のせいか、正月の酒を飲んで、胃腸の具合がよくなかった。2日の夕食を抜いた。その具合の悪いまま3日午後は尾道東高校11回（昭和35年3月卒業）の同窓会に出た。卒業して20年経過している人たちであり、私にとっては、忘れがたい3年B組の担任をした学年である。20年の歳月は過去の苦労を洗い流すだけのそれぞれの生活を感じさせるようになっていた。

　4日は昨年秋、全日本国語教育研究協議会広島大会で報告した「論説文読解の学年目標の設定」の原稿を作成した。それから後の5日、6日、7日も体がしっかりしないままに過ごしたが、「ありがたい冬休みであったといえる。」（1月7日・日記）といっている。母の入院中の一年間の疲れをとる休みだと思ったのだろう。この疲れは、仕事をしなければと思いながらも、どこか私をひきずりおろすようなものがあった。しかし、1月の中旬になると、「高校国語科教育の実践課題（仮題）」の構想を考えている。この段階では16ぐらいの報告でまとめようと思っている。仮題がそのまま本題となり、16篇が増えて22篇に増えて出版されたのは、数年後のことである。

　1月10日（土）午後から共通一次試験が始まった。1979年1月から始まった国公立大学の一次試験であった。全部客観テストということが、高校教

育に影響を与えたことは否めない。
　この頃、岡松和夫「人間の火」を読んでいる。「読みの集中力がないせいもあって、登場人物が一度で頭に入らなかったり、」(1月19日・日記)さらに、筋を確かめるために読み返しをしなければならなかったりしている。この作家は年齢が同年代ということもあって親しさを感じていた。
　1月26日（月）から3年の学年末考査が始まり、28日からは平行して、1・2年も三学期の中間考査があった。3年生の授業がなくなると、私は12時間となる。この頃から、どうやら以前と同じように、朝起きて少しずつではあるが勉強が続けられるようになった。また、2月1日（日）は午前中に高校国語科教育実践研究会があり、3月に県教育委員会に提出する報告書に載せる各自の実践の中間報告などをした。私は、1月中旬に扱った「ジョナサン・スイフトの笑い」をとりあげることにしていた。この教材は今までの論説文とは指導過程が異なっていた。午後は二七会があった。二七会の輪読はいつもの通りであったが、研究発表の代わりに、野地先生の「わが心のうちなる歌碑」の感想を出席者が述べあった。この会の時、便所でたまたま先生と一緒になったら、「カード法による教材研究」について、大学院の演習に使ったことと、文章が完璧だったことを言われた。さすがに嬉しかった。
　2月2日（月）から、恒例の寒稽古が始まる。一週間続き、担任もその中で、一日は7時半に登校することになっている。私は最終日の7日（土）に登校した。この週は、2日は非行のため登校しなくなった女生徒の家の家庭訪問、3日は母の百日忌で午後寺参り、4日はロング・ホームルーム「差別と人権の歴史」、放課後は職員会議、5日が放課後に教育課程委員会、6日が午後2時から総合選抜委員会、7日が早朝登校、午後は寒稽古の納会と毎日何かがあった。家庭訪問は、次の週も3日連続して同じ生徒の所へ行った。生徒のことで問題が起こる時には連鎖反応のように起こるもので、2月12日（木）には、三件の問題が起こった。いずれも女生徒である。進路の悩み、非行、授業放棄、さまざまであった。2月14日（土）の午後、国語科の旅行で、別府に行く。福山を13時50分の新幹線に乗ると、18時

32分には別府に着く。早くなったものである。別府に泊まり、翌日観光バスで国東めぐりをした。圧巻は熊野磨崖仏であった。次の週の日曜日は広島県東部地区放送コンテストの審査員で家を空けた。そのせいもあってか、25日の夜から風邪をひき、26日（火）は学校を休んだ。

　3月1日（日）は卒業式であった。日曜日の卒業式も珍しいし、おまけに、大雪というのも珍しい。この頃、母がなくなって一段落したせいか気分が沈みがちであった。意欲的に生活に立ち向かえないような毎日であった。高校国語科教育実践研究会での実践報告「『ジョナサン・スイフトの笑い』の評価」(注3)を書いていても、「やっつけ仕事はだめである。文章の体をなさない。」（3月5日・日記）という状態であった。自分の住んでいる世界を「まさに中島敦『山月記』の虎になった李徴の世界ではないか。」（3月11日・日記）ともとらえている。とはいうものの、岩波の日本古典文学大系は「蕪村・一茶集」（58巻）を読み終えている。また、教員生活全部を国語教師として使うことの覚悟も思い始めてはいる。「百の実践報告・実践研究を達成したいと思う。」（1月17日・日記）と述べている。この時点で70になっていた。

　3月12日（木）、13日（金）は高校入試学力検査があった。私は総合選抜委員であったので、14日（土）・16日（月）・17日（火）・18日（水）と事務局校の葦陽高校で処理にあたった。19日（木）に合格者発表があり、ひとまず、任務はすんだ。

　3月20日（金）が終業式であった。久しぶりの1年生の担任であった。母の死があっただけでなく、母の死後、11月からはホームルームの生徒にあれこれ問題が起こり、かなり神経も体もすりへらした。21日（春分の日）22日（日）と連休ではあったが、学年末考査の採点に追われた。総合選抜委員をした後遺症である。

　春休みとはいうもののやはり、あれこれあった。愛媛大学教育学部に学

注3　70 「ジョナサン・スイフトの笑い」―構成表作成を中心に―・1981・3・10県教育委員会提出・広島県高校国語科教育実践研究会・参加者14名・「生徒の能力適性を伸ばす学習指導の研究―到達度評価を中心として―」

んでいる卒業生が卒業論文に大村はま先生を取り上げるからといって、訪ねて来たり、長男が高野山大学にやっと合格したので、入学の準備をしたりするということもあった。また、29日（日）は二七会のあと、会員の一人、教育センターの大西道雄さんが、福岡教育大学に転出するので送別会があった。また一人、大学に行く人が生まれた。この会から何人大学に行く人が出たことだろう。その度に私は送る側にいるなあと思った。

32　思いもしないことが
（昭和56年度：1981年4月－1982年3月）

　1981（昭和56）年度が始まった。
　本年度は、2年1組のホームルーム担任となった。昨年度現代国語・古典乙Ⅰ合わせて四組持っていたので、ホームルームの顔ぶれも知っている生徒が多かった。
　本年度の担当教科は現代国語3年（選択）・3組・2単位・6時間、古典Ⅰ乙1年・2組・3単位・6時間、古典Ⅰ乙2年・2組・3単位・6時間であった。計18時間である。
　4月6日（月）が始業式、7日（火）が入学式、8日（水）が離任式・対面式・ロング・ホームルームと例年の通りであった。記念祭が5月10日（日）、11日（月）と少し遅くはなった。8日のホームルームを3時間ぐらいとって計画を練った。9日（木）が交歓遠足で2年はバスで岡山県鷲羽山に行った。雨のため予定より早く引きあげた。授業は10日（金）から始まった。
　3年の現代国語（選択）はこの年も1学期は森鷗外「舞姫」となる。古典Ⅰ乙1年では古典の導入として、さだまさし「まほろば」をとりあげることにした。東大寺落慶法要で歌われたこの歌は、たまたまテレビで見て、題にひかれて、歌詞を探した。そして、「不易」の教材ではないが、すぐれた「流行」の教材だと考えた。古典Ⅰ乙2年は古文、漢文と分けず

に単元ごとに扱うことにしていた。この年は、「古典の学習指導を主として考えて行きたい。」（4月15日・日記）といっている。それに加えて、改定学習指導要領を教科書に即して考えてもみたいと思っている。
　この年になると、主任制もあまり問題とならず、形と内容がずれたまま、校務が運営されていた。しかし、いつまでもずれたままではいけないということで、校務分掌検討委員会を設置した。私も検討委員の一人に選ばれた。選挙といえば、職員会議の議長も選挙であり、これも私が三人の中の一人に選ばれた。校務分掌は表向きは一人一役ではあったが、何やかやと加わって、忙しさは一向に減らなかった。
　26日（日）は読書会二七会で広島に行った。野地先生の話や研究発表、漱石作品の輪読と、出れば出るだけの実りがあった。また、いつまでこの会に行けるだろうかという思いもあったのである。天職の自覚をしきりに思った。いわゆるゴールデン・ウイークとなったが、毎日バタバタとして過ぎた。
　5月10日（日）、11日（日）は記念祭だった。雨の中での、ボーン・ファイアーであった。雨では火も燃え上がるわけにはゆかず、終わった後、生徒が町中をうろうろしないからかえってよいかも知れないと思った。5月18日（月）には広島県教育センターから、長期研修Bの人たちへの話をするよう依頼があった。年間何日か教育センターに来て研修している人たちの中の、国語関係の人への話である。
　この頃「増渕恒吉国語教育論集」（全三巻・有精堂）を読んでいる。私が国語教師になって六年目に知り合ってから、目指すべき峰の一つに思っている人である。「わたしなどとうてい達しられない学識の広さと深さである。」（5月16日・日記）とこの人について述べている。
　5月22日（金）から26日（火）まで中間考査であった。この期間に会議は25日（月）に学年会があり、26日（火）には午後PTA総会、学年懇談があった。なお24日（日）には誠之館の同窓会総会があり、記念講演は文部大臣をした永井道雄氏の「世界の中の日本」と題するものであった。日本の先進性、後進性を述べたものであった。ユーモアがあり、達者な話し

ぶりだったが、話題が大きいので、常識的なことだった。この後、例の通り同期生の会があった。依然として私はこういう会は苦手であった。
　6月1日（月）から教育実習生が来た。私は山口大学にいる女子学生を受け持った。この年は国語科に三名の実習生が来た。3日（水）に「毎日中学生新聞」の高校紹介欄に載せる1200字の文章を書く。材料選びに苦労した。
　6月4日（木）に早朝59分のストライキ。定年制に対する公務員共闘会議の統一ストである。翌日5日（金）は野球部後援会の総会、7日（日）は福山・尾三地区高校放送コンテストの朗読部門の審査員をした。午前9時から午後5時過ぎまでかかる。延べ120名の朗読を聞いて、採点をした。6月8日（月）からの一週間も次々と何かがあった。14日（日）は午後報道部の生徒が私の家まで取材に来た。学校新聞に載せるためである。
　この年の6月は、「この一週間はずいぶん長く感じる一週間である。」（6月13日・日記）といっている。仕事が次々とあったせいであろう。修学旅行のしおりのわりつけを校内模擬試験の監督中にして、19日（金）の締め切りに渡した。21日（日）二七会の輪読は夏目漱石「薤露行（かいろこう）」が担当であった。前日まで大急ぎで準備したが扱いにくい作品であった。学校から保護者に送る「学校だより」の編集もあった。
　そうしたの中で、古典Ⅰ乙2年の漢文単元「古代の詩」では漢文を語彙指導の面から扱おうとして、詩の一行ずつを担当させて、その一行の中の一字を選び、漢和辞典を利用して、「みんなに知ってもらいたい語」を発表させた。初めての試みである。漢文は語彙指導の面からとらえることは、研究会などで聞いていたのである。
　7月になると、3日（金）の期末考査前日に、欠席が4名、早引10名（全員無届け）という事態が起こった。この電話で30分かかる。理由はともかく試験を前にして、焦っているのである。私が忙しさに取り紛れて油断していたので、思いもしないことが起こり、警鐘が鳴った、
　7月7日（火）は広島県教育センターで「書く作業を学習過程の中でどう生かしたか―80年度現代国語一年の場合―」（注1）について、発表する。こ

こで研修を受けている長期研修Bの小・中・高の先生に対する報告であった。この前日には、野地先生から、夏の光葉会国語教育学会で発表するよう依頼があった。こういう状態ではあったが、7月は6月よりも気持ちの上でゆとりがあった。日曜日を休んでいるせいもある。

夏休みとはなったが、7月29日（木）から8月2日（日）にかけて、修学旅行がある。この時は学年を二つに分けて行い、私の組は後追いである二団であった。

ところが、この修学旅行を前にして全く思いもかけない二つのできごとが、私にあった。

通知表渡しの保護者懇談をすまし、7月27日（月）には、修学旅行参加者が一団二団ともに登校して、結団式をした。翌28日（火）朝に、私と同じ後発の二団の引率者であるUさんが頓死するということが起こった。私はその日旅行の準備で学校にいた。引率者を至急決めたり、告別式の弔辞を読む生徒を決めたりで、ぐったりして午後6時頃家に帰った。ところが、家の近くまで帰ると、近所に住んでいる叔母が私が帰る直前に死亡したことを知らされた。私の母には妹が二人あり、どちらも独り身で二人一緒に私の家の近くに家を買って住んでいた。身寄りがないので、家族を持つ姉の家の近くに住みかを決めていた。なくなったのは、元気な方の叔母であり、病後の叔母が生き残ったので、連絡すると親戚では人違いをした。その日、私の妻は勤務している中学校のキャンプで蒜山高原に行っていた。私は親戚への連絡、叔母の葬儀の準備、弔問客の応対と、28日の夜は夜中を過ぎまでかかった。それから自分の家に帰り、翌日（今日というべきか）Uさんの葬儀で生徒が読む弔辞を書いた。ろくに寝ないまま、29日の朝、弔辞を持って学校に行き、生徒に渡そうとすると、弔辞と思ったのは、白紙の原稿用紙であった。あわてて、思い出しながら書いて、渡した。帰って見ると、弔辞は思いもしない所の本棚の本の上にあった。29日（水）

注1　71　書く作業を学習過程の中でどう生かしたか・1981年7月7日・広島県教育センター・長期研修B

の朝、修学旅行の先発一団は出発し、Ｕさんの葬儀もすんだ。私は叔母の葬儀の準備をして、お通夜をした。翌日30日（木）には私を残して、二団が出発し、私は叔母の葬儀をした。そして翌31日（金）朝尾道を出て、私は松本まで行き、金沢・立山から来た旅行団と落ち合った。この旅行の引率はつらかった。松本に行くために木曾路を走る特急に乗っていても、心と体が離れたような感じであった。疲れているといっても、宿に着けば、引率者だから、見回りもし、指示も出し、処理もしなければならない。二つの急死の直後の修学旅行に引率者として、8月1日（土）私は松本から、上高地を経て、高山に泊まって8月2日（日）に高山からはバスで名古屋に出て、新幹線で帰った。

　8月11日（火）に広島大学光葉会国語教育学会で「単元『文学作品に表れた戦争』の展開」について、発表した。三年前主任制闘争中の組合分会長をしながらの実践である。「組合活動に対する『れくいえむ』であり、私の上昇指向に対する『魂を鎮める曲』の実践である。」（8月11日・日記）と思っていた発表であった。『れくいえむ』はこの単元で扱った教材の一つで、郷静子の作品である。私としては、気がかりな社会の動きを背景に、戦争の持つ残酷さを風化させまいとの願いをこめて実践した単元であった。なお、この単元は1980年1月に広島大学教育学部高等学校教員養成課程国語科の島田恵子さんが「高校国語科における戦争文学の取り扱い―大岡昇平「野火」を中心に―」で取り上げている。

　13日（木）、職員会議、学年会、総合選抜小委員会、八月分給与の支給などがあった。18日（火）に上京して、日本文学協会国語教育部会夏期研究集会に参加した。神田の教育会館で行われた。参加者約400名とのことであった。翌日は分科会であった。夕方、高校2年の次男が上京した。神田で本屋を歩くためである。20日（木）の第三日目に部会報告と討論があり、午後は「詩の教育」についてのシンポジュームであった。次男は教育

注2　72　単元「文学作品に表れた戦争」の展開・1981年8月11日。第二十二回広島大学光葉会国語教育学会・「国語教育研究」27号（1981年12月216日）

会館に近い、神田の古本屋街を歩いた。彼の目当ては、イラスト集のようであった。翌日は次男と池袋サンシャインなどをみて、午後の新幹線で名古屋に行った。ここで、妻と、長男と落合い、翌日22日（土）多治見で陶器陳列館、定光寺などを見て帰った。家族旅行をこういう形でしたのである。この後はもっぱらトラベルミステリーを読んでいた。

　2学期が始まった。教育の中に政治的なイデオロギーの対立があちらこちらに見えていた。どちらかの立場に立たねばならないが、それができなければ右往左往せざるをえない。同和教育の問題、主任制の問題、大学進学率の低下と学力充実の問題、いずれも本音と立て前を使い分けての議論であった。

　9月23日（秋分の日）は二か月続けて欠席していた読書会の二七会に出席した。この日は「一人一人の生徒をしっかりとつかんだ指導をしたい」（9月24日・日誌）と思ったことである。9月30日（水）夜、福山市民会館で二期会のオペラ「フィガロの結婚」を見た。オペラは初めてであった。おおげさでなく、これほど楽しい時間があるのだから生きなければならないと思った。また10月23日（金）の午後、中間考査の空き時間を利用して、尾道市立美術館で開催されている「中川一政展」に行った。この展覧会も見ごたえがあった。この4日前は私の52歳の誕生日、2日後の日曜日には母の一周忌をした。

　10月31日（土）は鍛錬遠足で福山市の東部熊野方面に行き約18キロ歩く。その後、大阪フィルハーモニーの演奏会に行った。

　11月11日（水）に第29回広島県国語教育連盟大会があった。高校部会と全体会が誠之館高校であったので、雑用があれこれあった。全体会の講演は府中市にゆかりのある作家日野啓三氏で、「文学と私」と題して、ことばの持つ有効性と普遍性についての話であった。この日野啓三については、この2学期に、考えられないような失態が国語科にあった。というのは、校内模擬試験の問題を国語科で二つのグループで分担して作成していたのだが、9月10日（木）に行われた第三回校内模擬試験の時に、ある人が問題集に載っていた日野啓三の小説から出題した。ところが、11月16

日（月）に行われた第四回模試に別のある人がまったく同じ個所の、同じ問題を出した。どちらの出題者も恐らく国語研究大会の講師で郷土にゆかりのある作家ということで、問題集から選んだのであろう。前の問題を見ずに出題したらしい、うかつさよりもさることながら、あまりの偶然の見事さにあきれたのであった。生徒は「どこかで見た問題だ。」としきりにいっていたとのことである。

11月21日（土）の夜行寝台特急「あさかぜ」で東京へ行く。大村はま先生の第11回国語科実践研究発表会があったのである。筑波大学付属小学校であった。今回は22日（日）・23日（勤労感謝の日）と連休ということもあり、国語科の三人が私といっしょだった。22日が研究発表会であり、その夜はかつて修学旅行で泊まったことがある機山館に泊まった。時代の流れで、この修学旅行専門の旅館もホテル式のものになっていた。23日は静岡に立ち寄り、日本平や東照宮、登呂遺跡などを見た。日本平では富士山がよく見えた。静岡を15時52分の「こだま」に乗り、名古屋で「ひかり」に乗り換えて、福山には20時30分に着いた。

11月25日（水）は午後3時31分から1時間29分のストライキであった。人事院勧告完全実施という経済要求のためである。

12月となり、4日（木）に福山市民会館で薪能形式の能・狂言を見る。「隅田川」「素襖落」「紅葉狩」とよく知られた演目であった。7日（日）は第26回大下学園国語科教育研究会であった。発表の質が高い。例年のように大村先生の話もあった。会の終了後、関係者が「酔心」で大村先生の招待を受けた。

8日（火）から12日（土）まで2学期末の考査であった。8日に国語科の忘年会、誠之館の互助会の忘年会が12日とあった。さらに23日（水）は野球部の顧問の忘年会、24日（木）に終業式を終え、午後からは生徒・保護者との懇談と通知表渡しが始まり、26日（土）まで続いた。27日（日）は読書会二七会の輪読会と忘年会であった。二七会の忘年会で恒例の全員のスピーチがあった。私は今年一年の反省として、国語教育に対する迷い、管理職への羨望の気持ち、それらの迷いや羨望への脱出をありのまま

に述べた。会の終わりの野地先生は国語教育に生きることの真実を真摯に語られた。思わず私は涙をこぼしてしまった。

明るさへの志向を思いながらの1982（昭和57）年の元旦であった。3日（金）夜には誠之館高校野球部OB会があり、4日（土）夜は1953年3月卒業の旧3年8組のクラス会であった。今年の3月に大学を卒業する人が多い。5日は家族で墓参りをした。5日には年賀状の返事がどうやら終わった。あれやこれやでゆっくりともできない正月ではあった。

7日（木）は昨年末定時制生徒の事件で、突然引責退職された松岡校長の後任である岸本校長就任の職員会議があった。この人も松岡校長と同じく誠之館高校の同窓生である。8日（金）は始業式であった。この日は、9時から9時50分まで大掃除、10時から松岡校長離任式、続いて岸本校長就任式、そして始業式とあったその後、10時40分から11時までホームルームがあり、生徒は下校となる。私の方は午後1時から職員会議が午後3時10分まであった。その後さらに、私は校務分掌検討委員会に出ている。これは20分ですんでいる。

この頃、「今までの仕事のまとめをしなければと思う。」（1月11日・日記）と考えてはいる。しかし、思うように時間もなく、あっても無気力になっているのか、体が動かなかった。

総合選抜以後の誠之館の低迷がしきりにいわれている。総合選抜以前の誠之館高校に対して反発めいた気持ちを持っていた私ではあった。しかし悪評の中で、私の中に「誠之館のために捨て石になろう。」（1月29日・日記）という思いが生まれていた。そして1970（昭和45）年前後の学園紛争のさなかに私は心の青春をとりもどしたことを思い出した。あれから十年以上経った今、上昇指向にとどめをさした私の中に誠之館と対決することでもう一度、青春をとりもどそうという気持ちが生まれていた。そして、誠之館を病気と見立て、病状の診断から始めようと考えている。倒れる寸前の状態でありながら、どこが悪いかは今のところはっきりしないのである。「現状を分析することからはじめることである。」（2月4日・日記）と考えている。この年は1・2学年には3学期に中間考査があった。この中間

考査で、初めての試みとして、文語文法の1・2年共通試験を50点分出題した。内容は用言と助動詞とである。「読解に即して何が知識として必要かという点でつきつめると、分からないことが多い。」(1月19日・指導日誌) と模索しながら、私が問題作成の担当者となった。

岩波古典文学大系の方は、「椿説弓張月」を読み終えた。登場人物のかかわりの複雑さに驚きながらも、おもしろく読んだ。古典大系を読むのも、しばらく休憩となる。というのは、二七会三月例会で研究発表があたっているからである。学年末の仕事を考えたら、発表まで一月というのはせわしなかった。

2月20日 (土) 午後、国語科の旅行で京都に行った。21日 (日) は石清水八幡宮、宇治をめぐった。岩清水八幡宮は「徒然草」第五十二段の実地検証ともいえる。高良神社が意外に小さく、どうして仁和寺の法師が錯覚したのかと思った。もっとも、お旅所が大きいので間違ったのかもしれなともいえる。徒然草の頃はどんなかったのだろうと思った。宇治では普茶料理を食べた。宇治からの帰り、東福寺にも寄った。

3月1日 (月) は第三十四回卒業式であった。卒業式の後の祝賀会は卒業式兼新校長歓迎会であった。3月11日 (木) が学年末試験、12日 (金) 13日 (土) が高校入試学力検査であった。この年は、福山地区総合選抜の事務局を誠之館が担当し、私が委員の一人だったので19日の合格発表まで総合選抜事務局の仕事にかかりきりの状態であった。しかしその中でも、時間を見つけては、二七会の発表の準備をした。

3月12日 (金) 高校入試の初日、想像もしないようなことが起こった。誠之館高校で受験をすることになっていた福山市外の受験生が、バスを乗り間違えて、府中まで行き、そこから引き返したため、1時間めの国語を受験しなかったのである。学区外の生徒で多分一人で受けに来たためであろう。こうしたことはあったが、19日の合格者発表まで、緊張の毎日も無事に終わった。事務局は他校の委員が帰った後も、整理や準備があるので、家に着くのはたいがい8時か9時であった。

3月20日 (土) は終業式であった。2年1組のホームルームも最後であっ

た。「楽だったとはいえないが、わたしの心理転換の一つの材料となった組」（3月20日・日記）というように、「縁の下の舞い」を舞うことの気持ちを確かにした組であった。3月21日（日）には反核ヒロシマ集会に組合の動員で行く。20万人が広島市に集まったといわれる。「草の根の反核運動のありさまをこの目で見たのは、しんどさを越えて意味のあることであった。」（3月22日・日記）といっている。往復とも列車を立ったまま行ったことのしんどさを超えたのである。

　3月28日（日）は二七会であり、ここで、「古典Ⅱにおける『源氏物語』の学習指導―学習指導のねらいが学習者にどううけとめられたか―」について報告した。野地先生からは過去の記録をもとにして、実践をどう記録化するかが問題であるといわれた。なお、この報告はこの年の8月、広島大学光葉会国語教育学会でも報告した。

33　縁の下の舞
（昭和57年度：1982年4月－1983年3月）

　1982（昭和57）年4月3日（土）に雨の中を千光寺山の満開の桜の下を通って、尾道市立美術館で開かれている、久保田一竹の「辻が花作品展」を見た。すさまじいばかりに打ち込んだ制作者の執念が伝わってくるような着物であった。華やかさの中に取り囲まれている時、現実から隔絶した切ないまでの思いを感じる。新年度の煩わしさを忘れた時間であった。

　4月6日（火）に新担任の発表があり、予想通り3年生の担任となった。7日（水）は入学式、8日（木）は始業式に続いて、ロング・ホームルームが午後まであった。役員選挙、グループ編成、記念祭関係の討議などをした。記念祭で3年は恒例の「マイ・ディアー・フレンド」（通称MDF）と

　注3　73　古典Ⅱにおける「源氏物語」の学習指導―学習指導のねらいが学習者にどう受けとめられたか―・1982年3月28日・二七会三月例会

呼ばれるホームルームの創作劇上演がある。この劇をどう創るかでじっくり討議をさせた。この討議を通して仲間作りをしたいと考えたのである。担任が若くないのだから、担任が正面に出ず、生徒を活動させたいと思った。

9日（金）は雨の中を備中国分寺・吉備津神社に交歓遠足をした。10日（土）から授業が始まった。生徒はひたすら授業よりも4月末の記念祭に向かってまっしぐらである。

この年度は、私は現代国語（必修）3年・2単位・4組・8時間、古典Ⅰ乙2年・3単位・2組、6時間、古典Ⅱ3年・4単位・1組4時間、計18時間であった。3年の現代国語（必修）は77年に担当して以来5年ぶりである。古典Ⅰ乙は昨年の繰り返しであった。古典Ⅱは79年から3年ぶりである。新年度になると「心を新たにして国語教育を考えたい。」（4月8日・日記）と思い、いつも新卒のつもりで国語教室に臨む気持ちでいた。

この年度から校内の委員会として学習指導委員会が発足した。保護者・地域の声として総合選抜となってから大学進学者の質的低下がいわれ、進学実績の向上を図ろうとして生まれた委員会であった。私も委員に選ばれた。「縁の下の舞い」の一つとして私の母校に対する愛情を注ごうと思った。転勤してきた時は暗い思いで過ごした「誠之館」への反発のようなものさえあったのが、いつのまにか母校愛とでもいうべきものが生まれてきたのは不思議であった。もう一つ、施設整備委員会なるものもできて、これにも関係した。この委員会は校舎の使用のきまりなどについて検討する委員会である。これらの委員以外に校務分掌の係としては庶務係があり、新学期はことに忙しく立ち動く係であった。

この春は珍しく春闘のストライキがなく、安心して通勤できた。授業の方は記念祭まで40分授業ではあったが波風も立たずに進んでいる。

第35回の記念祭は4月25日（日）・26日（月）と無事済んだ。3年各ホームルームが上演する劇（MDF）で、私の担任する3年7組は、アカデミー賞並みに賞が七つある中で、六つの賞を得た。審査員（生徒・職員で構成）の圧倒的支持を得たわけである。徹底的に討議をして劇をホームルーム全

員のものにするねらいは成功した。

　4月30日（金）から初めて50分授業となった。記念祭が済んでいるのでゴールデンウィーク、黄金週間の休みは気分が楽であった。連休が済んで、野球部の後援会の会計処理、PTA実行委員会とか、学習指導委員会、庶務係の仕事など、めまぐるしく会議をしたり、資料を作ったりしている中に、1学期中間考査となった。

　5月22日（土）から始まり、1・2年は26日（水）まで、3年は27日（木）までが考査であった。この期間も、学習指導委員会（24日）、PTA総会、組合分会長と同和教育推進委員長を前年度した人の慰労会（25日）、職員会議、組合会議（26日）とあった。試験終了後は生徒面接をした。3年の担任であるので、進路決定を考えながらの面談であった。この面談は重要な時間であるにもかかわらず、忙しさを縫うように行われ、結局は7月1日（木）までかかった。忙しくて採点がなかなかできず、5月27日（木）実施の現代国語の採点を一週間後の6月2日（水）にやっと終えた。この頃、組合の力で研修日が設定されていて、私は火曜日の午後半日とはなっていたが、ほとんど使うことはなかった。

　6月1日（火）に6限以後研修にして、家で採点した。忙しさは6月も同じである。次々とあるなどの会議も一時間では終わらない。12日（土）は生徒面接を午後に7名している。勤務時間などいってはおられなかった。

　さらに6月14日（火）の3限には2年のある組で授業中に、ある青年（某高校中退）が教室に乱入して、この組のある女生徒を連れ出そうとした。私が男に出て行くようにいうと、私の足を蹴るということがあった。色恋沙汰の事件である。他の先生も来て、ひとまず納まった。そのことで翌日には私は福山東警察署に行き、供述書をとられた。足は少し痛みがあった程度であった。それよりも、この事件で、思ったのは女生徒がすでに「生徒」を抜きにした、「女」の世界に生きていることを目の当たりにした驚きである。さらに、供述書など警察官の思いどおりに作ることが可能ではないかという恐怖であった。突発的に起こったできごとに対して、被害者は確かな事実を再現できるともいえない。そこに誘導できる余地があるの

だ。

　学習指導の方は記念祭などで時間がなくて、3年の現代国語は6月8日（火）になってやっと最初の教材「清光館哀史」が終わった。長くかかったのは一つには課題を設定し、作業させたこともある。これと同じ時期に漢文では教科書本文をコピーして、課題を設定して自由に書き込みをさせ、教科書は汚さない試みもしている。漢文の時間が曜日変更のため忘れる者があってはとの配慮もあったが、コピーが簡単にできるようになったことから考えついた作業である。

　学習指導委員会が5月11日（火）以後、6月28日（月）まで5回開かれ。私はこの委員会をひそかに「誠之館たてなおし委員会」と呼んでいた。「テストを何回もするといったような発想ではいけない。もっと視点を変えた発想をする必要がある。」（4月23日・日記）を基点として考えていこうとした。特効薬があるわけではない。しかし、粘り強く話し合いをし、提案もした。縁の下の舞の粘りである。

　こうした5月6月の中で、「古典Ⅱにおける『源氏物語』の学習指導」(注1)を少しずつではあるが原稿化していた。この年の3月に読書会の二七会で報告した実践である。毎日でなく、隔日にしかも40字詰め原稿用紙一枚ぐらいの速度であった。が、歩みののろい作業もいつかは書き上げることができる。「兎と亀」の話にある、亀に身を寄せた自己訓練とでもいうべきものであった。

　7月になった。7月5日（月）から9日（金）までは学期末考査であった。この期間相変わらず会議は多かった。総合選抜制度のもと、進路指導は様変わりしている。総合選抜になる前のエリート校誠之館が抜けきれない世間の意識と、生徒の学力実態のずれで職員がもがいていた。この考査中、私には野球部父兄会を控えて、会計の整理や、監査をうけることも加わっ

注1　73　古典における「源氏物語」学習指導―学習のねらいがどううけとめられたか―・1982年3月28日・二七会三月例会
　　　同「源氏物語」の学習指導―学習のねらいが学習者にどううけとめられたか―・1982年8月12日（木）・広島大学光葉会国語教育学会・高校国語科教育の実践課題Ⅲの五

ていた。考査の採点も家でした。10日（土）夜、野球部父兄会が学校で行われた。高校野球県大会を前にしての会合である。

　翌日の11日（日）は昨年修学旅行直前に死亡した叔母の一周忌が行われた。法要を済ますと、私は神戸に行った。12日（月）13日（火）と西日本地区高等学校教育課程運営改善講座に出席するためである。12日は全体会が神戸ポートピア国際会議場であった。13日は分科会が兵庫中央労働センターであった。どちらの会場でも知り合いに出くわしてその多くが管理職であったり、教育行政の担当者であったりで、肩書きを持たない私には「かなりこたえることであった。」（7月14日・日記）と、つい愚痴が出る思いがした。成績原票も今回はぎりぎりに提出した。私にしては珍しいことである。

　夏休みになった。七月中は、三者懇談、野球の応援、そして、26日（月）から31日（土）まで3年の進学補習をした。

　夏休みになった早々思いがけない事件が起こった。22日（木）の朝刊に、誠之館の教員が体育教官室でポルノビデオを見たことがでかでかと掲載されたのである。誠之館の評判の悪さに輪をかけるような事件であった。この事件の背後には人間関係のどろどろした軋轢があるのだが、新聞記事になると衝撃的に表面をとらえるだけである。しかも、こうしたできごとは、誠之館の堕落であり、国公立大学に十数名しか入らないことと短絡してしまうのである。8月9日（月）にはこの事件に関する職員会議が開かれた。さらにこの日はこの事件や誠之館創立130周年の記念行事のこともあって、校内の誠之館出身者の会合が夕方5時から開かれた。どうやって現状を立て直すかが話されたが、名案は出ない。ただ、私は、今こそ縁の下の舞に徹する時だとひそかに思った。

　この夏休みは、私には二つの報告が控えていた。一つは3月に二七会でした源氏物語の実践報告を8月11日（水）12日（木）の広島大学教育学部光葉会でも報告することになった。これは、依頼があったのである。もう一つは20日（金）に教育センターで「学習意欲を高める指導過程―論説文を中心として―」について報告をすることである。これは中高国語科教育

講座への参加者約40名の前で話した。夏休みの最後28日（土）29日（日）は、広島市の北にある湯来温泉で行われた二七会の合宿であった。国語教育のきびしさをまたしても教えられた二日間であった。夏休みは終わった。
　２学期も相変わらず暗い心を抜けきなかった。完全主義とか、ものぐさな精神（老化）との戦いを決意している。新学期になってすぐ、野地先生から電話で私に北海道教育大学旭川分校へ転任する気はないかとの話があった。寝耳に水とはこのことである。学歴がなく、研究のきびしさに耐え得る能力がありそうにも思えず、また次男が大学進学を目の前にした今、一家四人がばらばらになる経済的負担などを考えて、せっかくの話だが辞退した。県教育委員会への話を断り、大学への話を断り、自分で高校国語教育実践者の道しかない生き方へ追い込んだといえる。
　この頃、２年生の古典Ⅰで簡単な作業をしてこないのに手を焼いている。３年の現代文は阿部昭「自転車」を９月末から扱っている。教材としては初めての作家であり、この人の作品は読んだことがなかった。しかし、二七会に一時期出席していた、また自分で小説も書く安古市高校の山崎さんの実践報告を見ていたので、まねをしないでやろうと苦労した。岩波古典文学大系を読むことは、「春色梅児誉美」（64巻）に入っている。「塵も積もれば山となる」の類で、少しずつ読んでいても何年か経つといつの間にかあと三冊となった。
　10月になった。比較的平穏に過ぎている。とはいっても、３年の担任なので面接もあれば、推薦の希望者には願書も書くことも始まっている。その中で、母の三回忌と兼ねて父の五十回忌を10月24日（日）にするので、連絡やら畳替えやらあった。さらに、筑摩書房から出している「国語通信」に大村はま先生に学んだことを原稿に書く仕事もあった。10月18日（月）には、400字詰め原稿用紙14枚の「生きる証しとしての国語教室」(注3)ができあがった。この原稿は大きな存在をいかにして限られた字数の中で語るか

　　注２　74　学習意欲を高める指導過程―論説文教材を中心にして―・広島県教育センター中
　　　　　高等学校国語教育講座・1982年８月20日

に苦労した。53歳の誕生日の前日であった。10月24日（日）に父の50回忌、母の3回忌をした。53歳で父の50回忌をするのは不幸としか言いようがない。しかし「50と3との差はまた、母の苦労を表すことでもある。」（10月25日・日記）と感じた。その母も亡くなって二年経つと思いが薄らぐわけではないが苦しみの記憶は薄らいでいる。

　10月30日（土）は恒例の鍛錬遠足であった。福山市の東部蔵王山方面へ約20キロ歩いた。幸い足も痛くならなかった。11月に入ると、恒例の誠之文化週間が11月4日（木）から始まった。総合選抜以前に比べると、低調であった。11月9日（火）には福山地区国語教育研究会が午後あり、第二分科会の「総合化」に出席した。昭和57年4月1日から実施された「高等学校学習指導要領」の改訂に伴い、国語は再び「国語Ⅰ」「国語Ⅱ」となり、現代文、古文、漢文が統合された。しかし、実質は分かれたままの現状であった。その中で、総合的に扱うにはどうしたらよいかが課題となった。これを実現するには、単元学習の意味を改めて問い直す必要があると思われた。第二分科会はそのためのものであった。

　広島県立教育センター発行の「教育けんきゅう」（昭和52年11月1日発行・第10号）に野地潤家先生（当時＝広島大学教育学部長）が「いま学校教育に求められているもの」と題して論稿を寄せられていた。その中に、N教諭として、私のカード法による教材研究が取り上げてあった。11月20日（土）の夜行で上京した。「大村はま国語教室の会」に出席するためである。昨年と同様筑波大学付属小学校で行われた。帰って23日（勤労感謝の日）には、「広島県国語科教育実践研究会」の打ち合わせで広島に行った。この会は、高校国語科の有志を中心にした集まりであり、新指導要領の「国語Ⅰ」「国語Ⅱ」における総合単元などについて共同研究を進めていた。県から教育研究助成金が出ていた。私が代表者になっていた。私は、「総合化についての基本的立場」と「単元『青春の出会い』」の二つの

注3　75　生きる証しとしての国語教室―大村はま先生から学ぶもの―・1982年11月25日・筑摩書房「国語通信」NO250号

論稿を書くことにしていた。

　11月16日（火）に担任していたある女生徒が万引きをし、福山駅前のショッピングセンターまで身柄を引き取りに行った。初めての経験である。校内模擬試験が行われ、いつもより早く下校した時のできごとである。受験前のイライラとでもいえよう。こうしたことはあったが、この生徒は後、志望する大学には入学できた。

　11月が終わろうとする感慨として、「あと、一月で今年も過ぎる。早いのか、おそいのか、批判の渦中にある誠之館を思うと、いても立ってもおられない気がする。」（11月30日・日記）と思っている。状況はよくはならず、逃げ出したいような思いであった。しかし、目の前のさまざまな生徒を志望に即して進ませなければならない。総合選抜以前に生徒と違って、学力も行動も格差があるので、それだけ視野を広げた目配りと気遣いが必要であった、私は生徒の希望を優先したいと考えた。偏差値で切り捨てるのでなく、本人が納得するようにした。したがって、その頃実施されていた共通一次試験も他の組の担任が笑う位多く受験した。45名中19名受験した。「平和な時代であり、冒険したり、危険を冒すものがなにもない現在、受験しか冒険はないのではないか。」と思っていたのである。

　12月8日（水）から13日（月）までは2学期末考査であった。この考査期間中は珍しく会議が少なかった。

　12月16日（木）朝2時間のストライキであった。公務員共闘によるものであった。これに、体育科全員7名が不参加であった。夏のポルノ・ビデオ事件の余波である。

　18日（土）は校内マラソン大会があった。午後は進路判定会議があった。午後2時から7時30分まで校外で行われた。受験する大学の振り分け会議といってよい。

　2学期末の最後の週になって、会議の連続であった。ストライキ不参加をめぐる問題が組合会議だけでなく、職員会議での問題になり、保護者の

注4　76　単元「青春の出会い」・昭和37年度教育研究報告の中、第一章など・1983年3月

間にも学校不信・教員批判の気持ちがあることが「学校だより」（PTA新聞）などからも感じられた。

　年末年始の休みとなった。24日（金）の終業式が済んだ日の午後から、25日（土）・26日（日）にかけては、三者懇談をした。3年の担任にとっては祭日も日曜もなかった。27日（月）は次男の三者懇談であり、今度は逆に私が引導を渡される側になった。もっとも最終的には次男の担任の意見は聞かなかった。28日（火）は広島県国語科教育実践研究会の打ち合わせが午前中あり、午後は二七会の12月例会、引き続き午後5時半から二七会の忘年会であった。これでやっと行事は済んだ。後は家の掃除をしたり、年賀状を書いたりした。

　この年は縁の下の舞を舞う決意をし、そのことを行おうとした年であった。が、なかなかにしんどいことを思い知らされた年である。一方、国語教育の面では、発表も口頭・紙上を合わせて、四つの発表をした。

　1983（昭和58）年となった。2日（日）は学校長の家に新年宴会ということで招待されていたので行く。どういう顔ぶれかははっきりとつかめないが、ともかく人脈宴会である。福山地区のあれこれの学校の教頭・事務長・各教科の人々がいるし、校長を兄貴呼ばわりしているような人もいる。

　今年は「明るい心で生活したいと思う。」（1月3日・日記）といい、国語教育も「しっかりとした見通しをもって、仕事をしたいと思う。」（同）とも考えている。学校の方も「縁の下の舞は続けなければならない」（同）と覚悟を決めている。

　4日（火）は53年3月卒業のクラス会があった。この年の4月からはほとんどの人が社会人になる学年である。出席者は約20名、どうやら半数近くが出席した。5日（水）は家で調査書を書く。前からすこしずつ手をつけていたので、大体完成した。

　3学期が始まる。担任している3年生は一月で終わりとなる。いろいろ気になることはあっても、入学願書の提出事務はあっても、先は見えている。

　15日（土）16日（日）と共通一次試験。担任した3年7組からは、最終

33　縁の下の舞　247

的には15名が受験した。他の組よりはずっと多い。

　1月が過ぎていくが、毎日毎日が重苦しい思いである。生徒の何名かが気にかかるのである。後何日だということが、無限の長さに感じられることがある。そういう中で、国語教育に対する情熱があるのか、ないのかさえ思うこともある。

　1月24日（月）で3年生の授業は終わった。ホームルームも授業も毎日が重い気分ではあった。しかし重い気分であったにしても、私のやったことが無駄ではなかったと思ったのは、終わるに当たって書かせた感想であった。学習指導については、「わかりやすい」と何名かが述べていた。さらに、私が特になにかをしたわけでもないのに、「親身になって考えてくれた。」と何人かが言っていた。若くはなかったが、それだけに彼らも心を開きやすかったのであろう。

　1月25日（火）から29日（土）までは3年の学年末考査であった。これが終わると、ホームルームに行かなくてもよい。しかし解放された喜びよりも、ある種の空しさの感じがあった。2月11日（金・祝日）は二七会であった。「いつ行っても、本文をどうとらえるかについて目を開かれる。」（2月12日・日記）と言っている。16日には誠之館130年誌編集委員会があった。校内と同窓会の合同会議である。

　2月19日（土）に国語科の旅行で名古屋方面に行く。今回は国語科だけでなく、家庭科と図書館事務の人が加わった。共に、一人の部署なので、仲間に加えてくれと依頼があったのである。名古屋に泊まり、翌日、犬山城、明治村などに行った。

　授業は減っているのだが、毎日何かある。2月に入ってからは、共通一次の出願のための面接があり、3年の成績処理、2年の校内実力テスト問題の作成と採点、学習指導要録の記入と2月いっぱい続く。一方ホームルーム指導のまとめとして、最後のロング・ホームルームの時間に書かせた同和教育の感想に対する私の返事を一人一人に書いている。さらに9名欠席というしらけた気分のロング・ホームルームで計画したのではあったが3年7組の文集編集もあった。感想も文集も卒業式前日の登校日に渡し

た。文集とはいうものの、内実は「文集という代物ではなく、マンガ集、イラスト集とでも呼ぶべきか。」(2月23日・指導日誌)といっている。

　2月26日(土)に「実践研究会」の打ち合わせが広島せとうち苑であった。この会は昭和57年度教育研究助成金の研究報告として「『国語Ⅰ』における総合化」に関するグープ研究であった。共同研究はなかなか進まないものである。十名ぐらいの人員が全員そろったことがないのである。

　3月1日(火)は卒業式である。「この日の楽しさのために、この一年間はあったといえるかもしれない。」(3月1日・日記)といっている。一年間悩まされ続けた生徒も、他の担任がしりごみし、やむなく私が受け持った生徒も、授業料の滞納で心配した生徒も、卒業すると日一日と記憶の底に沈んでゆく。これらの生徒の進路は、一年後も含めて確かな数だけあげると、国公立4年が6名、私立4年が10名、短大が12名、各種学校が4名、就職が1名ということになる。残り12名はほとんど男子であり、浪人後大学に入って、報告しなかったのがあると思われる。なおわが家の次男は私学の水産学部に入学することにした。3月4日に三原高校で一緒だった岡崎文雄さんが急死した。私より十歳近く年下であった。情熱家で、教育熱心であった人を失って「人柄のよさや健康と寿命とは別であるとまたしても思った。」(3月8日・日記)と述べている。

　5日(土)6日(日)と3年学年会で玉造温泉に行った。卒業学年担任の慰労会である。3月10日(木)11日(金)12日(土)に期末考査をし、14日(月)15日(火)が高校入試、16日(水)は入試事後処理で生徒は登校せず、17日(木)18日(金)とふたたび学年末考査であった。今年は入試委員でなく、国語の採点だけすればよかった。この間に実践研究会の私の担当部分である単元「青春の出会い」を書き上げたり、誠之館130年史のために古い文献を読んだりした。この時期、三日程毎朝鼻血が出た。久しぶりに三年前にかかっていた佐藤内科に行き、尿検査と血圧測定をする。心配したことはなかった。

　19日(土)に入試合格発表と終業式。3年の担任だったので、終業式も安堵感はそれほどない。29日には人事異動の新聞発表。あれこれの知り

合いが管理職になっていく。決定的に私は路線をはずれているとは思っても、平静には読めない。「すっきりと生きたい。」（3月29日・日記）と思う心の底から、くすぶりのようなものが上るのをどうしようもない。

34　裏切り
（昭和58年度：1983年4月－1984年3月）

　1983（昭和58）年4月2日（土）職員会議があった。広島県高等学校教職員組合の指令で不意転人事抗議と主任制闘争とのために、新年度の準備凍結がなされた。こうした生徒・保護者に影響を及ぼす闘争で、しんどい目にあうのは、現場の教職員である。結局4月5日（火）の午後4時30分に学校長から各学年団の正担任・副担任が伝達され、それを受けて学年別に会議を持ち、ホームルーム担任などを決めた。その後教科会議をし、終わったのが午後8時40分、国語科は、遅くなったので晩飯をいっしょにということになり、私が皆と別れ家路についたのは、10時半であった。

　翌日の4月6日（水）は始業式、7日（木）は入学式、8日（金）離任式・新1年生と上級生の対面式、ロング・ホームルームと例年通りである、私の場合、本年度は1年副担任となって、気分は楽である。しかし、主任制闘争で、校長任命の学年主任でなく影の学年主任（窓口と呼んだ）を組合は作り、私は1年学年団の影の学年主任となった。これがかなりの気苦労と時間をかけることとなる。さらに、この年度は昨年に続いて雑用を引き受ける庶務係であり、野球部の後援会の会計であり、放送部の顧問であった。

　この年度の教科目担当は、国語Ⅰの1年（現代文）・3単位・2組・6時間、国語Ⅰの1年（古文）・2組・2単位・4時間、古典Ⅱ・3年（選択）・4単位・2組・8時間と計18時間であった。1978（昭和53）年告示、1982（昭和57）年4月1日施行の学習指導要領改訂後、初めて「国語Ⅰ」を担当した。「国語」が20年ばかり前に大改訂され、現代文と古文の分離に多くの

人はとまどったが、またいっしょになった。今回は、現場には分離のままで行う学校が多かった。

新学期の授業は9日（土）からであったが、1年生は記念祭のための集会やクラブ紹介などで授業はなかった、記念祭は5月8日（日）9日（月）である。記念講演は広島市にあるエリザベート音楽大学学長ホセ・テホン氏であった。『外から見た日本』と題して話された。この講演の感想は、後、卒業式に出す『誠之』（生徒会誌）には「礼儀・作法には特にきびしく我々を批評され、またその中にもユーモアをとりいれられたすばらしいものであった。」と生徒が述べている。

記念祭終了後も相変わらず、私の仕事は次々とあった。学年会・職員会議・組合会議と全員に関係する会議以外に、放送コンテスト校内予選（5月14日）、PTA実行委員会（17日）、野球部後援会決算報告（19日）、1年生が2年生になった時に行う修学旅行をスキー訓練にするための職員会議提案資料作成など、引きも切らずの状態であった。こうして5月23日（月）から26日（木）までの中間考査を迎えた。この時の24日（火）25日（水）と夏に1年生が行う集団宿泊訓練の下見に三瓶山に行った。登山路の下見もあり、行った日の午後は北の原から男三瓶へ、翌日は東の原からリフト経由女三瓶に登った。いっしょに行ったのが若い男子の先生ということでついて登る私は大変だった

6月に入ると、6日（月）から教育実習が始まり、綜合選抜第1期のK君が私についた。私の授業を見学し、同じ部分を他の組で授業をしたので、あまりつまずきもなく出来たといえる。教育実習生の指導の頃、放送コンテスト県大会に向けての指導、野球部後援会会計整理があった、17日（金）は組合の動員で、選挙のフィールド・ワークの組合動員があった。支持者カードを頼りにして、戸別訪問をした。選挙違反にならないような、違反すれすれの運動である。こういう動員には日本共産党の同調者と目されている組合員ははっきりと断っていた。私のように仕方がないと思って、歩く組合員も多かった。

7月になった。5日（火）から9日（土）まで1学期末の考査であった。

夏休みに実施する集団宿泊訓練の準備、スキー修学旅行の実施決定に伴う旅行業者の選定、さらには、広島大学国語教育学会の報告の準備などがあった。担任がなくても、仕事は減ることもない。生徒一人ひとりに対する気遣いがないので、この点は楽だった。16日（土）に成績原票を各担任に渡せば、成績一覧表も通知表も面接もしなくてよい。

夏休みになった。21日（木）は集団宿泊訓練の準備、22日（金）は誠之館130周年記念誌編集委員会が午後6時から福山グランドホテルであった。24日（日）は読書会二七会があるため広島に行った。この頃は広島大学附属高校の同窓会館で開かれていた。

26日（火）から28日（木）までは集団宿泊訓練で三瓶山に行った。この時、私は営火長をした。キャンプファイヤーの挨拶については、誠之館中学昭和17年入学者の同級生文集「星霜五十年」に私が書いた。忘れがたい挨拶であった。中学時代の読書が四十年後に蘇るとは思いもしなかった。

8月に入り、11日（木）に第34回広島大学教育学部光葉会国語教育学会があった。この会で、「文章表現力評価の実際」を報告した。作文についての報告は、八年ぶりである。13日（土）に尾道東高校7回（1956年3月卒業）の同期生会が尾道であった。私が学習指導の記録を三年間とった生徒である。すでに45歳となっていた。17日（水）には岩波古典大系「連歌論集・俳論集」を読み終えた。これで古典大系66巻をともかく読み終えたことになる。「長い長い気の遠くなるような読み方であったけれど、いつかは終わりになるものである。」（8月17日・日記）と感じている。

23日（水）から次男について、岩手県三陸町に部屋さがしに行った。神奈川県にある教養部を終え、学部に進むためである。この頃は、まだ大宮から東北新幹線が出ていて、朝尾道を出ると、夜20時に大船渡に着いた。ここに泊まり、翌日三陸町で部屋を探し、平泉、東京と泊まって26日（土）に尾道に帰った。翌27日（日）は読書会二七会の合宿で松山に行った。28

注1　77　文章表現力評価の実際・1983年8月11日・第24回広島大学教育学部光葉会国語教育学会・広島大学教育学部

日（月）には会の指導をしていただいている野地先生の故郷の大洲に行って会を持った。先生が来年3月広島大学を退官されることもあり、大洲を選んだ。

　9月1日（木）は2学期の始業式であり、職員会議、組合会議とあった。この組合会議に、9月6日（火）ストライキがあることが伝達された。このストライキ指令と応じて、教頭からストライキをおりたらどうかという話があった。いまさら、教頭、校長の道を考える年齢でもないが、やはり心の底によどんだ漠とした可能性を夢見る意識もあったことは事実である。さらに主任制闘争を経て、混乱している現場へのいらだたしさから来る、集団の倫理を拒みたい私の個人的感情、あるいは自分の真実を貫くことを、教頭五分前ならぬ、五分過ぎた今表してみることもよいかの思いもあった。9月6日のストライキは延期になったので、不参加の論理を考える時間はあった。

　10月7日（金）朝2時間のストライキが予定されていた。誠之館中学の同級生が分会長であるので、ストライキを降りることを事前に伝えるのは辛かった。裏切りといわれても仕方のないことである。

　10月7日朝、私は7時50分に登校した。何名かが参加を説得に来た。しかし、ここまで来たら意志は曲げなかった。8時30分職員朝会があった。校長・教頭・事務長に、私以外に2名の不参加があり、6名の朝会である。生徒は自習となる、私は1校時は授業がなく、2校時に3年の古典があった。他の教室は自習なのに私の組だけ授業をするのはする方も受ける方も異様な感じであることは否みがたい。私は、「仲間を裏切ったが、自分の考えに従った」旨言った。生徒が平静だったのは助かった。ストライキ終了後の3校時以後は終日無言であった。午後5時30分から組合会議があり、ここで不参加の理由を言った。私は臆せずに組合意識の低さを批判した。それがすむと、不参加者は退場し、参加者だけで、今後の対応を協議したらしい。不参加の制裁は必要なこと以外は口をきかないことのようである。この制裁はそれほど不自由なものではないことが間もなくわかった。それよりも、私一人の存在が職場全体に重苦しさを与えているのだと

いうつらさがこたえた。

　この苦しさの中で、中間考査が３年生は18日（火）から１・２年生は19日（水）から始まった。なお19日は、私の54歳の誕生日であった。20日（金）には、午前中は鍛錬遠足の下見に行き、午後は福山地区の国語教育研究会に出た。この第２分科会で新しく施行された「国語Ⅰ」に関して提案した。他校にも私がストに参加しなかったこと伝わっていたはずだが、県大会に報告する代表に選ばれた。私も国語教育に関することなので、スト云々をかざすこともなかろうと県大会報告を断らなかった。この報告が11月22日（火）熊野高校で広島県国語教育研究大会高校部会での報告となる。「『国語Ⅰ』に関する三つの提案」(注2)である。

　こうしたことがありつつ、個人差があるものの制裁は次第に和らぎはしていたが、しかし様々な面で、ぎくしゃくしたことは起こった。例えば年末になれば、恒例の忘年会があるが、この年は教科別になった。さらに12月１日（水）に予定されていた広島県単位の「五者共闘」と呼ばれるストの予定があり、前日午後には身を縮めるようにして年次休暇を取り、早退した。例年通り中止にはなったが、私には中止指令は連絡はなかった。12月８日（水）から13日（月）までが期末考査であり、この期間中は珍しく、会議等がなかった。ただ野球部後援会旧会長の慰労会や誠之館130年誌編集委員会など、ストとかかわりのない会合があった。

　この頃、福山地区の綜合選抜制度の一部手直しが県教育委員会から発表された。誠之館高校には理数類型が設置されることとなった。エリート校復活ということで、解放教育団体、教職員組合などから反対ののろしがあがった。誠之館は目の敵であった。

　ストライキ不参加という私の思いがけない行為によって、この年は過ぎた。「今年の後半のあわただしさ、気づかい、行事のあれこれはおそらく忘れ難いものとなるであろう。」（12月31日・日記）と感じている。

　　注２　78「国語Ⅰ」に関する三つの提案・1983年11月22日・第31回広島県国語教育研究大会・高等学校第２分科会・広島県立熊野高校。〈高校国語科教育の実践課題・一の六〉所収

1984（昭和59）年の元旦となった。「わたしにとって転機の年でありたい。残る教師生活をより充実し、より大きくなるための年でありたい。」（1月1日・日記）と思い、「きびしい状況の中で、国語科教育をみつめ、追求したい。」ともいっている。

　1月9日（月）が3学期始業式であった。副担任なので格別のこともない。後わずかな時間となった3年生の古典Ⅱは「わすれがたみ」と名付けられている「玉鬘」の巻を読んでいる。3学期のはじめになって、私は学習指導計画を急に変更した。谷崎潤一郎訳を使い、口語訳よりも物語論そのものをつかませようとした。教材研究・指導計画の粗雑さもあるかも知れないが、思いをめぐらし続けるうちに、より学習指導目標の実現をめざす方法があることに気づいたため、ためらわずに訂正した、

　2月になると、3年生の授業がなくなったので、私の担当は、1年の国語Ⅰ（現代文）6時間と1年国語Ⅰ（古文）4時間となった。時間は減ったが、あれこれ雑用はあって、のんびりとも出来なかった。この時期やはりストライキ不参加のしこりともいうべきことがあった。2月22日（水）にまたしても単県の「五者共闘」ストライキが予定され、私は前日の午後年休をとったが、午後4時には中止指令が出たのに、誰も知らせてくれなかった。私は、学校が広島県教職員組合（小中学校の組合）に属している妻から聞いて知った。この中止と絡んで国語科でのことも起きた。毎年国語科は科の旅行をしている。この年は、2月25日（土）26日（日）にする予定で、スト不参加以前に私が旅行業者に手配していた、ストの前日2月21日の分会会議の後、国語科の人たちが旅行中止を決めたらしい。しかし私には連絡もなく、比較的スト不参加にこだわりのない国語科のある人に、スト中止の念押しの電話をしたことで知った。翌日あわてて、私は旅行社にわびを入れた。

　もっとも国語科の旅行が中止になったせいで、私は25日（土）に広島大学で行われた野地先生の最終講義を聞く事が出来た。大講義室に溢れる400名の聴講者であった。先生の人生が研究史を軸に語られた。その夜は二七会の会員世羅博昭さんが長崎大学（後鳴門教育大学教授）へ行く送別

会があった。

　3月1日（木）に卒業式があった。担任でないので特別の感慨もなく、それよりも、高校入試の準備に気を遣っていた。3月9日（金）10日（土）と学年末考査があった。12日（月）は高校入試第一日であり、午後私は総選当番校の福山市立高校に行って、国語の採点の打ち合わせを他の四校の代表者とした。翌日朝ふたたび福山市立高校に行き、国語の表現の問題を他校の人と共に採点した。国語の採点は表現力の問題が一番手間がかかるからである。これが午前中にすむと、午後からは総選五校国語科全員で採点をした。14日（水）は生徒が休みなので、総選委員でない私は自分の担当の期末考査の採点、問題作成をした。15日（木）から17日（土）までは期末考査であった。19日（月）は朝入試の職員会議があった。類型の導入があったので、論議が活発であったが、変えるわけにはいかなかった。いわば、言ってみるだけである。ただ、県教委の施策がまずいため混乱を招くのも当然だという思いはした。いつもと違って職員会議は9時から10時40分までかかった。その後合格者発表の手伝いを私はした。終業式があったはずだが、私の手元にはその記録がない、恐らく職員会議後あったのであろう。

　3月20日（火）野地潤家先生謝恩送別会が広島グランドホテルであった。この会で私は万歳三唱の音頭をとった。はじめての経験である。

　いつもの年よりも気にかかる人事異動であったが、結局は私に関しては変わりはなかった。私と同じようにストを降りた人が、福山地区の主幹指導主事になった。この役職は教頭相当の役職であり、同じ学校で二人の昇任はできないということらしい。

　私はだからといって落ち込むわけにはいかなかった。次々と身辺に様々な問題が起こり、私のことで思いあぐねることなどできないからである。そうした中で、私の思いの行きつくところは、国語教育への情熱をかき立てることであった。

35　われこそ実験者
（昭和59年度：1984年4月－1985年3月）

　1984（昭和59）年4月の新学年度の始まりは、新設された理数類型をめぐって、県教育委員会と教職員組合との間で対立が激しく、担任も4月4日（土）夕刻やっと決まった。結局は1学年担任団でくじ引きの末、私が理数類型2学級のうちの一つを持つことになった。私は、それを、誠之館にとって必要な人間だと、勝手に思い込み、「恐らく公立高校教員として最後の担任であろうが、その年齢を忘れさせる、あるいは、教育の実験者としての役割を担わされたことになる。」（4月7日・日記）と思うことにした。

　4月6日（金）始業式、7日（土）入学式である。この入学式の時の感じでも、理数類型の生徒は、従来の生徒とは違った緊張感、充実感が感じられた。男子37名、女子10名、計47名の中、10名の第二志望で普通科からまわった生徒がいるが、それを感じさせないものが私には感じられた。この生徒たちを私の出せる力で混乱や批判から守らなければと思った。昨年度のストライキ不参加の非難をくぐってきたせいか、あまりびくびくしなかった。

　9日（月）は離任式、対面式、ロング・ホームルームなどがあった。5月13日（日）14日（月）の記念祭に向けて、生徒は動いていくのであるが、この動きにも、従来の生徒とは違ったものがあった、一番気づくことは、私の指示に対して、飲み込みが早いことである。例えば日常の前向きの席を、グループごとの席にする方法も従来、2分30秒かかっていたのが、1分30秒かからないのである。こうしたことは授業の面でも表れて、間もなく、休憩時間も勉強しているとか、チャイムが鳴ると直ぐ席に着いているとか、いわゆる出来る生徒ができない生徒に教えているとか、今まで見ることがなかった事で、職員室でも話題になった。

この年度の私の教科目の担当は、現代文・3年・3単位・2組・6時間、国語Ⅰ（現代文）・1年・3単位・2組・6時間、国語Ⅰ（古文）・1年・2単位・2時間、国語Ⅰ（綜合）・1年・4単位・4時間と4科目18時間であった。教科目は、多く見えるが、私が自分のホームルームである1年4組の国語綜合は、国語Ⅰの現代文及び古文と教材が重なるので、実質は3教科と言ってよい。それに教材研究をカード方式でしているので、それほど煩雑さはない。1年4組理数類型の国語Ⅰは綜合の趣旨にしたがってやって見ることにした。具体的には、年間六単元を構成して、現代文に三つの単元、古典の古文二つ、漢文一つの単元を設定した。この学習指導のうち、「古典の詩歌を味わう」[注1]は、1986年になり、「61年度西日本地区高等学校教育課程運営改善講座国語部会」で報告した。

　5月13日（日）14日（月）は記念祭である。私は警備係であり、3年のホームルームが上演するMDFの審査員であり、1年生の仮装行列の審査員でもあった。記念講演は、京都伏見高校教諭の山口良治氏の「俺がやらねば誰がやる」と題された、ラグビーに託した話であった。「鍛えられた声、感動を持つ材料、関西弁の持つおかしみ、いずれも優れた話を作る要素である。」（5月14日・指導日誌）と言っている。単なるラグビー屋の先生ではなかった。

　記念祭が済むと、中間考査の問題作成が始まり、18日（金）にはPTA総会及学級懇談会などがあり、さらに19日（土）には教職員組合のストライキ批准大会などがあった。自分の思いを殺して出席した。スト不参加はやめることにしていた。

　5月22日（火）から25日（金）まで1学期中間考査であった。この頃から印刷機が新しくなり、印刷が楽で早くなった。考査期間中の24日（木）には、県東北部の県民の森に夏に1年生が行う集団宿泊訓練の下見に行った。

注1　82　単元「古典の詩歌を味わう」の学習指導―古典を身近なものにするために―・1986年6月4日・61年度西日本地区高等学校教育課程運営改善講座国語部会・岡山市・1986年9月15日に二七会9月例会でも報告した

27日（日）は読書会の二七会に出た、指導して下さっている野地先生は鳴門教育大学に移られていたが、二七会のために、広島に帰って来られていた、この日、私は朗読として、宮脇俊三「時刻表昭和史」を読んだ。小学国語読本で私も教室で読んだことがある清水トンネルの部分を取り上げた。私の憧れのトンネルでもあった。

　6月になると、毎年のことながら教育実習生が来る。今年も男子が私のところに配属された。この指導に加えて、放送コンテスト予選に備えての指導、宿泊訓練の準備などもある。さらに、類型の問題について組合分会長と話をすることなどもあった。組合は類型廃止の方向であったが、私は自分が抱えている生徒・保護者の気持ちをふまえて、存続の方向を守る気になっていた、私がなぜ守る立場になっているのか、自分ながら不思議でもあった。母校愛なのだろうかとも思った。

　7月1日（日）には二七会に出た。今回は漱石作品の輪読のほかに、研究発表に変わる「国語教育で現在かかえている問題」について先生の司会で話し合いをした。4日（水）から9日（月）までは1学期末考査であった。この期間中の6日（金）には類型についての校内同和教育推進委員会があった。この会議も廃止の方向である。こうした中で、忙しさへの対応の方法を考えていた。どんなに忙しくても、「国語教育研究の原稿作成に思いをはせることが生産的である。」（7月11日・日記）といっている。12日（木）には野球部父兄会（昔のままの呼称である。実際は母親が多数であるのに）が午後6時30分からあった。

　7月20日（金）が終業式である。終業式関係の行事は午前中に終わり、午後から生徒・保護者・私の三者懇談が始まった。懇談は土曜・日曜を含め23日（月）まであった。第一志望で理数類型に入学した37名の生徒・保護者は大きな期待を持っているのは当然だが、第二志望で回された10名の生徒・保護者も学力の面で不安はあるにしても、特にいやだということはないように思われた。

　8月1日（水）に集団宿泊訓練の結団式があり、2日（木）から4日（土）までが県民の森での宿泊訓練であった。この訓練中、飯盒炊さんの時、火

がなかなかつかないというので、見に行くと、薪の上に紙をおいて火をつけようとしているグループがあり、驚いた。マッチを使って火をつける生活はすでに遠くなっていた。

　8日（水）から10日（金）にかけては、国語科の旅行で対馬に行った。国語科の一人が子供時代を対馬で過ごしたので、企画してもらった。どうやら去年のストライキ不参加の制裁は解けたのであろう。私は対馬は初めてであり、宮本常一「梶田富五郎翁」や釈超空の短歌にひかれて行った。梶田富五郎さんが幼いとき小舟に乗せられて一ケ月ばかりかかった海も、福岡空港からあっという間に対馬空港に着いた。

　対馬から帰った翌日11日（土）12日（日）は広島大学教育学部光葉会国語教育学会であった。今回は報告を聞くだけであった。しかし、この会の「国語教育研究」29号に載せる「『国語学習指導綴』『国語学習指導表』『国語指導計画表』―尾道東高一九五三年度入学者の三年間―」を6月頃から書きはじめ、8月23日に書き上げている。

　8月20日（月）21日（火）の両日、放送部の合宿を鞆の浦山荘でした。合宿もしてみると集中的に指導出来て、効果もあるように思えた。このところ、コンテストなどで、成績不振が続いているので、刺激にはなったと思う。

　25日（土）から27日（月）にかけては、読書会二七会の合宿が野地先生の勤務されている徳島県鳴門で行われた。ただし、一日目の鳴門の国民宿舎は団体客の宴会で、研究会は出来ず、二日目の徳島の眉山荘で「三四郎」の輪読会、研究発表があった。

　9月1日（土）は始業式である。終わってから広島市に行き、広島県高等学校国語科教育実践研究会の会合があった。10名ぐらいの人が集まり、「国語Ⅰ」「国語Ⅱ」における表現学習の効果的な指導法の工夫について共同研究の形での報告について協議した。私は「83年度『国語Ⅰ』（現代

　　注2　79　「国語学習綴」・「国語学習指導表」・「国語指導計画表」尾道東高校一九五三年度入学者の三年間―・国語教育研究（広島大学教育学部光葉会）・昭和六十年六月一日発行

文を中心とした）書くことの指導」とした。これはこの年度末1985（昭和60）年3月末に提出することとなる。

　9月14日（金）に教職員組合の定年制実施に対しての反対のストライキが予定されていた。中止になったが本年5月にストの批准があり、結局はなかったが、この時すでにもう私は不参加の思いは捨てていたので、今回も降りる気持ちはなかった。それよりも、現在の心の暗さをもてあましていた。9月30日（日）に思い立って教材研究カードの整理をした。本来ならば、夏休み中にしておくべきことであった。こんなところにも、忙しさだけでなく、生活がややなげやりなものぐさな感じが見える。

　10月19日（金）は55歳の誕生日である。一般の会社では定年である。老化は知らぬうちに忍び寄っている。21日（日）の読書会二七会に出ようか出まいかとぎりぎりまで迷い、やっと出席した。「勉強を横着することは最後の砦を捨てることになるのと同じか」（10月22日。日記）と思った。出たことで、野地先生から、学問のきびしさ。研究の方法を具体的に教えてもらったような気がした。

　2学期中間考査が10月22日（月）から25日（木）まであり、この期間中にも、同和教育研修、教育課程委員会、職員会議と連日あり、最後の25日は福山地区高校国語教育研究会が府中東高校であった。この会の第三分科会「総合化」で司会をした。9月1日の実践研究会の私の課題と重なる主題である。翌日26日（金）は人事院勧告完全実施の要求のストライキが終業前1時間にあった。その時、通信制のある人が突入少し前に私の席の近くにいる国語科の人に用事がある振りをして座っていた。明らかに私の監視である。不愉快なこと極まりなかった。

　理数類型の問題は日に日に情勢が厳しくなった、県教育委員会の関係者が職員会議に来たり、教育課程変更の会議があったりで、担任としては知

　　注3　81　83年度「国語Ⅰ（現代文を中心とした）における書くことの指導」・昭和59年度
　　　　広島県教育実践研究推進事業に係わる実績報告「国語Ⅰ・Ⅱにおける表現学習の効果
　　　　的な指導法の工夫について」・広島県高等学校国語科教育実践研究会・広島県高等学
　　　　校教育研究会国語部会「年報27」・二七会でも1985年4月21日に報告

らぬ顔をしているわけにはいかなかった。このままでなし崩しに普通科と混合してしまう勢いであった。私はあくまで存続する思いで、生徒とは折りにふれて話をしたり、保護者に電話で、気持ちを聞いたりした。

　11月30日（金）に県庁で教育事務研究会があり、翌日12月1日（土）は広島県高等学校研究会国語部会があり、さらに2日（日）は第29回大下学園国語教育研究会と、連日広島に行った。大下学園の研究会は私にとって国語科教育実践の重要なよりどころの一つであったが、1975（昭和50）年以後ここでの実践報告をしていない。

　2学期末考査は7日（金）から12日（水）まであった。この期間中は、最後の12日に定例職員会議があったのみである。考査の採点、成績原票、成績一覧表と、作業する中で、教頭がコンピューターなるものに詳しく、教頭の組んだプログラムに私がおそるおそる私の組の成績一覧表を入力すると、従来2時間ぐらいかかっていたものが30分もかからないで作成できたのは驚きであった。

　12月15日（土）は同僚会の忘年会であった。この年は全日制だけでした。昨年のスト不参加に伴う科別の忘年会は禁が解けたらしい。そうしたしこりよりも、この頃になると全日制と定時制・通信制との組合闘争意識の差が大きく目立ち始めた。このことが表面化したのは、県北の三次高校作木分校・庄原格致高校比和分校が募集停止となり、その闘争方法であった。校長室に座り込みをするとか、単県でストライキをするとかきびしい闘争が提案され、全日制側からついていけない声が上がり始めたのである。全日制の教員からすれば、生徒の来ている中で座り込みなど出来ないし、分校廃止のストには到底賛同できないということであった。しかし座り込みは、私の属しているグループは12月17日（月）の午後3時50分から午後5時までした。一方ではストライキは中止になった。

　12月22日（土）午後から通知表渡しの三者懇談を始めた。私の場合、23日の日曜日も保護者の都合を考えて、懇談を組み入れ、24日（月）の終業式行事が済んだ午後と25日（火）全日した。今回の懇談は、類型に対する生徒・保護者の思いを確かめる事をした。その結果は、類型のま

ま2年・3年に進みたいが大多数であった。生徒も保護者も35名は存続を希望していた。綜合選抜の生徒との混合を望む生徒・保護者が3組、残りの9組は、態度がはっきりしないとか、生徒と保護者の考えが異なるとかであった。第二志望で入っている生徒も存続を希望するのが5組あったのは、私には支えになった。ホームルームの運営がうまくいっていたのだと思った。
　こうしてやっと2学期は終わった。28日（金）昼には二七会に出て、輪読や研究発表を聞き、夜は例年のように忘年会をした。この忘年会の一人ひとりが語る反省と来年の抱負は楽しい。
　暖かい1985（昭和60）年の元旦であった。例年の通り教会の元旦祭にお参りし、午後は妻の実家がある瀬戸田に行った。2日（水）には瀬戸田から私だけが早く帰り、午後岸本校長の家に行った。、昨年と変わらぬ顔ぶれが集まっていた。私は早めに辞し、午後5時からは1978（昭和53）年3月卒業のクラス会に行く。卒業後毎年集まり、今年で7回集まったことになるが、20名を越える出席者である。
　この年の正月は55歳という年をいやおうなしに感じている。しかし、気持ちの張りの上でも、体の上でも若い時とあまり違いを感じていなかった。緊張の毎日であったせいかもしれない。こうした中で「高校国語科教育の実践課題」の原稿を完成したいという思いが生まれている。この時点で、予定している論稿20篇の中、原稿化しているものが10篇、コピーすればよいもの5篇という状態であり、「もう一息である。」（1月6日・日記）という段階であった。
　4日（金）は隣のご主人がなくなられ、一日中葬儀の手伝いをした。5日（土）はわが家の墓参りをして過ぎた。7日（月）は職員会議のため出勤した。類型の問題についてであり、9日（水）もこの問題は続けられた。
　1月10日（木）に二七会の世話をしている中谷さん（福岡教育大学教授・2001年現）から一月例会の発表をしてくれとのことがあった。わずか10日しかなかった。しかし、「高校国語科教育の実践課題」の中で、読書指導の分野が欠けているので、その点についてとりあげることにした。この報

告は、1月20日（日）に「読書指導にかかわる問題点を考える」(注4)と題して行なった。野地先生の助言は直接私の報告に関するものよりも、読書指導全般に関するものが多かった。

　1月21日（月）からは寒稽古が始まり、私は女子の登校日となっている21日・22日の両日にいつもより早く7時30分に出勤した。寒稽古といっても23日などは、日中は気温が10度を越えていたぐらいの暖かさであった。3年生の「現代文」の授業は25日（金）で3年5組、26日（土）で3年1組が終わった。最後の授業といっても3年5組の場合は44名中17名の欠席であった。「授業という形をとってないようなもの。」（1月25日・指導日誌）とぼやいている。

　2月3日（日）に従姉の子供の結婚式で媒酌をした。式だけの媒酌であり、気楽であった。この時の祝辞は他の結婚式ではあまり聞かないような内容のある式辞だと参列した何名かに言われた。

　2月になり、学校長から定時制の教頭にとの打診があった。これは断った。今さら、苦労しなくてもと思ったのである。生活時間がずれる共稼ぎの生活をすることの不便さ、健康に対する不安を考えたのである。さらに、当時の定時制・通信制などの組合や同和教育の集会での発言の激しさには到底耐えられまいと恐れをなしていたからである

　24日（日）の二七会2月例会では野地先生の『奥の細道』全文暗誦を聞いた。先生によれば1946（昭和21）年10月の段階ですでに83回の読みをされていたという。一時間に少し足りない時間を会員の前で暗誦された。「読み抜くというのはこのことなのだろう。」（2月25日・日記）と感じ入っている。

　2月の学習指導は3年が登校しなくなったので、私は週12時間の授業であった。この年は3年の学年末考査と時期がずれて、2月4日（月）5日（火）と中間考査があった。この中間考査の時、国語ⅠB・総合は古典文法と故

　　注4　80　読書指導にかかわる問題点を考える・二七会1月例会・1985年1月20日・〈高校
　　　　国語科教育の実践課題Ⅱの七〉所収

事成語を中心とした問題にした。この問題を採点して気づいたのが、「形容詞の理解が不十分である。活用が覚えられていない、判定（形容詞であることの）ができないらしい。」（2月6日・指導日誌）ということであった。故事成語の方は、大村はま先生のまねをして、「5分遅刻した者が十分遅刻した者を責められるわけがない。どちらも（ア）だ。」のような問題を作った。国語ⅠAの現代文は中間考査を実施しなかった。

　2月の13日（水）にはロング・ホームルームは二時間続きで同和教育であり、5限には部落の歴史を話し、6限に「差別と人権の歴史」の映画を見せた。次の週2月20日（水）の5限のロング・ホームルームは同和教育のまとめということであった。私はこれを生徒と私の往復書簡の形式をとることにした。手間はかかるが、一人ひとりと筆談しようとしたのである。この時間に書かせたものを、期末試験の始まるまでには返事を書いて、返すつもりであった。さらに、27日（水）のロング・ホームルームは「Ｎの人生を語る」と題して、私の今までの歩んだ道を話した。これは一面では私の「個体史研究の基礎作業となると思って、カードにメモした。」（2月27日・指導日誌）のである。

　3月1日（金）は卒業式であった。2日（土）には1学年の学年会正副担任18名で道後温泉に行った。この旅行で「春を告ぐ雨の幻花の城」「春の影湯屋よりもどる女に映えて」と俳句を作っている。子規に負けまいとしたのであろう。

　3月8日（金）には類型検討委員会が午後4時から8時30分まであった。「よってたかって類型をつぶしあっているのではないかと思う。」（3月9日・日記）と書きつけたのは、私が徹底して守る立場に立つことを決意しているからである。類型検討委員会は11日（月）12日（火）と学年末考査第一日・高校入試学力検査第一日にもあり、これらの会議の結果、総合選抜の組との混合が決まった。総合選抜1組と類型2組を一緒にするというものであった。この問題は、後に類型の保護者の「すさまじい反撃」（3月24日・日記）があり、結局、混合案は取りやめとなった。13日（水）が入試学力検査第二日、14日は総合選抜委員会の作業で私は関係がなく、

15日（金）から19日（火）までが学年末考査であった。

　20日は終業式であった。1984（昭和59）年度の1年4組理数類型の担任も終わったわけである。この日の段階ではこの組が私にとって、最後のホームルーム担任になろうとは思わなかった。定時制教頭を断り、理数類型が分解する方向になっている今、この生徒たちに対する「強い愛情、あるいはいとおしさを感じた。」（3月20日・日記）のである。いつもならば、終業式が終わればほっとした思いになるのに、この年はそうならなかった。この組は私の担任した中では、三本の指の中に入るであろう印象に深い組であり、手のかからなかった組であった。ホームルームを自律・団結・活気の点から見る時、誠之館高校1978（昭和53）年卒業の3年8組が最も評価が高い。続いては、三原高校1969（昭和44）年4月入学の1年2組が高校紛争、同和教育の中で本気に高校生活の在り方を考えた組として心に浮かんでくる。それに続くのが、この年度の1年4組ではないかと思う。

　3月23日（土）午後、類型の保護者会が学校であった。学校側の示した、三つの組に現在の類型をばらすことに対して、驚くほどの反対意見が出された。親の利己主義、エリート願望と片付けられないものであった。学校長はもう一度職員会議にかけることを約束せざるをえなかった。

　この夜はもう一つ驚くことが重なった。というのは、妻の実家の母から教頭への道がついたということが、情報の発信源から曲がりくねった過程を経て、私に伝えられた。定時制の教頭を断っていたのだから、ほんとうかなあという思いがした。このことは、3月24日の夜、村上教頭から電話で、誠之館高校定時制の教頭の内示があったことで、本当であったことがわかった。喜びには程遠い気持ちであり、「試練の時である。」（3月25日・日記）と思った。25日に学校へ行き、正式に学校長から内示があった。もう後へは引けない。学年末の仕事を25日・26日にかけてして、27日・28日は新任校長・新任教頭の研修会に出た。そして、29日（金）の午後5時から午後8時30分までは新しい職場である定時制職員と話し合い（実は、組合との交渉）に臨んだ。「修羅場の始まり」（3月30日・日記）といってい

る。しかし、断ったものがどうして再び浮き上がるのかと不思議だった。中学校長だったし、叙勲も受けた妻の父が、上昇志向への努力をしそうにもない娘婿の生き方にイライラして、手を回したのではないかと思われる節がある。この思いは、すでに亡くなっている私の母の思いとも重なるのであろう。とすれば、親孝行かも知れないとひそかに思ったりもした。

　類型の組分けの問題はどうやら、混合は取りやめになったらしい。定時制教頭という思いもかけぬできごとに出会って、心も定まらない私には、すでに、隣の職員室で行われていることは遠い存在であった。わずか十歩かそこらの距離が私にとっては無限の距離であった。こうして、終幕近くなった芝居で静かに退場しようとするはずの役者が、突如、筋書きを書き換えられて、もう一度舞台を勤めるような、そんな時間が始まる。

【著者】

野宗　睦夫（のそう　むつお）

1929（昭和4）年10月19日　尾道市に生まれる。
1946（昭和21）年9月　広島県立福山誠之館中学4年終了で、広島高等師範学校文科第一部入学（軍隊関係の審査のため、入学が遅れたらしい）。
1950（昭和25）年3月　広島高等師範学校卒業。
1950（昭和25）年4月　広島県尾道東高等学校教諭。
1961（昭和36）年4月　広島県三原高等学校教諭。
1975（昭和50）年4月　広島県立福山誠之館高等学校教諭。
1985（昭和60）年4月　広島県立福山誠之館高校定時制教頭。
1988（昭和63）年3月　　同上　退職
1988年4月より、広島県内の高校などで非常勤講師をした（〜2005年3月末、76歳）。

（著書など）
「高校国語科教育—実践報告」（1964年）
「高校国語科教育の実践課題」（1987年・渓水社）
昭和61年度広島教育功労賞を受賞。

高校国語教師個体史

平成30年1月10日　発行

著　者　野宗　睦夫
発行所　株式会社渓水社
　　　　広島市中区小町1-4（〒730-0041）
　　　　電話082-246-7909　FAX 082-246-7876
　　　　e-mail：info@keisui.co.jp
　　　　URL：www.keisui.co.jp

ISBN978-4-86327-412-9 C3081